高等职业教育大数据与会计专业数智化教学改革教材
中国特色高水平高职学校建设项目成果
高等职业教育财经商贸类数智化教学改革教材

金融财务分析

JINRONG CAIWU FENXI

主编◎隋冰　沈卓逸

副主编◎周锋

图书在版编目（CIP）数据

金融财务分析 / 隋冰主编. --上海：立信会计出版社，2024.8. --（高等职业教育大数据与会计专业数智化教学改革教材）. -- ISBN 978-7-5429-7705-2

Ⅰ. F830；F275

中国国家版本馆 CIP 数据核字第 2024HD7077 号

策划编辑　孙　勇　战小雨
责任编辑　孙　勇
助理编辑　战小雨
美术编辑　北京任燕飞工作室

金融财务分析
JINRONG CAIWU FENXI

出版发行	立信会计出版社		
地　　址	上海市中山西路 2230 号	邮政编码	200235
电　　话	（021）64411389	传　　真	（021）64411325
网　　址	www.lixinaph.com	电子邮箱	lixinaph2019@126.com
网上书店	http://lixin.jd.com		http://lxkjcbs.tmall.com
经　　销	各地新华书店		
印　　刷	上海华业装潢印刷有限公司		
开　　本	787 毫米 × 1092 毫米　　1/16		
印　　张	15.25		
字　　数	384 千字		
版　　次	2024 年 8 月第 1 版		
印　　次	2024 年 8 月第 1 次		
书　　号	ISBN 978-7-5429-7705-2/F		
定　　价	49.00 元		

如有印订差错，请与本社联系调换

前　言

党的二十大报告提出，加强和完善现代金融监管，强化金融稳定保障体系，依法将各类金融活动全部纳入监管，守住不发生系统性风险底线。银行业金融机构应改善信贷管理机制，在组织架构、经济资本分配、内部资金转移定价等方面强化资源保障。规范各环节融资收费和管理，不得借贷搭售、违规收费，严禁对贷款投放附加不合理条件。银行机构要加强风险防控，营造良好金融市场秩序，维护正常竞争环境，不得为争取客户放松风险管理要求，坚决避免过度竞争和"搭便车""垒大户"等行为。加强统一授信管理，防止信贷资金沉淀淤积。综合自身业务实际、资金成本、配套优惠政策等因素，按照商业可持续原则、有效风险定价机制科学确定贷款利率，防止信贷资金无序压价和空转套利。坚决打击各类非法金融活动，全力保障金融市场健康发展。

银行的信贷业务是商业银行的重要资产业务之一，是其最主要的业务活动，也是其收益最大的经济活动之一。商业银行通过信贷业务可以支持各行业的生产和流通，促进经济增长。金融财务分析是银行信贷客户信用风险分析的重要工具，是了解企业经营业绩及投资收益情况的重要途径，是银行信贷决策的重要参考。金融财务分析是商业银行信贷客户经理、授信评审人员和风险监控人员等必须掌握的一项基本能力。

金融财务分析是金融类专业学生的一门必修课程。本教材内容设计以项目为导向，按照金融财务分析工作的典型工作任务安排教学内容；教材设计中体现了"工学结合、校企合作"的理念。教材内容主要分为七个项目：项目一是金融财务分析认知，介绍了金融财务分析的基础知识、基本方法和贷款前的准备工作；项目二是资产负债表分析，主要对资产负债表中的资产、负债和所有者权益的构成项目进行分析；项目三是利润表分析，细致剖析了利润表的收入、成本和利润的构成；项目四是现金流量表分析，主要是对现金流量表的构成项目进行分析；项目五是财务指标单项分析，涵盖偿债能力、营运能力、盈利能力和发展能力的分析；项目六是财务报表综合指标分析，主要是运用杜邦财务分析和沃尔评分法对企业的财务状况进行全面的分析；项目七是金融财务案例综合分析，主要介绍金融财务分析的流程及通过两个案例的讲解系统展示金融财务分析的应用。

教材在编写过程中主要突出了以下特点：

1. 从金融机构视角设计内容

本教材能够明确区分企业财务分析和金融财务分析的不同。公司财务报表的主要使用者包括企业的所有者、管理者、投资者等，他们更关心的是企业的未来业绩表现、盈利情况和发展前景。本教材从金融财务分析的使用者，即银行的信贷人员视角进行分析，他们是公司的债权人，重点关注其所提供的资金是否能按期如数收回，注重考察企业的偿债能力和盈利能力。通过本教材学习，学生能够进一步地具备财务分析，特别是金融财务分析的分析能力，提高银行授信业务中调查及审查报告的质量；了解到银行信贷从业人员准确评估借款企业偿债能力和盈利能力，将对降低银行信贷风险产生积极影响。

2. 实现理实一体化

本教材不仅注重对金融财务分析基本理论的阐述，还包括大量的金融财务分析实例计算和案例分析；以业务实践为基础，做到理实一体化培养，有助于学生对相关知识点的掌握及对系统性内容的把握。教材按照"项目导向"原则，注重"问题导向的学习"和"启发式教学"，在各项目后均安排了适量的练习题，并根据项目及任务的内容配以相应的案例。教材中的案例大多源于实践，取材集中、选例经典、贴近实际，既有成功经验的介绍，又有失败教训的汲取，旨在启发学生主动思考、独立判断。

3. 以降低银行信贷风险为导向

本教材旨在帮助学生更好地了解降低银行信贷风险的必要性和重要性。近年来，企业进行多领域投资和跨界经营的现象越来越普遍，这使财务会计核算更加复杂。财务信息的不对称使银行对企业财务信息的甄别难度加大，财务分析面临的困难更多，如何准确评估借款人的财务状况、经营成果，降低信贷风险，成为银行信贷人员的必修课之一。

4. 校企合作开发并与职业技能大赛有效衔接

为适应应用型银行管理人才的需求，本教材既全面、系统地介绍金融财务分析的基本概念、基本方法和技能技巧，又吸纳了银行信贷部门的最新知识，使教材做到传承性和创新性的结合。教材的编写除有教学一线的专业教师参与外，还邀请了银行具有丰富工作经验的人员参与，使教材内容更贴近金融业务实际，并与全国职业院校技能大赛智慧金融赛项内容有效衔接，从而使学生能通过教材学习，掌握大赛的技能点和处理方法。

5. 课程思政特色鲜明

本教材每部分教学内容均给出了明确的素养目标、知识目标和能力目标，让学习者明确学习要求。本教材在具体内容中增加"知识拓展与素质提升"栏目，从专业角度将课程思政内容贯穿始终，以丰富行业企业相关知识，拓展学习者的视野，培养银行业合规操作的意识。

本教材由浙江金融职业学院从事金融会计教学的教师和银行工作人员共同编写。项目一、项目二和项目五由隋冰编写,项目三和项目四由沈卓逸编写,项目六和项目七由周锋编写。隋冰、沈卓逸担任主编并负责项目的设计和全书的总纂修改;周锋为副主编,参与项目的设计并做了大量的工作。在本教材的编写过程中,编者得到了兴业银行杭州分行金融部副总经理马月婵、稠州银行绍兴上虞支行营业经理鲁梦琴和杭州银行西湖支行冯映雪的支持和帮助,在此一并表示感谢。

本教材是院校与银行倾力合作与集体智慧的结晶。虽然编者在教材的特色建设上做了许多工作,但由于编者水平有限,书中如若存在疏漏之处,恳请教材使用院校和读者给予关注并提出改进意见,以便于我们对教材进行进一步修订和完善。

编　者
2024 年 8 月

目　录

项目一　金融财务分析认知 ·· 1
　　任务一　金融财务分析基础知识认知 ··· 3
　　任务二　金融财务分析的基本方法 ··· 16
　　任务三　贷款前的准备工作 ··· 27

项目二　资产负债表分析 ··· 41
　　任务一　资产负债表认知 ··· 43
　　任务二　资产项目内容及其分析 ··· 49
　　任务三　负债项目内容及其分析 ··· 75

项目三　利润表分析 ·· 85
　　任务一　利润表认知 ··· 87
　　任务二　利润表项目内容及其分析 ··· 92

项目四　现金流量表分析 ··· 111
　　任务一　现金流量表认知 ··· 112
　　任务二　现金流量表项目内容及其分析 ··· 117

项目五　财务指标单项分析 ·· 141
　　任务一　偿债能力分析 ·· 143
　　任务二　营运能力分析 ·· 156
　　任务三　盈利能力分析 ·· 164
　　任务四　发展能力分析 ·· 173

项目六　财务报表综合分析 ·· 187
　　任务一　财务报表综合分析认知 ··· 189
　　任务二　杜邦财务分析体系的应用 ··· 191
　　任务三　沃尔评分法的应用 ··· 198

项目七　金融财务案例综合分析 ·· 207
　　任务一　金融财务分析的流程 ··· 208

任务二　中小企业财务分析攻略 …………………………………………………… 211
　　任务三　小微企业财务分析攻略 …………………………………………………… 219

知识链接　三大报表之间的关系 ……………………………………………………… 225
附录　宏达公司财务报表汇总 ………………………………………………………… 228
参考文献 ………………………………………………………………………………… 233

项目一
金融财务分析认知

学习目标

素养目标

1. 遵守《银行从业人员的职业操守和行业准则》的规定,严纪律、守底线
2. 养成严谨细致的工作态度,注意每一个工作细节,培养细心观察与分析的能力
3. 深入学习相关法律法规,确保在实际工作中合法合规处理事务,保障信贷资金的安全
4. 具备出色的沟通能力,善于倾听,确保信息精确无误,同时能够根据客户提供的资料准确识别真伪
5. 培养信贷人员尽职调查的逻辑思维,分清尽职调查的观点和事实

知识目标

1. 了解金融财务分析的基础内容
2. 理解金融财务分析的理论框架及构成
3. 了解金融财务分析的基本分析方法,熟悉各方法的具体分析步骤
4. 了解银行在贷款前的四项准备工作及注意事项

能力目标

1. 掌握金融财务分析的特殊性
2. 掌握金融财务分析的三类框架
3. 掌握比较分析法、趋势分析法和因素分析法的分析要点与具体实务应用
4. 掌握获取客户基本信息的步骤

思维导图

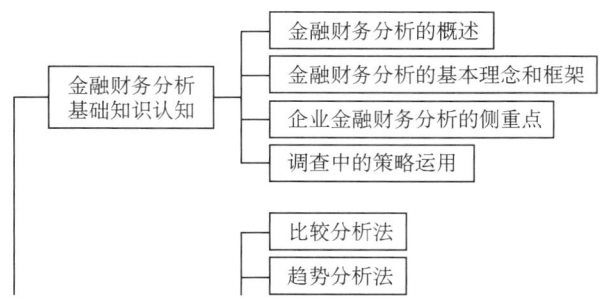

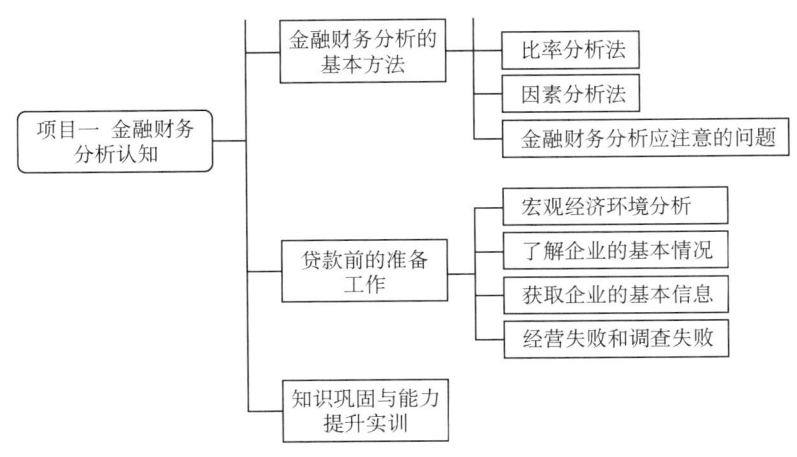

财务分析的起源

财务分析的发展历史是一个跨越了百年的演进过程,其根源可追溯到19世纪末至20世纪初的美国。这一时期,随着工业化进程的加速,企业规模迅速扩大,对资金的需求日益增长,从而催生了对企业财务状况进行系统分析的需求。下面将探讨财务分析的历史发展,包括其起源、演变过程及现代实践。

(1)财务分析的起源。19世纪末的美国,在美国工业大发展的背景下,企业规模和业务的扩大导致对资金需求的增加。此前,银行主要基于个人信用进行贷款,但随着企业规模的扩大,这种方式不再适用。1883年和1884年的经济危机进一步暴露了仅依赖个人信用的风险,在这种方式中,企业通过虚假财务报表获取贷款,导致银行坏账增多。1898年,纽约州银行协会要求借款人提交由借款人签字的资产负债报表,以评估企业的信用和偿债能力。1900年,该协会发布了申请贷款应提交的标准表格,包括部分资产负债表,这标志着财务分析的初步形成。

(2)财务分析方法的发展。为了更精确地评估企业的偿债能力,银行开始使用流动比率、速动比率等财务比率作为评估依据。亚历山大·沃尔(Alexander Wall)等人建议使用财务比率法来评价企业信用,以防范贷款违约风险。1923年,布利斯(Bliss)在《管理中的财务和经营比率》一书中首次提出并建立了各行业平均的标准比率,使得人们开始普遍使用标准比率进行横向财务比较。吉尔曼(Gilman)在1924年指出了比率分析的局限性,并强调了趋势分析法的必要性。

(3)财务分析理论的成熟。随着财务分析实践的深入,相关的理论体系也逐渐完善。学者们开始关注财务报表之间的关联性,以及如何通过财务数据分析企业的经济活动和财务状况。20世纪初,财务分析作为一门独立学科在国外正式诞生,众多学者通过研究发表了大量关于财务分析的学术文献,推动了财务分析理论的发展和完善。

(4)现代财务分析的特点。随着计算机和互联网技术的发展,财务分析的方法和工具得到了极大的改进。数据分析软件和自动化工具的使用大大提高了财务分析的效率和准确性。在全球化背景下,财务分析不仅要关注本国市场,还要考虑国际市场。跨国公司的兴起使财务分析更加复杂,但也更加重要。

　　财务分析的发展历史是与工业化、信息化和全球化紧密相连的。从最初的简单比率分析到现在的综合数据分析,财务分析已经发展成为企业管理中不可或缺的一部分。随着技术的不断进步和市场的不断变化,财务分析将继续演化,为相关使用者提供更加精准和高效的决策支持。

　　分析和评价企业财务报表是信贷管理人员授信审批、贷后管理中不可或缺的程序。但是,由于信贷管理人员的专业知识、风险管理理念、审视角度不同,他们对企业财务报表的重视程度也各有不同,而报表评价结果对能否有效控制信贷风险往往发挥决定性的作用。了解金融财务分析的概念与作用,辩证地看待借款人与信贷人员的关系,正确地认识企业经营失败和调查失败,掌握必要的分析攻略,对金融财务分析意义重大。

任务一　金融财务分析基础知识认知

学习目标

素养目标
1. 遵守银行业务中的职业道德规范,确保信贷人员对财务分析的公正性和客观性
2. 具备批判性思维,信贷人员能够独立思考并提出有建设性的意见
3. 在多学科团队中有效协作,共同解决问题并能够尊重他人的观点,积极参与团队讨论

知识目标
1. 理解金融财务分析的含义、特点和特殊性
2. 了解金融财务分析的基本理念和分析框架
3. 了解银行信贷人员对企业金融财务分析的侧重点

能力目标
1. 能够快速而准确地理解金融财务分析的特殊性要求
2. 掌握行业分析优于报表分析的原理
3. 掌握财务分析的分析框架,并理解不同角度的视野要求

一、金融财务分析的概述

(一)金融财务分析的含义

　　金融财务分析是以会计核算和报表资料及其他相关资料为对象,采用一系列专门的分析技术和方法,对企业过去和现在的有关筹资活动、投资活动、经营活动的偿债能力、盈利能力、周转能力及发展能力状况等进行分析与评价,为银行信贷部门作出正确决策提供准确信息或判断依据的过程。

　　金融财务分析是银行信贷客户信用风险分析的重要工具,是了解企业经营业绩及投

收益情况的重要途径,为银行信贷决策提供重要参考。

(二)金融财务分析的特殊性

进行企业金融财务分析的目的有很多种:企业内部管理层可能是为了绩效评价;企业外部投资者可能是为了判断企业价值以决定投资策略;银行则可能是为了决定是否发放贷款或监控企业财务状况以判定其对贷款安全性的影响。不同的分析主体出于不同的目的进行企业财务分析,侧重点各有不同。与其他分析目的相比,金融财务分析出于信贷风险管理的目的具有自身的特点。

1. 分析的目的直接指向企业的财务风险和偿债能力

财务分析是一个公共工具,出于哪种目的都可以运用,但出于不同目的分析的具体目标导向是不一样的。出于信贷风险管理目的的企业财务分析,其目标是从债权人的角度分析借款人的财务状况,进而判断借款人财务风险的大小和偿债能力的强弱,以便为银行授信决策、资产风险分类决策、资产保全决策等提供基本依据。

财务分析一般是关注企业的财务风险、偿债能力、盈利能力、营运能力和发展能力,企业的偿债能力多作为重点关注的问题之一。而出于信贷风险管理目的的财务分析除关注以上方面外,其最终的目标导向则是在各方面分析的基础上,以企业的财务风险和偿债能力为核心。当然,企业的财务风险和偿债能力不是孤立存在的,它与借款人的资产质量、盈利能力和现金流量等因素密切相关。出于信贷风险管理目的的财务分析就是要在分析这些因素的基础上,得出对企业财务风险和偿债能力的评价。

银行的金融财务分析更需要贯彻谨慎性原则,相比其他分析,更加关注企业资产的高估与负债的低估问题。

2. 分析的重点更加关注企业的流动性和盈利能力

与其他分析目的不同,出于信贷风险管理目的的金融财务分析更加关注企业的流动性和盈利能力指标,因为这些指标与企业的财务风险和偿债能力直接相关。

一些国外学者曾对此作过研究。例如,吉邦(Gibon)曾对美国100家最大的银行的信贷部门进行了调查,结果显示在对授信条款产生影响的财务指标中,大多数信贷部门认为负债/权益比率最重要,其次是流动比率和现金流量/到期长期债务比率,而在信贷协议包含的财务比率中,最重要的依然是负债/权益比率,其次是流动比率、股利支付率和现金流量/到期长期债务比率。

可以看出,短期内关注流动性,长期更关注盈利能力,杠杆比率则是一个基础性评价指标,这也是对出于信贷风险管理目的的财务分析的必然推论。

3. 分析的结果直接影响信贷风险管理决策

出于不同的分析目的,其结果的应用自然不同。根据授信风险管理的目的,企业财务分析的结果对授信决策、资产风险分类、资产保全方案、相关人员责任认定具有重大影响。在贷款前,分析的结果显然是客户经理决定是否接受客户的一个重要依据,也是授信评审人员决定是否授信的基本依据。在贷款后,分析的结果则是授信风险监控人员对贷款进行分类的一个重要参考,也是后续的资产管理,特别是资产保全管理的一个重要监控指标。根据现行各商业银行授信风险管理政策,这样的分析结果还会与客户经理及相关风险管理人员的责任认定联系起来。

可以看出,作为决策依据的财务分析结果,在任何领域中造成的影响可能都是重大的,在信贷风险管理领域中同样如此。

4.分析的主体不同于其他情形,分析技术各有所长

金融财务分析绝不仅仅是对财务报表本身的分析。在分析的过程中,一定会伴随必要的调查和审查技术。在实务中,不少信贷人员倾向于拿来主义,乐于引用和参考其他方面的材料。但是需要注意的是,不同的分析主体由于其手段和动机不同,分析各有长短,要充分认识不同分析主体在分析技术和结果方面存在的差异。

第一,信贷人员通常没有经过专门的系统审计技术的培训,对会计准则或会计制度的理解和掌握往往稍逊于注册会计师,其企业财务分析能力和水平似乎要弱于注册会计师。但信贷人员拥有注册会计师所不具备的优势,如对客户所处经营环境和行业的认识更加深刻,对企业资金的监控更便利,便于掌握企业或有债务(信贷人员可充分利用银行信贷登记系统进行查询)、长期跟踪客户,掌握客户上下游情况等。

第二,其他外部投资者包括专业分析师对企业的研判技术水平较高,分析技术和能力也较强。基于决策影响和专业考虑,除公开资料外,这些外部投资者也可能会对企业进行实地调研,此外,他们对政策的理解和对行业的洞察能力也很强。与这些外部投资者相比,信贷人员除在企业资金监控和或有债务的掌握等方面存在优势外,还与企业融资部门和财务部门经常有业务往来,对企业更为熟悉,从而在对企业进行财务分析时能够基于更全面的信息基础作出更为精准的判断。

二、金融财务分析的基本理念和框架

(一)金融财务分析的基本理念

企业财务报表和报表分析存在内在局限,且出于信贷风险管理目的的财务分析具有不同于其他分析的特殊性,这就要求我们在对企业进行分析时形成一套框架和逻辑,以更好地指导基于信贷风险管理的企业财务分析实践。当然,我们也应对信贷财务分析自身可能存在的问题具备清晰的认识,以便能够科学面对。

1.分析是一个研究推理过程

在这里,我们特别强调目的、研究和推理。分析不是数据的排列组合,而是要在特定信贷风险管理目的下,把财务数据背后的故事或实质挖掘出来,其过程就是研究和推理的过程。只有这样,才能准确地进行财务分析,使财务分析报告更有价值。

纵观信贷风险管理实践,其在财务分析方面普遍较为薄弱,还存在不少缺陷和误区。例如,虽说是为信贷风险管理服务,但分析范围和重点的选择与其他分析没有区别,与分析的需求基本脱节,为分析而分析,决策者难以从中获得真正有用的信息;部分分析难以跳出财务固有的思维惯性,仅依赖财务数据进行比较和分析,与企业经营管理脱节,就财务论财务,从而割裂了财务分析与企业经营的紧密联系;部分分析仅仅停留在财务报表的表面,经常忽视那些报表数据背后的企业存在的潜在风险和问题,也难以挖掘出那些业绩一般的企业的潜在价值,就报表论报表,对表外事项非会计信息的关注度不够;部分分析多是数据描述,未把各项财务数据和财务指标串联起来分析,不能挖掘出财务数据背后的经济实质,就数据论数据,真正的归纳、提炼少,不能形成恰当的分析结论。相反,另有部分分析则太过

"综合",没有深入各业务板块或企业级次,特别是对多元化发展模式下的企业集团,不同的业务或企业,或好或坏,或增或减,只看整体、不看结构,得到的结论往往不够全面,容易掩盖企业真相。另外,财务分析的目的在于了解过去、评价现状、预测未来,从而作出恰当的信贷决策,而不少分析恰恰忽略了这一点,其对过去和现在分析较多,对未来的预测则很少,大大削弱了财务分析的趋势预测作用。

要想彻底提升财务分析水平,就必须克服以上缺陷,特别是要系统解决当前商业银行信贷风险管理实践中企业财务报表分析存在的问题。这里,解决问题的根本途径就是将财务分析过程作为一个研究推理的过程。既然是研究的过程,就得按"研究"的套路进行,首先,明确分析目的,要牢记分析是为信贷决策服务的;其次,要确立分析的架构和逻辑,找准切入点;再次,进行分析和调查,由果及因,并作出未来预测;最后,得出分析结论。科学研究过程与财务分析过程对比如图1-1所示。

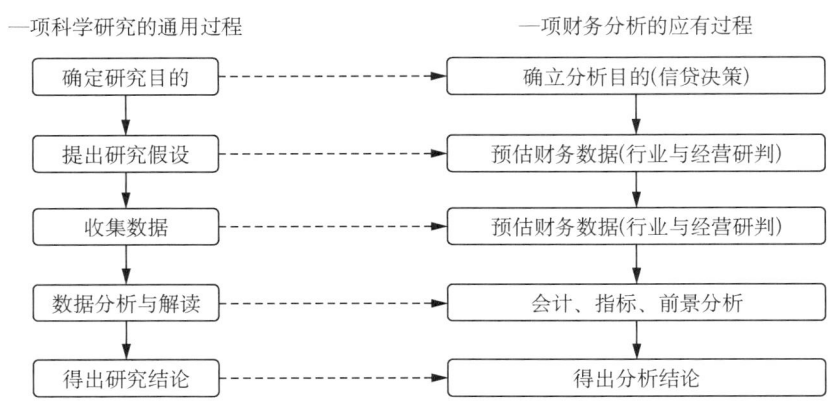

图1-1 科学研究过程与财务分析过程对比

2. 行业分析先于报表分析

这里说的行业分析是指经营环境与战略分析。企业的经营活动受经营环境和经营战略的影响;经营环境包括企业所处的行业、要素市场、政策法规管制等;经营战略则决定了企业如何在经营环境中获得竞争优势。经营环境和经营战略对企业经营状况和发展前景起着重要作用。一个企业是否有长期发展前景,首先同它所处行业本身的性质有关。处于高速发展的行业,对任何企业来说都是一笔财富;相反,一个处于缓慢发展行业中的企业,即使财务数据优良,行业下行趋势也会影响企业未来的盈利能力。企业采取薄利多销的策略还是利用某种竞争优势进行差异化竞争,对企业的盈利能力和相应的财务指标都会产生不同的重要影响,对其分析的目的就是确认利润动因和业务风险,从而对企业的潜在利润和持续经营能力作进一步的了解,为财务分析奠定基础。

因此,有效的财务报表分析不能仅仅就报表数据分析而分析,更应从企业的行业背景、宏观环境、竞争策略、会计政策等方面来解释报表数据,以更好地了解企业,解读会计数据。只有将报表分析与企业所处的环境、行业,面对的竞争情况及管理层对会计政策的选择等结合起来,报表分析的结果才较为客观和准确。从这个意义上,我们经常说,行业分析先于报表分析是进行财务分析时应该持有的理念。

图1-2描述了企业基于特定经营环境和经营战略所从事的经营活动,经过会计环境、会

计政策和会计系统的影响、加工，最终表现为企业财务报表的过程。可见，经营活动是企业财务报表试图反映的实质，企业财务报表只是表象。如果企业财务报表的阅读和分析者不了解企业所面临的经营环境、经营战略、会计环境和会计政策，而只是陷入会计数字的迷宫，将难以把握和理解企业经营活动的实质。

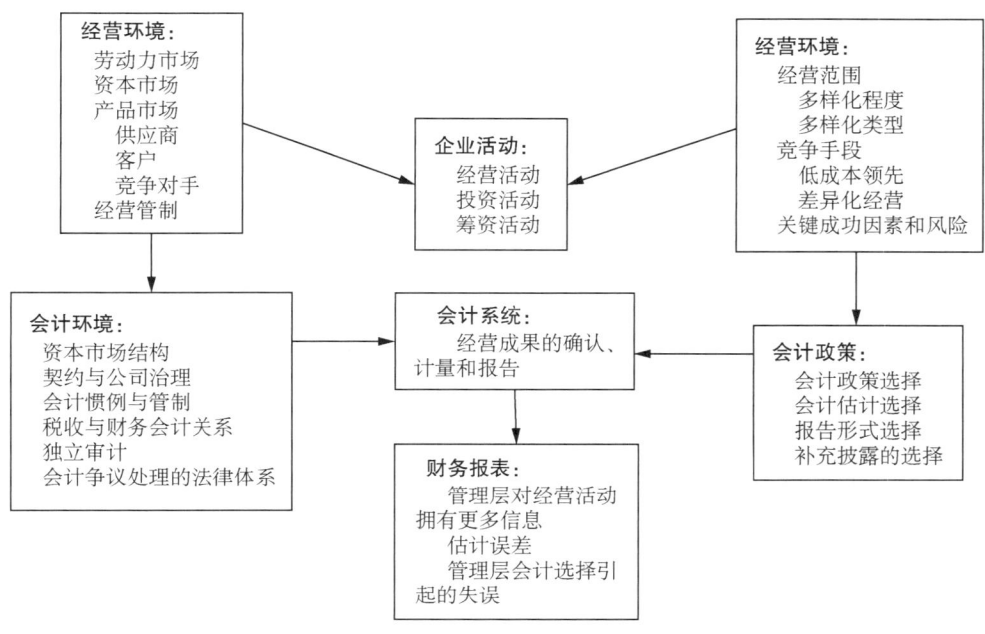

图 1-2 从企业经营活动到财务报表

3. 权变是财务分析的灵魂

财务分析不是一板一眼的，权变才是财务分析的灵魂。只有科学成分是不够的，还必须有分析技巧，否则财务分析的效果将大打折扣。

财务分析必须树立权变的理念，其理由包括以下几个方面：

（1）出于不同的分析目的应选择不同的指标进行分析。出于信贷风险管理目的的财务分析要侧重于企业的流动性、盈利性，从而保护投资资产的安全。一般而言，企业的财务分析通常包括偿债能力、盈利能力、营运能力和发展能力四类指标的分析，而出于信贷风险管理目的的企业财务分析则应在综合考察盈利能力、营运能力和发展能力等方面的基础上，考虑财务风险，从而为信贷决策提供依据，此时不宜再将企业的偿债能力与其他指标并列，而应该将其作为最终的评价标准。

（2）针对企业的不同发展阶段和贷款期限应选择不同的分析重点。在企业的创业阶段，应重点分析收入增长和自由现金流量及各项非财务指标；在成长阶段则应重点分析收入增长、资产结构和财务弹性等指标；在成熟阶段则需要重点分析资产收益率、收入成本率、现金流量等指标；在衰退阶段分析的重点则应主要集中在现金流量上。在考察企业短期贷款偿还能力时，现金流变得比利润更重要，而在长期贷款的考察中，利润更为重要，因为如果企业不能赚取足够的利润，该企业可能将无法继续生存下去。

（3）就选定的分析内容还要选择恰当的分析方法和计算公式。一般参考书给出的方法和公式仅是在通常情况下使用的方法和公式,在实际工作中则要灵活运用,不能直接套用。要根据分析对象和分析目的决定分析方法并改进公式,从而得出更符合实际的结论。

例如,速动比率指标的计算,就需要在具体情况下进行权变处理。计算速动资产的一般公式是流动资产减去存货。将存货从流动资产中剔除的原因可能是在流动资产中存货的变现速度慢;由于某种原因,部分存货可能已经损失报废还未作处理;部分存货可能已抵押给债权人;存货估价存在着成本与市价相差悬殊的问题等。但实际上对于某些企业而言,剔除存货的原因可能一个都不存在。例如,煤炭等能源商品作为企业的存货变现非常容易,且在变现过程中还可能增值,显然应该被包括在速动资产当中。速动资产包括的其他应收款(如关联方,尤其是大股东占款)的流动性可能极差。这些要求分析人员在具体计算时必须灵活考虑各种情况并予以修正。

(4) 单一财务指标本身可能不能说明任何问题,要结合其他情况进行综合判断。没有一个单独的指标能在财务分析中准确地揭示企业经营状况的好坏。分析人员必须分析一系列财务和非财务信息,对客户的财务风险作出综合判断。在许多情形中,有关信息甚至是相互矛盾、指向不同结论的,更需要进行科学判断。例如,计算得出一个企业的资产负债率是40%,流动比率是2,速动比率是1,这一定是一个让银行放心的企业吗?如果该企业其他指标存在异常,如本期营业收入降低了50%,或没有计提坏账准备的大股东占款占流动资产的50%,抑或者该企业有巨额的担保或未决诉讼,则其偿债能力可能已经严重恶化,需要引起银行的高度警惕。再如,资产负债率低是否一定意味着债权保障程度高?流动(速动)比率高,是否就能肯定其支付能力强?利润高的企业还款就没有问题吗?所有这些都需要针对具体情况进行具体分析,从而得出确切的结论。

(5) 财务分析指标可以随意构造,有意义即可。我们知道财务指标非常多,在分析时可以从指标库中进行取舍,更重要的是可以根据需要自行构造指标,只要该指标具有经济意义即可。在进行分析时,没有两家银行或企业会选择同样的财务比率、使用同样的计量方法,目前还没有普遍接受的官方财务比率组合。如何取舍,怎样构造,又如何去解读指标的含义,在某种程度上就见仁见智了。

综上可见,权变的分析理念要求我们在进行具体分析时,一定要从实际出发,实事求是,力戒主观臆断、结论先行,将分析搞成数字游戏;要用全面的观点看问题,坚持一分为二,反对片面化;要坚持事物之间普遍联系的观点,辩证、动态、发展地看待问题。只有这样,才能做到分析结论与分析过程浑然一体,才能取信于人。

4. 不能迷信注册会计师或审计报告

在信贷实务中,许多人倾向直接使用注册会计师的审计报告;在进行财务分析时,有些人还特别强调报表是否经过了审计及审计意见的类型等。

信贷人员要善于利用注册会计师的工作成果,不能迷信或盲从。一个不容忽视的问题是,审计师的受托责任导致其独立性、客观性、公正性受到影响。审计师收取的服务费用是由被审计企业支付的,审计意见却要服务于投资者和其他利益相关者。这样的委托代理关系本质上说明审计是一门风险与收益平衡的生意。

如同授信决策面临风险一样,注册会计师的审计也会出于各种原因而遭遇风险,如客户刻意作假致使注册会计师审计程序失控。审计失败会造成财务报表存在的重大错误未被发现,个中原因还包括以下几个方面:

（1）审计人员专业及个人方面的缺失，如专业水平差、审计不独立等。

（2）对客户经营的业务了解不够，如对企业的产品、制造过程及设备了解不够等。

（3）审计程序不妥，如过度信赖内部审计人员的工作等。

（4）会计师事务所内部的管理问题，如预算压力和人员频繁变动导致事务所经常指派新人参与工作等。

在上述因素的影响下，即使排除了注册会计师的报表粉饰，经过审计的报表也可能会存在问题。信贷人员在利用注册会计师的成果时，也绝不应简单地说"审计报告在这里"，就直接引用。

（二）金融财务分析的框架

1. 企业财务分析的PHB框架

企业财务报表分析并不是有效分析企业经营活动的全部，而只是其中一个较为技术化的组成部分。有效的企业经营活动分析必须先了解企业所处的经营环境和采取的经营战略，分析企业经营范围和竞争优势，识别关键成功因素和风险，然后才能进行企业财务报表分析。

由于企业管理层拥有企业的完整信息，且财务报表由他们完成，这样一来，处于信息劣势地位的外部人士（包括银行信贷人员）很难把正确信息与可能的非正确信息区别开来。通过有效的财务分析，财务分析者可以从公开或企业提供的财务报表数据中提取管理者的部分内部信息。由于财务分析者不能直接或完全得到内部信息，他们只能依靠自身对企业所在行业及其竞争战略的了解来解释财务报表。一个称职或成功的财务分析者必须像企业管理者一样了解行业经济特征，而且应该很好地把握企业的竞争战略。只有这样，财务分析者才能透过报表数字还原经营活动，从而较为全面和客观地掌握企业的财务状况。

正是基于以上考虑，哈佛大学的佩普、希利和伯纳德三位教授在其著作《运用财务报表进行企业分析与估价》一书中提出了一个全新的企业财务分析框架PHB框架，也有其他学者称之为哈佛分析框架。PHB框架的核心是给出了阅读和分析企业财务报表的基本顺序：战略分析→会计分析→财务分析→前景分析。即：首先，分析企业的战略及其定位；其次，进行会计分析，评估企业财务报表的会计数据及其质量；再次，进行财务分析，评价企业的经营绩效；最后，进行前景分析，诊断企业未来发展前景。PHB框架如图1-3所示。

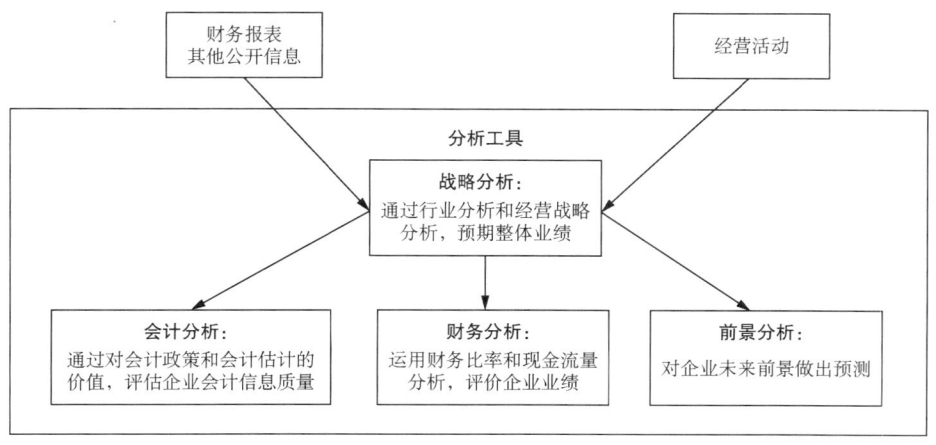

图1-3　财务分析之PHB框架

可见，PHB框架完全超越了传统的"报表结构介绍→报表项目分析→财务比率分析的分析"流程，以企业经营环境为背景，以战略为导向，立足于企业经营活动，讨论企业经营活动（过程）与企业财务报表（结果）之间的关系，从而构造了企业财务分析的基本框架，展示了企业财务分析的新思维。

2. 基于信贷风险管理的企业财务分析框架

基于信贷风险管理的企业财务分析是一般性财务分析在信贷风险管理领域的具体应用。即借鉴一般性企业财务分析的理论框架，再紧密结合信贷风险管理的具体目的，形成基于信贷风险管理的企业财务分析框架。

在借鉴PHB框架基础上，结合信贷风险管理目的，提出一个基于信贷风险管理的企业财务分析框架——141框架，具体如下：

1个起因——问题界定。

4个核心——战略导航、会计调整、指标分析、前景预测。

1个结果——信贷决策。

基于信贷风险管理的企业财务分析框架如图1-4所示。

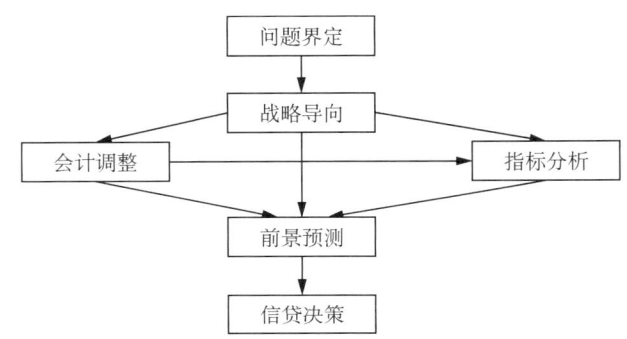

图1-4 基于信贷风险管理的企业财务分析框架

资料来源：崔宏.财务报表阅读与信贷分析实务[M].2版.北京：机械工业出版社，2021.

（1）问题界定。问题界定是解决问题的首要步骤。在对问题进行界定时，关键是问题本身，而不是问题的表象。如果问题表述得准确，就等于问题已经解决了一半。

所以，问题界定是进行企业财务分析的第一步。那基于信贷风险管理的目的对企业进行财务分析，要解决的真正问题是什么？是评价企业的财务风险，还是评价企业的偿债能力？是评价企业申请授信金额对应的财务实力，还是评价已发放贷款的安全性？在进行企业财务分析时，我们的目的应该如何正确界定？一般来说，界定可以通过如下方式：评价企业的财务风险；评价企业的偿债能力；评价企业债务违约的可能性；评价企业申请授信金额对应的财务实力；评价已发放贷款的安全性；评价企业是否符合贷款条件；评价贷款风险分类是否准确。以上这些都是基于企业分析的具体目标而言的，当然我们也可以通过安全开展信贷业务来界定问题。

（2）战略导航。战略导航的目的是通过对企业经营环境和经营战略的分析，确定企业的主要利润驱动因素，辨识企业的经营风险，以及定性评估企业的盈利潜力和偿债能力。

战略导航的分析属于定性分析，这也是企业财务分析的前置性步骤。一方面，它能帮助分析人员更好地、有针对性地设计随后的会计分析和指标分析。例如，确定了主要的利润驱动因素和经营风险后，可以更好地评价企业的会计政策，以及它们对偿债能力的影响等；对企业竞争战略的评估有助于评价企业当前盈利水平的可持续性。另一方面，战略导航可以帮助分析人员在预测企业的未来业绩时作出合理的假设，从而保证对企业前景的预判更为准确。

（3）会计调整。会计报表反映的是企业的经营活动，那么这种反映的程度如何？是否客观、公允、完整？为了更高程度地反映企业的经营活动，做到客观、完整，就要对企业的会计政策、估计和会计处理进行基本的评价，特别是要重点关注那些存在较大灵活性的环节，评价其会计政策和估计的适宜性，对企业报表可能存在的重大错误进行识别，找出不能恰当反映企业经营事实的事项。

找到存在的问题后，下一个重要步骤就是重新计算企业财务报表中的会计数字，通过数据或报表调整，形成没有重大偏差的会计数据。可以说会计调整是确保下一步各类指标分析结论可靠性的必要基础。

（4）指标分析。指标分析是财务分析的核心，目标是运用会计数据定量评价企业当前和过去的业绩，以及企业的财务风险和偿债能力，并评估其可持续性。

进行指标分析必须按照一定的逻辑，形成系统有效的分析体系，从而正确反映企业的财务状况、经营成果和现金流量。通过指标分析，分析人员明确了企业的现状。在分析中，分析人员通过比较分析、趋势分析、结构分析、比率分析等对企业作出评价，借此形成对企业流动性与盈利能力的准确判断，对企业财务风险、财务弹性及其偿债能力作出最佳测算。

（5）前景预测。财务报表数据是历史数据，而决策要面向未来，因此，以报表中的历史数据为基础，对未来进行前瞻性预测，是实现财务报表"信贷决策有用性"的关键步骤。

前景预测主要运用财务预测的工具。财务预测基于具体分析目的，可以是报表预测、指标预测，也可以采用判别模型进行预测。前景预测对银行信贷决策的重要性不言自明，因为贷款的偿还依赖于企业的未来表现，而非仅仅基于当前的财务状况。

（6）信贷决策。通过以上分析步骤，可以得到关于企业目前财务状况和未来发展的基本结论。要想形成具体的信贷决策，必须根据上述分析结论，结合其他情况（如银行授信政策、监管要求、企业实际需求、其他条件满足程度等）进行综合考虑后得出，如否决贷款申请，批准授信，调整授信期限、结构、条件和规模等；或是宣布贷款提前到期，建议贷款风险重新分类等；抑或是根据企业财务分析结果，提出新的投融资方案或建议等。这里的财务分析结论，仅仅是信贷决策的依据之一。

3. 基于信贷风险管理的财务报表分析切入点

不管是PHB框架还是141框架，都是围绕如何对企业财务进行分析的思维框架。在这些框架中，财务报表的分析依然是最具技术性的一个核心部分。那么，对具体财务报表该如何下手进行分析呢？分析的重点又是什么呢？这就涉及报表本身分析的切入点问题。

从企业向银行贷款的关联关系看，企业最常用的三张财务报表中的每张报表都与其贷款归还有着紧密的逻辑关系，即：

与现金流量表的关系——借债（贷款）是要还钱的，当然是用现金流来偿还。

与利润表的关系——钱是靠企业盈利赚来的，当然是看企业实现利润的情况。

与资产负债表的关系——盈利是资产创造的，当然要依靠企业资产的规模和质量。

以人们习惯的正向思维来看,是"资产创造收益(资产负债表),收益形成盈利(利润表),盈利形成现金(现金流量表),现金归还贷款"。

资产负债表的关键是资产质量;利润表的关键是盈利质量;现金流量表的关键是现金流量。这样,从信贷风险管理的角度出发,三张会计报表就与企业偿债能力紧密结合了起来,也指出了企业报表分析的恰当切入点,即资产质量、盈利质量、现金流量是财务报表自身分析的三大逻辑切入点,如图1-5所示。

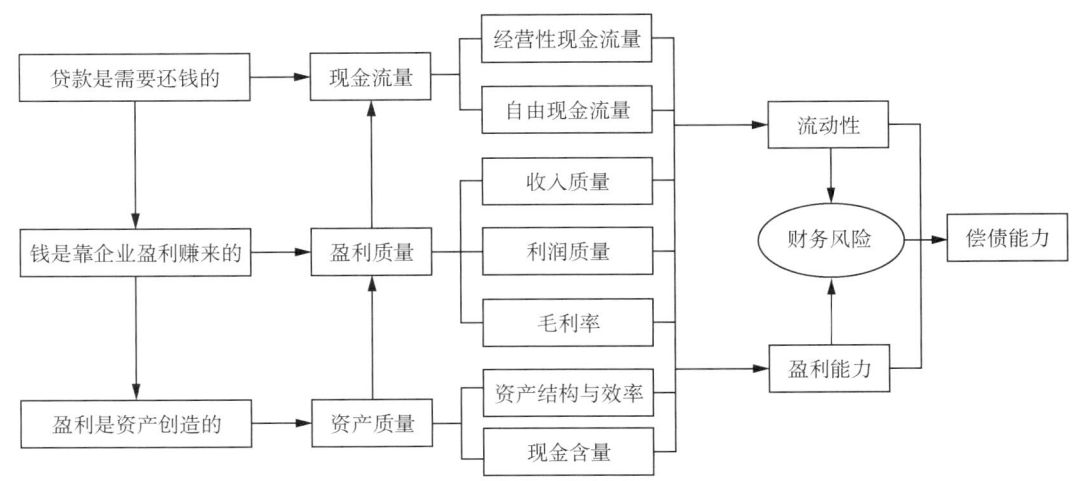

图1-5 基于信贷风险管理的财务报表分析逻辑切入点

(1)从资产负债表入手,分析资产质量。一是考察报表整体结构,根据资产与负债的规模与期限匹配问题,判断财务的稳健性;二是考察各类资产比重,并据此判断企业的财务弹性。例如,固定资产和无形资产的比重较高且多为专用设备或专用技术,在行业竞争加剧的情况下,企业将面临较高的退出壁垒。另外,资产的现金含量和资产的易变现性直接影响流动性和偿债能力。当然,因为虚构收入和利润的造假行为会在资产负债表的相关科目中显示出来,财务分析人员在分析资产质量时需要尽可能辨识资产负债表中是否存在资产虚化、隐藏负债、潜藏无价值资产的可能。

(2)从利润表入手,分析盈利质量。通过营业收入及利润的成长性和波动性,体现主营业务收入创造现金流量的能力、市场份额增长情况以及创造现金流量的稳定性。对银行债权人而言,企业的收入比利润更重要,因为企业所有的借款最后都要转化为利润表中的成本费用并从收入中得到扣除,收入是企业第一还款来源的核心,没有收入就没有偿债来源。当然,收入不能以应收账款为来源,而应以现金来支撑。毛利率也是盈利质量分析的重要对象,因为它表明企业有多少钱可以用于各项期间费用并形成盈利,没有足够大的毛利率便不能盈利。

(3)从现金流量表入手,分析现金流量。企业现金周转不灵,即使利润表反映出有很多利润,企业也可能陷入财务困境。现实中太多的企业违约破产不是因为没有利润,而是因为现金流的断裂,所以应提高对现金流分析的关注度。财务分析人员应在分析现金流结构的基础上,对经营性现金流量和自由现金流量进行分析。经营活动产生的现金流量很重要,但它并不代表企业可自由支配的现金流,因为企业首先要在保证自己为持续经营而进行必要投资的前提下,才能把钱用于还本付息、为股东派发股利。自由现金流不仅可以衡量企业扩张性发展、偿还债务、支付股利和股票回购的能力,还可以增强不同企业之间和企业兼并前后的可比性,是企业健康发展的标志。当然,投资性现金流和融资性现金流也非常重要,企业拥有较多的可及时变现的投资资产和良好的再融资能力,也是对还款来源的重要补充。

以资产质量、盈利质量、现金流量为逻辑切入点,对企业财务状况、经营成果和现金流量进行分析后,就可以得到企业流动性和盈利性方面的完整信息,借此可以对企业财务风险进行评估,从而对企业偿债能力形成较为科学的认识,并结合其他表外信息的分析结果,为信贷决策提供可靠依据。

思政知识

金融是经济的血脉,党的二十大报告对金融监管工作作出部署、提出要求,深化金融体制改革,建设现代中央银行制度,加强和完善现代金融监管,强化金融稳定保障体系,依法将各类金融活动全部纳入监管,守住不发生系统性风险底线。新征程上,继续完善和强化金融稳定保障体系,沉着应对和防范化解重大金融风险,对于坚定不移地推动中国金融高质量发展至关重要。

三、企业金融财务分析的侧重点

大中型企业与小微企业的财务核算方式存在很大差异,这种差异也要求信贷人员在进行财务分析时运用不同的调查方法。

(一)两类企业财务核算比较

1. 大中型企业财务核算

大中型企业经营规模大、创利税多、影响广泛,经常会面临税务等监管部门的检查风险,财务在企业经营管理中起着举足轻重的作用,其财务核算在形式上比较规范、全面。同时,这类企业产品工艺复杂,成本核算难度高,对外投资多,股权结构复杂,企业与关联方之间资金往来频繁,部分企业还存在账外销售、账外采购、信贷资金账外循环等因素,财务核算相对复杂。

从银行调查的角度看,这类企业的财务核算表面上看似规范,报表获取方便,容易评价企业盈利能力和偿债能力,但评价结果能否准确地反映企业的财务、经营实际和信贷资金的实际用途,还有赖于调查人员的经验和深入分析。

2. 小微企业财务核算

小微企业规模小、产品单一、资金往来清晰,财务在经营管理中的作用比较小,其财务核算多由兼职会计代理,企业编制财务报表的主要目的是纳税。这类企业账务往往不规范,存在账内不清、账外有账等问题。这类企业因生产工序简单,投资单一,股权结构明晰,故历年经营利润积累是企业净资产及家庭资产增值的主要来源。

从调查的角度看,这类企业虽不易获取满意的财务报表,但资产结构简单,历年利润积

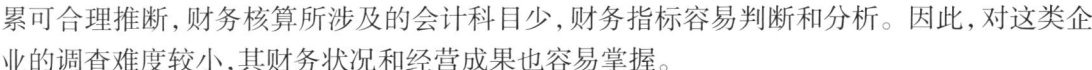

累可合理推断,财务核算所涉及的会计科目少,财务指标容易判断和分析。因此,对这类企业的调查难度较小,其财务状况和经营成果也容易掌握。

3. 两类企业分析方法比较

总之,大中型企业形式规范而实质复杂,小微企业形式杂乱而实质简单。大中型企业调查主要依据财务报表来分析主要财务指标的合理性,从而发现借款人的财务及经营风险;而小微企业调查靠的是信贷人员的深厚专业知识底蕴,这些信贷人员根据调查了解到的企业财务及经营信息,编制相应的财务报表,评价借款人的财务及经营风险。两类报表调查方法各不相同,手段各有千秋,但最终目标一致,财务分析同等重要。

（二）大中型企业调查侧重点

1. 厘清借款企业与关联方的关联关系及股权结构

大中型企业多存在母公司与子公司之间、子公司与子公司之间相互渗透持股情况,或是以企业为名义股东,法定代表人的家属、亲戚为实际控制人,或是以法定代表人的家属、亲戚为名义股东,实际由公司提供资金等,企业及其关联企业股权结构复杂。信贷人员务必厘清借款企业股权结构,以便掌握企业大股东对企业经营的实质控制能力、对外投资能力、投资收益状况、信贷资金的可能流向、企业及企业集团的偿债能力;务必厘清公司名义股东与实际控制人的关联关系和法律上的代表能力,以便设定连带担保责任,在借款企业无法偿债的情况下,确立债务追索主体、程序,以有效预防债务逃避,减少银行信贷风险。

近年来,随着国家及社会信用体系建设逐步完善,银行可以通过国家企业信用信息公示系统、天眼查、企查查等内外部查询系统,分析获取借款人与其关联方较为详细的关联关系及股权结构关系。

2. 重要财产产权须明晰

有些大中型企业看似财大气粗,实则外强中干,其为了获得银行贷款,将企业吹得天花乱坠。信贷人员必睁大眼睛,透过现象,看清本质。对金额大、投资广泛而又与其主营业务相距甚远的房地产投资及其他项目投资,信贷人员务必要重点核实、明确产权。应严防企业把属于他人的房产投资、项目投资移花接木、偷梁换柱,当作企业自己的资产。

3. 全盘考虑企业集团的财务状况

很多大中型企业与其关联企业都在同一场所经营,或共用相同的原料,或生产同一类或近似的产品,或同属一类产品的上下游生产线,很多资产（如存货或固定资产等）很难分辨哪些属于本企业,哪些属于关联企业。借款企业与关联企业之间的关联交易,特别是资金往来比较频繁的交易,会产生大量的应收账款、应付账款,虽然一方是债权,一方是债务,但对于企业集团来说,不形成任何债权或债务。类似的情况还有以借款企业的名义借入资金并将其转到关联企业（或实际控制人）账户中,或将关联企业（或实际控制人）的资金提供给借款企业。

由于这些因素的存在,信贷人员在调查时仅从借款企业的角度着手,将很难评价借款企业真实的财务状况和经营成果,也不易发现企业及企业集团可能存在的财务、经营风险,这最终导致调查结果对分析和评价信贷风险的意义不大。

因此,对于存在关联企业和多方投资的情况,信贷人员务必要取得关联企业、实际控制人重要的资产、负债、销售等财务信息,务必要知悉与关联企业、实际控制人之间的重要债权、债务、内部销售、采购事项及金额。厘清上述问题,对于评价借款企业及集团信贷风险帮助极大。

（三）小微企业调查侧重点

在调查过程中，由于受能力有限等限制，在小微企业未能提供信贷人员所需要的财务报表和信息时，信贷人员可以通过询问借款人、实地观察、分析等手段，利用编制财务报表基本原理，辅以行业平均销售利润率、应收账款周转期、所得税的征收方式、平均职工人数等其他财务指标及信息，自行编制一份简易财务报表。

财务报表基本原理（即会计恒等式）如下：

$$资产＝负债＋所有者权益$$
$$＝负债＋初始投入＋历年经营积累$$

或：

$$负债＝资产－初始投入－历年经营积累$$

小微企业"资本公积"余额及其变动一般较少，可以忽略，若确有大额变动，上述等式须增加资本公积变化。

简易财务报表编制侧重点如下：

（1）实地观察企业存货、固定资产等实物资产的数量，分析其价值和变现能力。企业实际控制人的家庭资产，若不能提供其他资金来源的，则视同企业资产的一部分。

（2）取得应收账款主要明细和款项周转期，并加以分析确认。货币资金其他应收款等项目一般余额较小，或占资产总额比例小，可按企业提供数确认；若其余额大、变化幅度大，则应详细核实。

（3）对照行业平均销售利润率，分析企业管理水平、人员结构等因素，评估产品销售利润率，推断企业历年经营积累。

（4）根据"负债＝资产－初始投入－历年经营积累"这一等式，倒推企业负债余额。

（5）编制简易财务报表，评价企业的偿债能力和盈利能力。

简易财务报表编制方法非常有用，特别是在借款人持续经营的情况下，通过各年度等式对比结果，可发现其财务信息的真伪程度，较为准确地评估借款人财务状况和经营成果。

四、调查中的策略运用

实务中，借款人为获得银行贷款，可能会采取各种不同的方式和策略，尽可能提供对自己最有利的信息，掩饰对自己不利的信息，因此其提供的信息可能不完整、不充分或夸大其词。对此，信贷人员必须掌握必要的沟通技巧，恰当运用调查策略，获取准确信息，理顺逻辑关系。

（一）消除借款人的疑虑

有的企业偿债能力、盈利能力实际上很强，但"人怕出名猪怕壮"，这些企业可能会有意掩饰自己的实力。此外，这些企业可能因转移利润、规避税收等原因，存在未入账资产、投资等业务，出现借款人不愿向信贷人员披露部分真实信息的情况。

为了掌握借款人的确切信息，信贷人员应主动与管理人员和财务人员沟通，消除借款人的疑虑。应及时向借款人阐明本行调查的主要目的是掌握企业真实的财务、经营状况，帮助企业在合理、合规的情况下充分披露和改善其财务、经营指标，达到银行授信条件，或为借款人争取

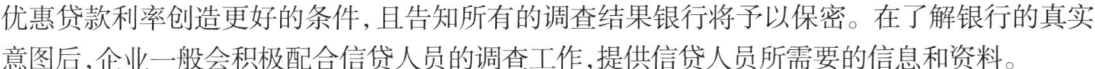

优惠贷款利率创造更好的条件,且告知所有的调查结果银行将予以保密。在了解银行的真实意图后,企业一般会积极配合信贷人员的调查工作,提供信贷人员所需要的信息和资料。

(二)告知信息不充分的后果

有的企业自称实力雄厚、偿债能力强,但要求其提供财务、经营资料时其或遮遮掩掩、语焉不详,或提供的经营、财务信息前后矛盾,又无合理理由。若经信贷人员积极游说、解释,告知银行负有保密责任后,企业仍予以推托、隐瞒、拒绝提供资料,信贷人员应当场告知其中之利害,阐明若银行无法取得其所认可的经营、财务信息,则授信很难获得通过,从而争取企业配合调查。

(三)侧面获取信息

对于某些信息,如果信贷人员直接向企业管理人员、财务人员询问,企业的确难以回答,但信贷人员不得不问。这就需要信贷人员采取迂回方式,从侧面去获取信息。

例如,有的企业很忌讳被询问未开票销售额,信贷人员可以通过询问企业出口与内销比例等方式间接获取。因为企业出口金额通过查阅税务报表或增值税纳税申报表较为容易获取,获得了出口所占比例,出口内销总销售额也就迎刃而解了。

又如,企业对直接询问有多少应付账款也是较为敏感的,信贷人员可以先取得企业主要供应商的明细,而后询问供应商的年供应额和付款期限,根据应付账款的周转期和年采购额也可以大体判断企业的应付账款余额。

(四)具体问题具体分析

在信贷管理的整个过程中,特别是对企业财务状况、经营成果的调查分析中,由于企业所属行业、规模大小、经营复杂程度、主要控制人的品质特征、对财务的重视程度、财务人员的业务素质及核算规范程度、企业本身的营利能力和发展潜力等因素都不同,这些会导致报表各科目准确性存在差异。即便是同一借款企业提供不同期间的报表、同一期间提供不同类型的报表,其准确性也有所不同。

因此,在面对企业所提供的财务报表及其他财务、经营信息时,信贷管理人员不可以使用同一个方法、同一个模式、同一种思维去判断,除掌握企业编制银行报表的一般规律外,还要知悉不同企业、同一企业不同时期、同一期间不同类型的报表之间存在的差异性和特殊性,将报表分析一般性方法与企业实际经营情况相结合并加以变通使用,充分利用自己的专业知识及调查经验,客观、全面地进行分析。只有这样,方可真正掌握企业的偿债能力、盈利能力和未来发展潜力,从而达到控制信贷资产风险的目的。

任务二 金融财务分析的基本方法

学习目标

素养目标

1. 加强信贷人员对于相关法律法规的遵守意识,确保所有财务分析都符合法律要求
2. 具备利用财务分析的基本原理解决实际问题的能力
3. 信贷人员能够根据企业实际情况选择合适的财务分析方法

知识目标
1. 了解财务分析的基本分析方法的类别
2. 了解每种分析法的含义和分析步骤
3. 理解在进行财务分析时应注意的问题

能力目标
1. 掌握比较分析法在实务中的具体运用与结果评估
2. 掌握因素分析法的类型与对应的分析步骤
3. 能够清晰地向同事或客户解释分析的结果及意义

金融财务报表是建立在会计核算基础上的，是对企业经营活动的综合反映。要对一个企业的财务报表作出比较深刻、透彻的分析，找出有用的信息，发现隐含的问题，必须具备一定的专业知识。为此，报表的使用者应该了解财务报表分析的基本方法。下面介绍几种常见的分析方法。

一、比较分析法

（一）比较分析法的含义

比较分析法是财务报告分析中最常用的一种分析方法，也是一种基本方法。比较分析法是指将实际达到的数据同特定的各种标准相比较，从数量上确定差异，并进行差异分析或趋势分析的一种分析方法。差异分析是指通过差异揭示成绩或差距，作出评价，并找出产生差异的原因及其对差异的影响程度，为今后改进企业的经营管理指引方向的一种分析方法。趋势分析是指将实际达到的结果，与不同时期财务报表中同类指标的历史数据进行比较，从而确定财务状况、经营状况和现金流量的变化趋势和变化规律的一种分析方法。由于差异分析和趋势分析都是建立在比较的基础上，所以统称为比较法。

（二）比较数据

在进行比较分析法的过程中，比较数据的选择有绝对数比较和相对数比较两种。

1. 绝对数比较

绝对数比较，即利用财务报告中两个或两个以上的绝对数进行比较，以揭示其数量差异。例如，飞跃公司上年的产品销售额为200万元，产品销售利润为20万元；今年的产品销售额为240万元，产品销售利润为30万元。那么今年与上年的差异额为：产品销售额40万元，产品销售利润10万元。

2. 相对数比较

相对数比较，即利用财务报告中有关系的数据的相对数进行对比，如将绝对数换算成百分比、结构比重、比率等进行对比，以揭示相对数之间的差异。例如，飞跃公司上年的产品销售成本占产品销售额的百分比为90%，今年的产品销售成本占产品销售额的百分比为87.5%。那么今年与上年相比，产品销售成本占产品销售额的百分比下降了2.5%。这就是利用百分比进行比较分析。对某些由多个个体指标组成的总体指标，可以通过计算每个个体指标占总体指标的比重，进行比较，分析其构成变化和趋势。这就是利用结构比重进行比较分析。此外，可以将财务报表中存在一定关系的项目数据组成比率进行对比，以揭示企业某一方面的能力，如偿债能力、获利能力等。这就是利用比率进行比较分析。

一般来说，绝对数比较只通过差异数来说明差异金额，但没有表明变动程度；而相对数比较则可以进一步说明变动程度。如上例中，用飞跃公司的产品销售成本占产品销售额的百分比进行比较，就能求得今年比上年降低了2.5%的变动程度。在实际工作中，绝对数比较和相对数比较可以交互应用，以便通过比较，作出更充分的判断和更准确的评价。

（三）比较标准

在进行比较分析中经常使用的比较标准有以下几种：

（1）实际指标同预算（计划或定额）比较，可以揭示出实际与预算（计划或定额）之间的差异，了解该项指标的完成情况。

（2）本期指标同上期指标或历史最高水平比较，可确定前后不同时期有关指标的变动情况，了解企业生产经营活动的发展趋势和管理工作的改进情况。

（3）本单位指标同国内外先进单位指标比较，可以找出本单位与先进单位之间的差距，推动本单位改善经营管理，赶超先进水平。

（四）比较分析法的具体应用

在比较分析法的具体应用中，一般采用横向比较和纵向比较两种具体方法。

1. 横向比较法

横向比较法又称为水平分析法，是指将反映企业报告期财务状况的信息与反映企业前期或历史某一时期财务状况的信息进行对比，研究企业各项经营业绩或财务状况的发展变动情况的一种财务分析方法。横向比较法所进行的对比一般不是单纯的指标对比，而是对反映某方面情况的报表的全面、综合对比分析，尤其在对财务报告分析中应用较多。

横向比较法的基本要点是，将报表资料中不同时期的同项数据进行对比，对比的方式有以下几种。

一是绝对值增减变动，其计算公式为：

$$绝对值增减变动 = 分析期某项指标实际数 - 基期同项指标实际数$$

二是增减变动率，其计算公式为：

$$增减变动率 = 变动绝对值 \div 基期实际数量 \times 100\%$$

三是变动比率值，其计算公式为：

$$变动比值率 = 分析期实际数值 \div 基期实际数值 \times 100\%$$

上列各式中所说的基期，可指上年度，也可指以前某年度。横向比较法中应同时进行绝对值和变动率或比率两种形式的对比，因为仅以某一种形式对比，可能得出错误的结论。

【例1.1】 飞跃公司2022年的净利润为60万元，2023年的净利润为90万元。2023年与2022年比较，飞跃公司的净利润增加了30万元，或者说，飞跃公司2023年的净利润为2022年的150%，增长了50%。

这是一种比较简单的横向比较，常用于差异分析。横向比较分析经常采用的一种形式是编制比较财务报告。这种比较财务报告可以选择最近两期的数据并列编制,也可以选取数期的数据并列编制。前者一般用于差异分析,后者则可用于趋势分析。

【例1.2】 飞跃公司2023年和2022年两年利润表的部分数据如下,其比较利润表如表1-1所示。

根据表1-1的资料,初步评价如下:

(1)营业收入和利润均呈增长势头,而且利润的增长幅度(51.06%)高于营业收入的增长幅度(37.06%)。

(2)利润增长的主要因素有:营业成本、销售费用和税金及附加的增幅均低于营业收入的增幅,这表明企业在收购和销售环节做了很多工作;管理费用增幅小,财务费用不仅没有增加,而且下降了3.7%,营业外支出也下降了16.67%,这些都表明飞跃公司的管理水平有了很大提高。

表1-1　　　　　　　　　2023年度飞跃公司比较利润表　　　　　　　金额单位:万元

项目	2023年	2022年	增加(减少) 差额	增加(减少) 比率
一、营业收入	4 397.00	3 208.00	1 189.00	37.06%
减:营业成本	2 465.00	1 846.00	619.00	33.53%
税金及附加	145.00	108.00	37.00	34.26%
销售费用	162.00	124.00	38.00	30.65%
管理费用	153.00	136.00	17.00	12.50%
财务费用	52.00	54.00	−2.00	−3.70%
资产减值损失				
加:投资收益				
二、营业利润	1 420.00	940.00	480.00	51.06%
加:营业外收入	100.00	84.00	16.00	19.05%
减:营业外支出	20.00	24.00	−4.00	−16.67%
三、利润总额	1 500.00	1 000.00	500.00	50.00%
减:所得税	450.00	300.00	150.00	50.00%
四、净利润	1 050.00	700.00	350.00	50.00%

(3)综合以上两点,可以作出初步评价:飞跃公司在业务经营和企业管理两个方面都取得较好的成绩,企业经济效益有显著提高。应当指出,横向比较法通过将企业财务报告期的财务会计资料与前期对比,揭示各方面存在的问题,为全面深入分析企业财务状况奠定基础。因此,横向比较法是金融财务分析的基本方法。另外,横向比较法可用于一些可比性较高的同类企业之间的对比分析,以找出企业间存在的差距。但是,横向比较法在不同企业应用中,一定要注意其可比性问题,即使在同一企业应用,对于差异的评价也应考虑其对比基础。需要注意的是,在横向比较中,应将两种对比方式结合运用,仅用变动量或仅用变动率可能得出片面的甚至错误的结论。

2. 纵向比较法

纵向比较法也叫垂直分析法。纵向分析与横向分析不同,它的基本点不是将企业报告期的分析数据直接与基期进行对比求出增减变动和增减变动率,而是通过计算报表中各项目占总体的比重或结构,反映报表中的各项目与总体的关系情况及其变动情况。财务报告经过纵向比较法处理后,通常称为同度量报表,或称为总体结构报表、共同比报表等。如同度量资产负债表、同度量利润表、同度量成本表等,都是应用纵向比较法得到的。

纵向比较法一般包括以下步骤:

第一,确定报表中各项目占总额的比重或百分比,其计算公式为:

$$某项目的比重=该项目金额 \div 各项目总金额 \times 100\%。$$

第二,通过各项目的比重,分析各项目在企业经营中的重要性。一般项目比重越大,说明其重要程度越高,对总体的影响越大。

第三,将分析期各项目的比重与前期同项目比重对比,研究各项目的比重变动情况。也可将本企业报告期项目比重与同类企业的可比项目比重进行对比,研究本企业与同类企业的不同,以及取得的成绩和存在的问题。

资产负债表的共同比报表通常以资产总额为基数。利润表的共同比报表通常以营业收入总额为基数。共同比财务报告亦可用于几个会计期间的比较,为此而编制的财务报告称为比较共同比财务报告。它不仅可以通过报表中各项目所占百分比的比较,看出其差异,而且可以通过数期之间的比较,看出其变化趋势。

【例1.3】 承[例1.2],以飞跃公司2022年和2023年两年的数据为依据,编制比较共同比利润表,如表1-2所示。

表1-2　　　　　　　　飞跃公司比较共同比利润表

项目	2023年	2022年
一、营业收入	100.00%	100.00%
减:营业成本	56.06%	57.54%
税金及附加	3.30%	3.37%
销售费用	3.68%	3.87%
管理费用	3.48%	4.24%
财务费用	1.18%	1.68%
资产减值损失		
加:投资收益		
二、营业利润	32.29%	29.30%
加:营业外收入	2.27%	2.62%
减:营业外支出	0.45%	0.75%
三、利润总额	34.11%	31.17%
减:所得税	10.23%	9.35%
四、净利润	23.88%	21.82%

从表1-2可以看出，飞跃公司2023年的各项费用、成本项目的比重均略有降低，从而使税前利润和净利润有所上升。考虑营业收入的绝对金额，这主要是飞跃公司2023年的营业收入额有较大增长的结果。

共同比财务报告分析的主要优点是便于对不同时期报表的相同项目进行比较。如果能对数期报表的相同项目作比较，则可以观察到相同项目变动的一般趋势，从而有助于进行评价和预测。但无论是金额、百分比还是共同比的比较，都只能作出初步分析和判断，财务分析人员还需在此基础上作进一步分析，才能对变动的有利或不利因素作出较明确的判断。

（五）运用比较分析法应注意的问题

在运用比较分析法时，应注意相关指标的可比性，具体来说有以下几点。

1. 指标内容、范围和计算方法的一致性

在运用比较分析法时，必须大量运用资产负债表、利润表、现金流量表等财务报告中的项目数据。财务分析人员必须注意这些项目的内容、范围以及使用这些项目数据计算出来的经济指标的内容、范围和计算方法的一致性，只有一致才具有可比性。

2. 会计计量标准、会计政策和会计处理方法的一致性

财务报告中的数据来自账簿记录，而在会计核算中，会计计量标准、会计政策和会计处理方法都有可能变动，若有变动，则必然影响数据的可比性。因此，在运用比较分析法时，对由于会计计量标准、会计政策和会计处理方法的变动而不具可比性的会计数据，必须进行调整，应使之具有可比性后再进行比较。

3. 时间单位和长度的一致性

在采用比较分析法时，不管是实际与实际的对比，实际与预定目标或计划的对比，或是本企业与先进企业的对比，都必须注意所使用的数据的时间单位及其长度的一致，包括月、季、年度的对比，不同年度的同期对比等。特别是本企业的数期对比或本企业与先进企业的对比，所选择的时间长度和选择的年份都必须具有可比性，以保证通过比较分析所作出的判断和评价具有可靠性和准确性。

4. 企业类型、经营规模和财务规模及目标大体一致

本企业与其他企业对比时，应当注意企业类型、经营规模和财务规模及目标要大体一致。只有大体一致，企业之间的数据才具有可比性，比较的结果才具有实用性。

二、趋势分析法

（一）趋势分析法的含义

趋势分析法是根据企业连续几年或几个时期的分析资料，运用指数或完成率的计算，确定分析期各有关项目的变动情况和趋势的一种财务分析方法。趋势分析法既可用于财务报告的整体分析，即研究一定时期报表各项目的变动趋势，也可用于某些主要指标的发展趋势分析。

（二）趋势分析法的步骤

（1）计算趋势比率或指数。指数的计算通常有两种方法：一是定基指数，二是环比指数。定基指数就是各个时期的指数都是以某一固定时期为基期来计算的。环比指数则是各

个时期的指数以前一期为基数来计算的。趋势分析法通常采用定基指数。

（2）根据指数计算结果，评价与判断企业各项指标的变动趋势及其合理性。

（3）预测未来的发展趋势。根据企业以前各期的变动情况，研究其变动趋势或规律，从而可预测出企业未来发展变动情况。

（三）趋势分析法的具体应用

【例1.4】 飞跃公司2019—2023年有关销售额、税后利润、每股收益及每股股息的资料如表1-3所示。

表1-3　　　　飞跃公司2019—2023年销售额、税后利润、每股收益及每股股息

项目	2023年	2022年	2021年	2020年	2019年
销售额（万元）	17 034.00	13 305.00	11 550.00	10 631.00	10 600.00
税后利润（万元）	1 397.00	1 178.00	374.00	332.00	923.00
每股收益（元）	4.31	3.52	1.10	0.97	2.54
每股股息（元）	1.90	1.71	1.63	1.62	1.60

根据表1-3的资料，运用趋势分析法可分析飞跃公司的财务趋势，飞跃公司趋势分析表如表1-4所示。

表1-4　　　　　　　　　飞跃公司趋势分析表

项目	2023年	2022年	2021年	2020年	2019年
销售额	160.70%	125.52%	108.96%	100.29%	100.00%
税后利润	151.35%	127.63%	40.52%	35.97%	100.00%
每股收益	169.69%	138.58%	43.31%	38.19%	100.00%
每股股息	118.75%	106.88%	101.88%	101.25%	100.00%

从表1-4可看出，飞跃公司2019—2023年的销售额和每股股息在逐年增长，特别是2023年和2022年增长较快；税后利润和每股收益在2020年和2021年有所下降，在2022年和2023年有较大幅度增长；总体来看，该企业2020年和2021年的盈利状况较2019年有所下降，2022年和2023年的各项指标都完成得比较好；从各指标之间的关系看，每股收益的平均增长速度最快，高于销售、税后利润和每股股息的平均增长速度。飞跃公司2019—2023年的发展趋势说明，其经营状况和财务状况不断改善，如果这个趋势能保持下去，则其2024年的状况也会相对较好。

三、比率分析法

（一）比率分析法的含义

比率是两数相比所得的值。任何两个数字都可以计算出比率，但是要使比率具有意义，计算比率的两个数字就必须具有联系。例如，一个工厂的产品年产量和职工人数有关系，通

过年产量和职工人数计算出的比率，就可以说明这家工厂的劳动生产率。在财务报表中这种具有重要联系的相关数字比比皆是，可以计算出一系列有意义的比率。这种比率通常叫作财务比率。利用财务比率，包括一个单独的比率或一组比率，以表明某一方面的业绩、状况或能力的分析，就称为比率分析法。比率分析法是财务分析中的一个重要方法。它的重要性主要体现在比率分析的作用之中。如前所述，因为比率是由密切联系的两个或两个以上的相关数字计算出来的，所以通过比率分析，往往可以利用一个或几个比率独立地揭示和说明企业某一方面的财务状况和经营业绩，或说明某一方面的能力。例如，一个总资产报酬率可以揭示企业的总资产取得利润的水平和能力，一个投资收益率也可以在一定程度上说明投资者的获利能力。

（二）财务比率的类型

在比率分析中应用的财务比率很多，为了有效地应用，一般要对财务比率进行科学的分类，但目前还没有公认的、权威的分类标准。如在美国早期的会计著作对同一年份财务报表的比率分类中，将财务比率分为五类：获利能力比率、资本结构比率、流动资产比率、周转比率和资产流转比率。英国特许公认会计师公会编著的ACCA财会资格证书培训教材《财务报表解释》一书中，将财务比率分为获利能力比率、清偿能力比率、财务杠杆比率和投资比率四类。

我国目前一般将财务比率分为三类：一是盈利能力比率，如资产报酬率、营业利润率、净资产收益率等；二是偿债能力比率，如流动比率、速动比率、负债比率等；三是营运能力比率，如总资产周转率、存货周转率等。实际上，第三类指标既与评价企业偿债能力有关，又与评价盈利能力有关。有关各个比率的计算和分析，我们将在以后项目中专门作详细讲述。

四、因素分析法

（一）因素分析法的含义

在企业经济活动中，一些综合性经济指标往往是受多种因素的影响而变动的。例如，在生产性企业中，产品生产成本的降低或上升，受材料和动力耗费、人力耗费、生产设备的优劣等多种因素的影响。利润的变动更是受到产品生产成本、销售数量和价格、销售费用和税金等多种因素的影响。在分析这些综合性经济指标时，可以从影响因素入手，分析各种因素对经济指标变动的影响程度，并在此基础上查明指标变动的原因，这对企业作出正确的经营决策和改进管理都极为有用。由此可见，因素分析法是指确定影响因素、测量其影响程度、查明指标变动原因的一种分析方法。

（二）因素分析法的类型

因素分析法包括连环替代法和差额计算法两种方法。

1. 连环替代法

1）连环替代法的含义

连环替代法是指确定影响因素，并按照一定的替换顺序逐个因素替换，计算出各个因素对综合性经济指标变动程度的一种计算方法。为正确理解连环替代法，应先明确连环替代法的一般程序或步骤。

2）连环替代法的步骤

连环替代法的程序有以下五个步骤：

第一，确定分析指标与其影响因素之间的关系。确定分析指标与其影响因素之间关系的方法通常是指标分解法，即将经济指标在计算公式的基础上进行分解或扩展，从而得出各影响因素与分析指标之间的关系式。如对于总资产报酬率指标，要确定它与影响因素之间的关系，可按下式进行分解：

$$
\begin{aligned}
总资产报酬率 &= 息税前利润 \div 平均资产总额 \times 100\% \\
&= (销售净额 \div 平均资产总额) \times (息税前利润 \div 销售净额) \times 100\% \\
&= (总产值 \div 平均资产总额) \times (销售净额 \div 总产值) \times (息税前利润 \div 销售净额) \times 100\% \\
&= 总资产产值率 \times 产品销售率 \times 销售利润率
\end{aligned}
$$

分析指标与影响因素之间的关系式，既说明哪些因素影响分析指标，又说明这些因素与分析指标之间的关系及顺序。如上式中影响总资产报酬率的有总资产产值率、产品销售率和销售利润率三个因素，它们都与总资产报酬率呈正比例关系。其排列顺序是：总资产产值率在先，其次是产品销售率，最后是销售利润率。

第二，根据分析指标的报告期数值与基期数值列出两个关系式，即指标体系，确定分析对象。如对于总资产报酬率而言，两个指标体系是：

$$
\begin{aligned}
基期总资产报酬率 &= 基期资产产值率 \times 基期产品销售率 \times 基期销售利润率 \\
分析期总资产报酬率 &= 实际资产产值率 \times 实际产品销售率 \times 实际销售利润率 \\
分析对象 &= 分析期总资产报酬率 - 基期总资产报酬率
\end{aligned}
$$

第三，连环顺序替代，计算替代结果。连环顺序替代就是以基期指标体系为计算基础，用实际指标体系中每一因素的实际数顺序地替代其相应的基期数，每次替代一个因素，替代后的因素被保留下来。计算替代结果就是在每次替代后，按关系式计算其结果。有几个因素就替代几次，并相应确定计算结果。

第四，比较各因素的替代结果，确定各因素对分析指标的影响程度。比较替代结果是连环进行的，即将每次替代计算的结果与这一因素被替代前的结果进行对比，两者的差额就是替代因素对分析对象的影响程度。

第五，检验分析结果。即将各因素对分析指标的影响额相加，其代数和应等于分析对象。如果两者相等，则说明分析结果可能是正确的；如果两者不相等，则说明分析结果一定是错误的。

连环替代法的程序和步骤是紧密相连、缺一不可的，尤其是前四个步骤中的任何一个出现错误，都会出现错误结果。下面举例说明连环替代法的步骤和应用。

3）连环替代法的具体应用

【例1.5】 飞跃公司的年产品销售收入额与产品销售量、产品销售单价相关的资料如表1-5所示。

要求：分析各因素变动对产品销售收入额的影响程度。

根据连环替代法的程序和步骤可进行以下计算和分析。

实际指标体系：$300 \times 0.45 = 135$（万元）

表1-5　　　　　　　　飞跃公司2023年产品销售情况资料　　　　　　金额单位：万元

项目	本年	上年	差异
产品销售收入额	135	120	＋15
销售数量（台）	300	240	＋60
销售单价	0.45	0.50	－0.05

基期指标体系：240×0.5＝120（万元）
分析对象：135－120＝15（万元）
在此基础上，按照第三个步骤的做法进行连环顺序替代，并计算每次替代后的结果。
基期指标体系：240×0.5＝120（万元）　　　　　　　　　　　　　　　　①
第一次替代：以本年销售数量替代
产品销售收入额＝300×0.5＝150（万元）　　　　　　　　　　　　　　②
第二次替代：以本年销售单价替代
产品销售收入额＝300×0.45＝135（万元）　　　　　　　　　　　　　③
根据第四个步骤，确定各因素对销售收入的影响程度：
销售数量变动对差异的影响数＝②－①＝150－120＝30（万元）
销售单价变动对差异的影响数＝③－②＝135－150＝－15（万元）
最后检验分析结果：
销售数量影响数＋销售单价影响数＝30＋（－15）＝15（万元）

根据上述测算可得出如下评价：本年产品销售收入额比上年产品销售收入额增加15万元，主要是因为本年销售数量比上年多60台，从而使销售收入额增加30万元；本年销售单价比上年降低0.05万元，从而使销售收入额减少15万元。因此，增加市场销售数量应成为今后努力的方向。

2. 差额计算法

1）差额计算法的含义

差额计算法是因素分析法在实际应用中的一种简化形式，即直接利用各因素的预算（计划）与实际的差异来按顺序计算，确定其变动对分析对象的影响程度。它是由连环替代法简化而成的一种分析方法的特殊形式，即利用各个因素的比较值与基准值之间的差额，来计算各因素对分析指标的影响。

2）差额计算法的步骤

差额计算法的计算步骤如下：

第一步，计算各个因素的差额。

第二步，如果影响因素是两个，即以第一个因素的差额乘以第二个因素的上年数（或计划数等其他数值），求出第一个因素的影响程度，再以第二个因素的差额乘以第一个因素的本年数（或实际数等其他数值），求出第二个因素的影响程度。

第三步，汇总各个因素对经济性综合指标差异数的影响数。

3）差额计算法的具体应用

【例1.6】　承［例1.5］，采用差额计算法进行计算、分析。

第一步,计算各因素的差额。

$$销售数量差额 = 本年销售数量 - 上年销售数量$$
$$= 300 - 240 = 60(台)$$
$$销售单价差额 = 本年销售单价 - 上年销售单价$$
$$= 0.45 - 0.50 = -0.05(万元)$$

第二步,测算各因素变动对产品销售收入额差异数的影响额。

$$销售数量变动的影响额 = 销售数量差额 \times 上年销售单价$$
$$= 60 \times 0.5 = 30(万元)$$
$$销售单价变动的影响额 = 销售单价差额 \times 本年销售数量$$
$$= (-0.05) \times 300 = -15(万元)$$

第三步,汇总各个因素的影响数。

$$产品销售收入额差异数 = 销售数量变动影响额 + 销售单价变动影响额$$
$$= 30 + (-15) = 15(万元)$$

(三)因素分析法的特征

从因素分析法的计算程序和上述举例可以看出,因素分析法具有以下三个特征:

(1)按照影响因素同综合性经济指标之间的因果关系,确定影响因素。只有按照因果关系确定影响因素,才能说明综合性经济指标的变动是由哪些因素变化所导致的结果。因此,运用因素分析法进行分析时,必须首先依据因果关系合理确定影响因素,并依据各个影响因素的依存关系确定计算公式。这是运用因素分析法的基础。

(2)计算过程的假设性,即在分步计算各个因素的影响数时,要假设影响数是在某一因素变化而其他因素不变的情况下得出的。这是一个假设,但它是分别计算各个因素影响数的前提条件。

(3)因素替代的顺序性,即在运用因素分析法时,要按照影响因素和综合性经济指标的因果关系,确定合理的替代顺序,且每次分析时,都要按照相同的替代顺序进行测算,以保证因素影响数的可比性。合理的替代顺序要按照因素之间的依存关系,分清基本因素和从属因素、主要因素和次要因素来加以确定。

五、金融财务分析应注意的问题

以上我们介绍了金融财务分析的五种基本方法,在实际运用时要依据分析的对象和目的选用恰当的方法。但是不管采用哪种分析方法,都具有一定的局限性,从而对作出恰当的分析判断和结论产生影响。因而,在进行金融财务分析时,应注意以下几个问题。

(一)弥补财务报告提供信息的局限性

金融财务分析以财务报表为主要依据,而财务报表只涉及那些能用货币形式表达的经济事项,其容纳的信息有一定的局限性,且有些数据是估算的,而不是精确数字,以至于在分析时必须作出必要的说明和解释,否则就会在一定程度上影响分析判断和结论。解决此问题的最佳途径是尽可能地扩大信息来源,以弥补财务报告所提供信息的不足。

（二）用比较分析法或比率分析法必须和实际情况相结合

因为任何一个比较数据都有一个可比性问题，如不具有可比性，就难以作出准确的判断和评价，故对此必须持谨慎态度。在使用比率分析法时，任何一个比率都要与实际环境相结合，才能作出评价。例如，资本金收益率的高低，在通货膨胀和通货紧缩的不同时期、在风险高低不同的企业中，都有不同的判断标准，要结合不同时期的实际情况和不同类型的企业，才能得出资本金收益率是高还是低的结论。

（三）经营业绩的评价要恰当

在财务报表分析中，对经营业绩的评价涉及企业管理人员的功绩评价，应力求达到准确和正确。但这种准确和正确都是有限度的，不是十全十美的。会计数据只能说明过去的业绩，未来预期收益等难以通过分析数据反映。解决该问题的方法是尽可能将潜在的业绩估计在内，以作出恰当的判断和评价。

任务三 贷款前的准备工作

学习目标

素养目标

1. 具备良好的沟通技巧，能够清晰有效地与团队成员和其他利益相关者交流
2. 理解和遵守相关的会计准则和监管规定
3. 在处理客户事务时展现专业的态度和服务精神

知识目标

1. 理解宏观环境与经济周期的关系及其对银行信贷业务的影响
2. 理解银行信贷人员了解企业基本情况的过程
3. 了解银行信贷人员获取企业基本信息的方式

能力目标

1. 能够快速而准确地解读经济周期与银行信贷的关系并识别关键信息
2. 掌握企业不同的发展阶段对银行信贷业务的影响
3. 掌握信贷人员获取企业信息的来源渠道

一、宏观经济环境分析

（一）宏观环境与经济周期

宏观环境通常可以看作那些不直接影响企业短期行为，但能够间接影响并对其长期决策有影响的一般力量，主要包括经济因素、技术因素、政治法律因素、社会文化因素等。但信贷风险管理目的下的财务分析通常更关注对企业产生普遍影响的经济波动及其相应的倾向财政政策等。在不利环境下，对企业而言，它们就构成了宏观经济风险，这种整体且全面性的风险可能是GDP变动、货币供应的变化、进出口成长或衰退、产值提升或下降等导致的。

经济波动又称经济周期,是指从长期来看,经济有一个平滑的稳定增长或下降趋势,经济围绕这个长期趋势波动,表现为经济扩张和经济紧缩交替出现,包括繁荣、衰退、萧条和复苏四个阶段。其中,衰退通常是经济周期的下降期。一般认为,在经济运行过程中,实际GDP至少连续两个季度呈现出下降趋势,即认为经济进入衰退阶段。经济下行期中,企业的经营环境恶化,势必对银行信贷产生不利影响,这是在信贷管理实践中需要密切关注的方向性问题。

经济周期对企业的影响最终也将传导到银行。因为银行放贷行为具有顺周期性,在经济上行期,由于对融资项目的预期盈利能力、借款人的偿债能力的评价偏乐观,银行会增加信贷供给,甚至对一些风险较大、收益相对较小的项目也会提供贷款。由于企业盈利水平较高,银行收益也较高。但伴随着经济下行期的到来,银行原先的贷款风险和损失则会增加。已有的研究和观察表明,经济周期对信用质量迁徙具有显著影响,如处于经济下行期,则企业支付能力降低,导致企业违约率增加,违约损失增大。在贷款期限较长,甚至会跨经济周期的情况下,对未来的经济下行风险要予以充分评价。经济周期对银行业的影响如图1-6所示。

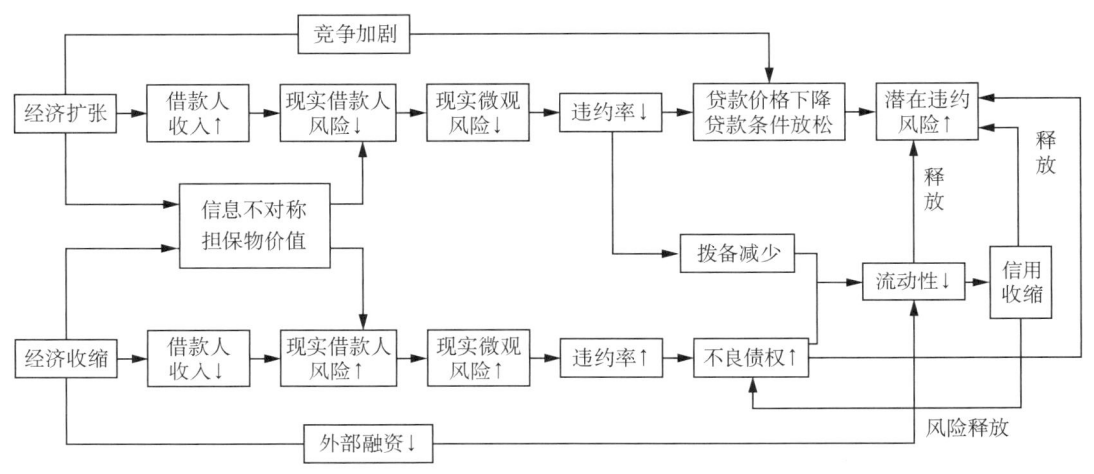

图1-6 经济周期影响银行业的基本机制

(二)经济繁荣时期的银行信贷业务

银行往往在经济周期的繁荣期作出不正确的信贷决策,原因如下:

(1)在经济繁荣期,随着银行盈余和资本逐年积累,在持续盈利增长的压力下,银行容易放松授信标准,扩大信贷;同时,经济高速发展,客户贷款违约率下降,银行会相应减少计提的拨备,表现出更高的利润水平,进一步提高放贷的积极性;另外,处于经济萧条期与处于繁荣期相比,银行将受到更加严格的资本约束,筹集新资本的成本更高,这也导致银行有强烈的在经济繁荣时迅速扩张贷款的动机。在经济繁荣期加大信贷投放的内外激励的作用下,银行业务增长率高于实体经济扩张程度,投机型融资和庞氏型融资比重不断加大,业务体系由稳健趋向脆弱,一旦遭遇经济下滑,势必导致不良贷款的形成。

(2)在经济繁荣期,企业生产形势不错,积极扩张,出现投资饥渴。同时,相当一部分企业的发展欲望不断膨胀,多元化发展心态蔓延。而商业银行授信的一个基本原则是,不为企业非主营业务提供贷款。若贷款不被用于支持企业主营业务的生产性资产上,则这样的贷款很少是安全的。但在企业、行业和整个经济一片大好的形势下,基于竞争压力,银行可能会支持企业更多地投资和多元化发展。在经济出现拐点而下行时,不良贷款的形成势必加速。

(3)在经济繁荣期,市场上优质客户增多,某些不良企业的发展前景也看似不错,银行信贷投放的领域和视角越来越向低端延伸。一旦遭遇经济衰退,真正的优质客户得以生存发展,那些在经济繁荣期迈入优质客户行列的客户将不再是优质客户,变得不堪一击。而在经济下行期,纳入银行授信范围和符合银行授信标准的往往是可以经受经济衰退影响的真正的优质客户,此时可能出现多家银行同时竞争一家客户的情形。

(4)在经济繁荣期,企业经过了几年的高速发展,其业务指标和报表信息更臻于健康和完美。此时,银行作出授信的依据(如连续3年的业务或财务数据)是企业处在经济增长阶段若干年的经营数据,这些信息往往体现出最强的经营业绩。由于没有经过经济低迷的检验或缺乏经济衰退期较差的历史数据作参考,银行由此作出的信贷决策势必过于乐观。

(5)在经济繁荣期,企业资产价值势必高涨或被高估,在目前银行信贷业务抵押化的背景下,与经济衰退期相比,同样的资产将支持更多的贷款投放。换句话说,与经济繁荣期相比,在同样的抵押率条件下,经济衰退期银行抵押贷款的安全边际更高。这样一来,在经济出现下滑态势时,经济繁荣期发放的抵押贷款势必面临更大的风险,客户违约率必然增大,不良贷款更容易形成。

(6)与经济下行期相比,在经济繁荣期,监管更可能趋于宽松。近两年来,随着金融危机的蔓延和经济的下滑,国内外都强化了对银行的监管,特别是欧美已经出台了新的严格监管法案。我国基于商业银行的资本监管和规模管制力度不断加大,"三个办法一个指引"、资管新规、清理整顿、去杠杆、供给侧结构性改革等措施相继出台。这些措施更加保证了经济下行期发放贷款的安全性。

经济繁荣期发放的贷款多是顺周期贷款,当经济继续繁荣时面临的风险较小,一旦经济下行,部分贷款可能转为不良贷款;而经济下行期发放的贷款多是抗周期贷款,即使在经济下行期也具有较强的风险承受能力,在经济繁荣期形成不良贷款的可能性更低。因此,银行往往在经济周期的最强时点而不是在最弱时点作出坏的信贷决策。

二、了解企业的基本情况

(一)了解企业的主营业务

了解企业的经营范围和主营业务主要是为了掌握企业在同行业中的市场地位。将企业的主营业务现状与同行业对比分析,可以了解企业与同行业的共性和特殊性,确定企业经营及财务指标在同行业中的地位。

例如,企业管理有效,产品质量优良,则企业毛利率就比同行高;企业收账政策灵活,应收账款周转就比同行快,期末余额就低;企业在同行中的规模大、竞争力强,则企业应付账款付款期限可能就比同行长,期末余额也相对较高。这些信息可以通过对企业的询问、了解和对比分析得出。

各银行一般会大致了解主要行业原料供应紧缺程度、产品市场畅销程度、主营业务的毛利率、行业平均利润水平等信息。而且目前同业经营及财务指标对比数据比较齐全,可比性较强,非常有利于银行信贷人员对借款人财务指标进行对比分析,有效评估企业信贷风险。

（二）了解企业性质

1. 了解企业性质对明确企业及股东责任、完善贷款保全措施极为重要

根据《中华人民共和国公司法》及相关法律规定，目前我国企业的主要组织形式有个人独资、合伙企业、有限责任公司、股份有限公司等四类（个体户属于个人）。了解企业性质可以知悉企业的投资人和企业对企业债务所承担责任的差异：如个人独资、合伙企业、个体户的投资者对企业承担无限责任，当企业无法偿还负债时，企业当以其全部资产用以清偿，且投资者须承担连带责任；如有限责任公司、股份有限公司以其全部资产对公司承担责任，投资者对企业承担的责任以其对企业的出资额为限，但投资者有抽资行为的除外。

2. 了解企业性质可间接了解企业提供报表的真实程度

企业按合资性质可分为内资企业和外资企业。内资企业按产权归属可分为国营成分企业和私营企业，私营企业还可以分为家族式企业和股份制企业，企业按是否上市可分为上市公司和非上市公司；外资企业又可分为真外资企业和假外资企业。不同的企业性质，标志着不同的企业产权归属，其财务处理都有所不同，报表所反映的企业实际财务状况也不同。

一般情况下，国营成分企业包括国有控股或参股企业，由于其产权归国有或部分国有，且有国有资产管理部门的监督，故其资产、负债、销售账务反映比较准确，虽然可能存在多列支期间费用的情况，但对净资产的影响相对较小，报表真实性相对较强。股份制私营企业通常要求账务清楚，报表真实性相对较强。家族式企业为了规避税收，可能存在少记销售、资产，虚增成本、费用的情况，报表真实性相对较弱。上市公司受监管部门及社会公众监督，财务状况真实性较强；但少数上市公司为提高每股收益、操纵股价，可能存在虚增销售收入、少记成本的情况。真外资企业的股东对企业财务控制比较严格，而且多数都需要经过外部审计，报表真实性相对较强；假外资企业股东实际多数是国内公民或企业，其主要目的是规避税收，因而也可能存在少记销售、资产，虚增成本、费用的情况，报表真实性相对较弱。

3. 企业所处经营发展阶段

有时企业所提供的报表的各项财务指标与同行业其他企业相比差异较大，这可能与企业所处的经营发展阶段相关，银行信贷人员应关注不同经营发展阶段对公司财务指标的影响。

一个行业或行业内部的某个环节一般都会遵循四个发展阶段：创业期、成长期、成熟期和衰退期。分析企业所处经营发展阶段，有助于从企业之外的视角看待行业和行业前景。一个企业如果不了解行业所处的发展阶段，其发展策略就会变得不可靠。例如，即使企业在某行业中处于领先地位，但是该行业处于衰退阶段，那么企业的未来发展前景也可能不容乐观。同样，如银行不了解企业发展阶段，也可能造成借款的盲目投放。

第一，行业发展阶段决定了企业的扩张速度及其资本支出需求。企业在经历创业期而步入成长期后，市场需求的快速扩张将引领行业产能迅速提升，从而导致资本支出的大幅增长，相应地，企业对银行的信贷需求增大。进入成熟期后，市场趋于稳定，竞争也转向质量、性能、服务等非价格方面，行业大规模、集中式的资本支出将大大减少，相应地，银行的还款来源较有保证，但贷款空间会同时萎缩。

第二，行业发展阶段还决定了企业不同的风险水平和盈利特征，它们对应不同的偿债能力。例如，在创业期，行业发展不仅面临产品能否被社会广泛接受的市场风险，还面临生产成本过高引致的亏损风险。这个阶段适合风投，银行贷款则不宜大规模介入。企业发展阶段特征如表1-6所示。

表1-6 企业发展阶段的特征

阶段因素	创业期	成长期	成熟期	衰退期
市场增长速度	通常比较缓慢	增长速度高于GDP，但逐渐减慢，直到该阶段结束	大致与GDP的增长速度相当	需求下降，随着顾客购买欲望的转变，市场萎缩
增长的可预见性	需求只被现有产品满足了一小部分，增长潜力难以预料	需求已被满足了一大部分，需求上限开始清晰	增长潜力已经很好确定	增长潜力明显有限
顾客的稳定性	顾客对产品信任度低，使用少	有一定的信任。顾客尚未对产品形成忠诚度	对该产品已经形成器重购买倾向。新进入者很少维持获取高额利润	极为稳定。顾客很少有寻求其他供应者的动机
产品系列的拓展性	产品品种单一	产品系列迅速扩展	扩展减慢或停止	随着不盈利产品逐渐退出市场，产品品种减少
技术的作用	为了生产适合市场需要的产品，技术是重要角色	前期，产品技术至关重要；后期，生产技术更为重要	生产工艺和材料替换是重点。可以用新技术更新对行业使其延伸	技术成熟，稳定，易于掌握
产品技术	高度的产品创新。尚未产生主导性的设计	主导性的产品设计已经出现。强调产品多样性	小的、渐进的革新，基本围绕节省成本提高效益来展开	产品很少有改变
生产技术	强调柔性创造，在主导产品出现以前都不固定	随着主导性设计的出现，生产工艺专门化	强调生产效率，尤其是通过自动化手段成本提高效益	很少或没有工艺改变
定价模式	价格高且易变	随着成本下降和竞争迅速下降	随着生产力允许的成本下降，很慢	价格低且稳定
促销	促销目标是"革新者"和"尝鲜者"，主要是唤起欲望	侧重建立形象	调整促销策略以适应不同的细分市场	主要依靠惯性维持市场
竞争者的数量	较少	首入者的高边际利润吸引竞争者数量迅速增加，到成长期后期达到最多。随着该阶段的结束，并购开始，行业开始集中	竞争力较强的企业已建立稳定的地位，边缘的竞争者进一步淘汰，行业进一步集中	新进入者很少，而且不受欢迎，竞争者继续减少

(续表)

阶段因素	创业期	成长期	成熟期	衰退期
市场份额的分布	不稳定。市场份额不反映企业家的眼光和把握机会的能力	稳定性增强。在典型情况下,少数竞争者以强有力的姿态出现	稳定。少数企业常会控制整个行业中的绝大部分市场份额	市场份额要么高度集中在极少数竞争者手中,要么由于行业细分化或市场地区化而使市场更稳定
竞争的性质	有限竞争。企业的目光主要集中在产品改进上而不是竞争	市场的迅速增长掩盖了竞争	为了生存,竞争达到顶峰	随着新格局的形成,竞争者倾向低度竞争
进入的难度	进入容易,无控制者。顾客尚未形成偏好。如果说有障碍,主要是技术和资本和对此不知他的担心	较为困难。但不是很强。如果进入者的较好时机	困难。市场领导地位已经确立。新进入者必须从别人那里"抢生意"。行业内部企业开始分化,有的发生动摇	因为市场萎缩,很少有新进入者。行业内的企业纷纷退出,一些大企业和一些小企业
投资需求	逐渐投资以支持新的产品	为支持增长,资本需求达到高峰	为保持生存能力,仍须再投资	很少投资,甚至变卖部分资产以获取现金
销售	刚刚开始,受价格过高和其他因素的限制	随着价格下降和产品改善而快速增长	持续增长,尽管速度明显降低,价格也继续下降。虽然产品十分具有市场针对性,但产品促销面向的发生范围更广了	逐渐下降,也可能迅速下降
利润	负数,因为销售额太低,而研发和生产成本过高	正利润。销售快速增长、规模经济和生产效率提高使然	因成本控制和持续的销售增长而开始走强	开始仍保持正利润,然后下滑
现金流	负数,因为销售额太低,但研发和资产快速增长的投资需求过大	仍为负数,因为快速增长的销售花费了更多的现金,导致入不敷出	正现数,因资产增速放缓,盈利性经营创造了持续的、不断增加的现金	保持正现金流,然后下降,正现流的时间可能会长于正利润的时间
信贷风险与机会	风险最高,机会很少,除非可设计创新产品取得类似股权投资的回报	风险中度,企业对投资的需求巨大,银行机会也最大	风险最低,机会较多	风险中度偏高,短期贷款可能更为妥当和安全

32

银行客户经理在具体分析时,应重点考察如下问题:借款人所在行业的周期性如何?经济周期目前处于何种阶段,这对行业和借款人而言意味着什么?经济周期在多大程度上影响着企业的销售、利润和现金流?行业是否存在严重的产能过剩,历史上行业应对经济衰退阶段的能力如何?借款人必须做好哪些事情,才能在经济周期中持续取得成功?

(三)企业关联方及关联交易

了解企业的关联方、关联关系、重大的关联交易,对掌握企业是否存在挪用信贷资金、关联企业之间资金拆借、虚增销售收入、虚增应收账款及其他应收款等情况,都具有重要作用。

企业将信贷资金挪作他用,多数情况是通过其他应收款科目转至法定代表人及其亲属、主要股东、其他关联企业名下;企业为提高销售及销售利润率,常会通过虚增主营业务收入、应收账款等关联交易来实现。

(四)企业重大事项

企业重大固定资产无形资产投资、非货币性资产交易、债务重组、大额融资活动等都会对企业现金流量产生较大的影响,重大或有事项(包括或有资产、或有负债)、诉讼事项也会对企业当期利润和净资产产生直接影响,信贷人员在了解企业时应对以上情况予以关注。

(五)企业的涉税事项

虽然企业经营中的逃漏税行为不是信贷人员了解的重点,但企业规避税收的行为必然会对企业财务报表的真实性、完整性产生直接或间接的影响。了解企业的涉税事项,主要包括了解企业的主要税种、税率、纳税方式。

了解企业所得税实际税负率并结合其年度纳税额,可以合理推断企业年度销售(或营业)额;了解企业出口退税率、年度出口退税情况,可以判断企业的年度出口销售额;了解企业所得税是查账征收还是核定征收,可初步掌握企业财务状况。因为核定征收企业账务相对简单,其税收主要以销售额(或原料采购额等)为依据,税务报表可利用性不强,主要还得依靠实际数据来确认。而查账征收相对比较规范,可利用税务报表,通过分析调整后确认。

因此,涉税事项间接反映企业财务报表虚实状况,信贷人员有必要对企业的涉税事项有所了解和掌握。

三、获取企业的基本信息

(一)财务经营信息及资料

对企业作初步了解后,可要求企业提供与信贷业务相关的财务经营信息及资料,主要包括以下部分:

(1)营业执照、机构代码证书、身份证等基本资料。

(2)章程。核实章程,找出股东等关联方名单;确认股权变动情况;关注企业经营层、董事会、股东会的权利、职责和议事规则。

（3）征信信息。取得查询征信授权书，查询征信信息，获取企业银行借款及逾期状态、应付票据余额状态，以及其他征信信息。

（4）财务报告。主要包括资产负债表、利润表及报告附注。有的企业仅提供银行报表，对未提供税务报表的，信贷人员应要求其提供税务报表。对于有审计报告的企业，应争取获得审计报告，特别关注其中的报表附注、主要科目明细说明、重大事项、或有事项说明等。

（5）主要科目明细。尽可能要求企业提供主要科目明细发生额、余额，若科目当期发生额或余额出现异常变动，应尽可能要求其提供相应解释或说明。

① 货币资金余额明细，特别是保证金余额明细及保证金比例。

② 主要债权债务明细，主要包括应收账款、其他应收款、预付账款、应付账款、其他应付款、预收账款、借款（短期、长期）、应付票据等。信贷人员应获取各科目余额的80%以上债权债务明细，对于应收账款和应付账款还应获取账款的收款周期和付款周期；对于金额大的应收票据，还应获得票据原件或复印件。

③ 重要实物资产明细金额及产权证明，主要包括存货、固定资产、无形资产、投资性房地产等。

④ 主营业务收入、成本明细。争取获取每月主营业务收入和成本的月度发生额，以供毛利率变化分析；获取直接材料、直接人工、制造费用等占产品成本的比例；获取制造费用（水电费用）明细。

⑤ 期间费用明细。重点获取销售费用（人工费用、运输费）、管理费用（人工费用、研发费用）、财务费用（贷款利息支出）等。

⑥ 主要税种及税率。重点获取增值税纳税申报表，主要关注出口销售额、应税销售额、出口退税额、全年增值税销项税额、全年增值税进项税额等；取得城建税、教育费用附加等地方税税负及税率；取得企业所得税纳税申报表或汇算清算报告。

⑦ 其他科目明细余额，主要包括余额占资产（或销售）总额10%以上的项目余额（或发生额）明细。

⑧ 对外投资（包括交易性金融资产、债权投资、长期股权投资）明细、投资协议、股权转（受）让协议。

⑨ 重大或有事项、诉讼事项等相关资料等。

（二）信息资料的要求

信贷人员应要求企业财务及相关人员提供清晰、相关、可靠的财务经营信息及资料。但银行毕竟不是税务、审计部门，企业实际所提供的信息、资料很可能不准确，甚至有误导银行的情况。信贷人员要仔细甄别、深入分析，不为表象所迷惑。

同时，信贷人员对必须掌握的信息，若因各种主客观原因，确实无法从企业处直接获取的，应尽可能采取替代程序，寻求具有次要证明效力的资料或信息。

四、经营失败和调查失败

贷款风险产生的直接原因包括借款人经营失败、贷前调查失败、贷时审查失败、贷后检查失败等，但最主要源于借款人的经营失败或调查人员的调查失败。

经营失败是指借款人由于经济或经营条件，如经济萧条、决策失误、同行竞争、对外投资过多、对外担保过多等原因,而无法达到投资人期望的收益,或发生亏损甚至破产等,以致企业无法归还借款,产生信贷风险。调查失败是指调查人员虽然执行了相关的调查程序,但由于调查人员本身的专业素质或过失行为,对借款人提供的财务经营信息过于信任,或未能及时发现借款人已存在的经营、财务风险,出具了错误的调查报告,据此通过了授信而发放贷款,从而产生信贷风险。

经营失败与经营者品质、管理能力、内外部因素等相关,银行调查人员无法控制,而调查失败则是可控的。通过加强调查人员培训,提高调查人员的专业素质,丰富调查人员的实务经验,以及恰当运用调查方法,可以避免或降低调查失败率,减少信贷资产面临的风险。

知识巩固与能力提升实训

一、单项选择题

1. 财务信息的生成主要是（   ）。
   A. 财务   B. 会计   C. 统计   D. 业务经营活动
2. 投资人最关心的财务信息是（   ）。
   A. 总资产收益率   B. 销售利润率   C. 净资产收益率   D. 流动比率
3. 在进行趋势分析时,通常采用的比较标准是（   ）。
   A. 计划数   B. 预定目标数   C. 以往期间实际数 D. 评估标准值
4. 外部信息使用者了解单位会计信息最主要的途径是（   ）。
   A. 财务报告   B. 账簿   C. 财产清查   D. 会计凭证
5. 从信贷的角度看,金融财务分析的最直接目的是了解（   ）。
   A. 企业的盈利能力   B. 企业的营运能力
   C. 企业的偿债能力   D. 企业的增长能力

二、多项选择题

1. 企业财务信息的主要用户有（   ）。
   A. 债权人   B. 投资人
   C. 国家财政和税务部门   D. 证券监管部门
   E. 企业本身
2. 信贷部分需要企业提供的财务报表有（   ）。
   A. 资产负债表   B. 利润表
   C. 现金流量表   D. 主要产品单位成本表
   E. 期间费用表
3. 我国一般将财务比率分为三类,它们是（   ）。
   A. 获利能力比率   B. 资本结构比率
   C. 偿债能力比率   D. 营运能力比率
   E. 资金周转比率
4. 金融财务分析的基本方法有（   ）。
   A. 比较分析法   B. 差量分析法
   C. 比率分析法   D. 因素分析法
   E. 本量利分析法
5. 财务报告的时点报表有（   ）。
   A. 利润表   B. 资产负债表   C. 现金流量表   D. 合并资产负债表

6. 企业债权人不包括( )。
   A. 股东　　　　　　B. 职工　　　　　　C. 银行　　　　　　D. 工商管理局
7. PHB框架分析中,对企业财务报表分析的基本顺序是( )。
   A. 会计分析　　　　B. 前景分析　　　　C. 战略分析　　　　D. 财务分析

三、判断题

1. 金融财务分析是一种经济管理活动。　　　　　　　　　　　　　　　　　　( )
2. 会计分期不同,对利润总额不会产生影响。　　　　　　　　　　　　　　( )
3. 金融财务分析的纵向分析是同一时间不同项目的分析。　　　　　　　　　( )
4. 银行信贷人员通常不仅关心企业偿债能力比率,而且关心企业盈利能力比率。( )
5. 财务活动及其结果都可以直接或间接地通过财务报表来体现。　　　　　　( )
6. 利用分析方法时还应结合考察分析企业的诚信状况等非财务信息资料,才能得出正确的答案。　　　　　　　　　　　　　　　　　　　　　　　　　　　　　　　　( )
7. 信贷人员可以完全依靠注册会计师出具的审计报告进行放贷决策。　　　　( )
8. 信贷人员在对企业财务分析时不需要考虑经济周期。　　　　　　　　　　( )
9. 不能提供非财务信息是公司年度报告的主要局限性。　　　　　　　　　　( )
10. 金融财务分析主要采用量化方法,因此,只要收集公司财务报表的数据信息,就可以完成财务分析。　　　　　　　　　　　　　　　　　　　　　　　　　　　　　( )

四、综合计算及案例分析题

1. 水平分析和垂直分析

   分析资料：A公司2023年度资产负债表(简表)如表1-7所示。

   表1-7　　　　　　　　　　资产负债表(简表)

   编制单位：A公司　　　　　2023年12月31日　　　　　　　　　　单位：万元

资产	年末数	年初数	资产和所有者权益(或股东权益)	年末数	年初数
流动资产	8 684	6 781	流动负债	5 850	4 140
应收账款	4 071	3 144	其中：应付账款	5 277	3 614
存货	3 025	2 178	长期负债	10 334	4 545
固定资产原值	15 667	13 789	其中：长期借款	7 779	2 382
固定资产净值	8 013	6 663	负债合计	16 184	8 685
无形资产及其他	6 267	1 244	所有者权益(或股东权益)	6 780	6 013
			其中：实收资本	6 000	5 000
资产总计	22 964	14 698	负债和所有者权益(或股东权益)总计	22 964	14 698

   要求：
   (1) 对资产负债表进行水平分析。

（2）对资产负债表进行垂直分析。
（3）评价A公司的财务状况。

2. 垂直分析

分析资料：某企业2023年6月30日资产负债表（简表）如表1-8所示。

表1-8　　　　　　　　　资产负债表（简表）　　　　　　　　　　单位：元

资产		负债和所有者权益（或股东权益）	
项目	金额	项目	金额
流动资产	201 970	流动负债	97 925
其中：速动资产	68 700	长期负债	80 000
固定资产净值	237 000	负债合计	177 925
无形资产	138 955	所有者权益（或股东权益）	400 000
资产总计	577 925	负债和所有者权益（或股东权益）	577 925

要求：
对该公司的资产负债表进行垂直分析与评价。

3. 因素分析

M公司生产甲产品，有关材料费用消耗如表1-9所示。

表1-9　　　　　　M公司甲产品材料费用消耗情况表

项目	单位消耗量（千克/件）	产量（万件）	材料单价（元/千克）	材料费用（万元）
计划数	10	800	20	160 000
实际数	9	1 000	25	225 000

要求：
采用因素分析法中的连环替代法，计算并分析甲产品产量、单位材料消耗量和材料单价对材料费用的影响。

五、思考题

1. 如何理解金融财务分析的内容？
2. 金融财务分析的框架有哪些？
3. 企业所处的发展阶段与信贷的关系如何？
4. 大中型企业在信贷分析中调查的侧重点是什么？

项目二
资产负债表分析

学习目标

素养目标

1. 熟悉《企业会计准则第30号——财务报表列报》的相关规定
2. 能够准确识别资产负债表中存在的粉饰信息,树立风险意识,培养严谨的工作态度
3. 理解与报表相关的经济业务,了解财务信息与非财务信息的勾稽验证,关注企业的经营周期,获取企业的真实信息
4. 深入学习相关法律法规,确保在实际工作中合法合规处理事务,保障信贷资金的安全,减少信贷风险

知识目标

1. 了解资产负债表的含义和结构
2. 熟悉资产负债表中资产的总体分析与具体项目分析
3. 熟悉资产负债表中负债的总体分析与具体项目分析

能力目标

1. 掌握资产负债表总体分析的方法和具体的应用
2. 掌握资产和负债的结构变动分析方法与具体的过程
3. 结合信贷的调查目的,对资产与负债的具体项目进行分析,并找出存在的问题

思维导图

```
项目二 资产负债表分析
├── 资产负债表认知
│   ├── 认识资产负债表
│   ├── 资产负债表分析的目的
│   ├── 资产负债表的结构
│   └── 资产负债表的局限性
└── 资产项目内容及其分析
    ├── 资产总体分析
    ├── 流动资产分析
    └── 非流动资产分析
```

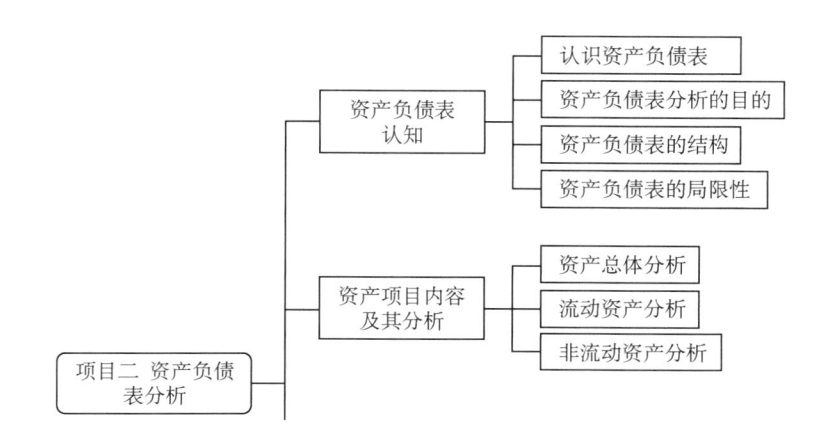

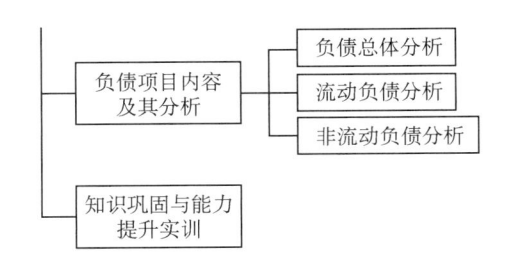

```
                                    ┌─ 负债总体分析
                  ┌─ 负债项目内容 ───┼─ 流动负债分析
                  │   及其分析       └─ 非流动负债分析
                  │
                  └─ 知识巩固与能力
                     提升实训
```

鸿达兴业偿债危机

2024年3月18日，鸿达兴业股票被深圳证券交易所摘牌，摘牌前公司股票收盘价格已连续23个交易日低于当期转股价格的70%。近年来，由于受到控股股东信用违约影响，公司融资渠道受限，资金链断裂，大量借款逾期尚未偿还。目前，鸿达兴业的多家子公司正在破产重整程序中，生产经营困难，关键岗位人员流失严重。2024年4月，鸿达兴业母公司鸿达兴业集团有限公司（以下简称"鸿达兴业集团"）宣告破产。

鸿达兴业集团创立于1991年，总部设在广州，拥有"资源能源、盐湖开发、化工、环保、新材料、交易所和股权投资"七大产业体系，是中国大型资源能源综合产业集团。2004年，鸿达兴业集团在深交所上市，是中国"氢能源、新材料、大环保和交易所"产业的领航者。

其实，鸿达兴业集团的危机，要从2020年年末说起。2020年12月，"20鸿达兴业SCP001"违约，拉开了鸿达兴业集团债务危机的序幕。目前该公司5只债券全部违约，违约金额达44.65亿元。

此外，鸿达兴业集团还有多笔金融机构借款出现逾期，公司融资渠道严重受阻，流动性风险极大。截至2023年6月月末，鸿达兴业集团总资产为52.98亿元，总负债为204.64亿元，净资产为-151.66亿元，资产负债率为386.29%。

通过债务结构分析发现，鸿达兴业集团以流动负债为主，流动负债占总负债的比例为79%。截至相同报告期，鸿达兴业集团流动负债有161.1亿元，主要为一年内到期的非流动负债，其短期负债合计有131.19亿元。然而，相较于短期负债，鸿达兴业集团的资产流动性逐渐枯竭，其账上货币资金只有2 161.86万元，公司存在巨大短期偿债风险。

从银行授信看，截至2020年年末，鸿达兴业集团银行授信总额为159.67亿元，未使用授信额度为29.51亿元。在负债方面，鸿达兴业集团还有非流动负债43.53亿元，且全部为预计非流动负债。整体来看，鸿达兴业集团刚性债务主要为短期有息负债，带息负债比为64%。

在融资渠道方面，鸿达兴业集团渠道较为多元，其对短期借款依赖度较大，除借款和发债，还通过租赁融资、股权融资、股权质押和信托等方式来融资。但是，自发生债务违约以来，鸿达兴业集团的融资渠道中断，公司筹资性现金流净额持续净流出，再融资压力很大。

另外，鸿达兴业集团的受限资产规模也较为庞大。截至2022年年中，该指标高达81.4亿元，主要为受限固定资产和无形资产，公司资产流动性弱，资金腾挪空间已十分有限。

在资产质量方面，鸿达兴业集团应收账款和存货规模较大，周转效率持续下滑，不仅对资金形成较大占用，还存在一定跌价和回收风险。

总的来看，鸿达兴业集团债务沉重，存在大额债务违约和资产被冻结的情况，面临极为严重的资金压力和流动性压力。

从上述资料可以看出，企业的资产负债表反映了企业特定时点的财务状况。资产负债表提供了可以用于偿债的资产的相关信息，并解释了企业出现资不抵债现象的原因。想要更进一步地了解企业，需要掌握如何对资产负债表进行总体分析和具体分析，从而发现和识别异常，进而获得企业的具体经营状况。

任务一 资产负债表认知

学习目标

素养目标

1. 理解并遵守银行业务中的职业道德规范，如诚实守信、保密责任等
2. 关注行业发展动态，了解不同行业资产负债表的特点
3. 培养对财务报表分析的严谨态度，注重分析细节

知识目标

1. 理解资产负债表的基本结构、要素定义及分类方法
2. 了解相关的会计准则及其对资产负债表编制的影响
3. 了解银行信贷人员对资产负债表分析的目的

能力目标

1. 能够快速而准确地解读资产负债表中的各项数据，识别企业的关键信息
2. 掌握资产负债表本身的局限性
3. 基于资产负债表的信息，评估企业潜在的信贷风险

一、认识资产负债表

资产负债表作为企业财务状态的快照，为银行信贷工作提供了关键信息，它不仅帮助银行评估和管理贷款风险，还涉及贷款政策的制定、贷款质量的监控、资产负债的管理、信用风险的管理及盈利能力的分析。银行通过深入分析借款人的资产负债表，可以更好地理解借款人的财务状况，从而作出更明智的贷款决策，提高信贷工作的效率和质量。因此，了解资产负债表的结构，掌握资产负债表的项目内容，熟练运用资产负债表进行分析，对银行信贷业务的稳健发展尤为重要。

（一）资产负债表的含义

资产负债表是反映企业某一特定日期资产、负债和所有者权益等财务状况的财务报表。"资产＝负债＋所有者权益"这一基本的会计恒等式，把企业在一定日期的资产、负债和所有者权益项目进行适当排列和平衡，说明企业拥有的各种经济资源、负担的长期或短期债务以及所有者拥有的权益，并指出它们的变动趋势，帮助财务报表使用者全面了解企业的财务状况，从而为其经济决策提供依据。

资产负债表是企业对外报告的第1号报表，属于静态财务报表。

（二）资产负债表的作用

资产负债表是企业最重要的财务报表之一，其主要作用如下：

（1）提供企业拥有或控制的经济资源及其分布情况。资产负债表左方提供了企业所拥有或控制的经济资源的信息，表明企业在特定时点所拥有的资产总量，其中包括流动资产、固定资产、长期股权投资和应收账款等。

当企业拥有或控制一定数量的资产后，一项重要的任务是依据企业的经营方针、目标，结合本企业的生产经营特点，合理地配置这些资产。资产配置的合理程度反映在各类资产内部各项目的分布情况及其在资产总额中所占的比重上，据此可以了解和分析企业在特定时点所拥有的资产及其分布状况的信息。

（2）反映企业资本结构情况。资产负债表右方提供了企业资金来源，即权益总额及其构成。企业的资金全部来自投资者投入的资本，或者全部向债权人借入资本的情况是很少见的。负债和所有者权益一般各占一定的比重，两者构成了通常所说的资本结构。

由于负债需要按期偿还，故资产负债表的负债项目能够表明企业在特定时点所承担的债务、偿还时间及偿还对象。如果是流动负债，就必须在1年内偿还；如果是非流动负债，偿还期限就可能超过1年。因此，从负债项目中我们可以清楚地知道，在特定时点上该企业的负债数额和偿还时间。

资产负债表的所有者权益项目能够反映在特定时点，投资人所拥有的净资产及其形成的原因。净资产其实是股东权益，又称所有者权益。在某一个特定时点，资产应该等于负债加所有者权益，因此，净资产等于资产减负债。

（3）反映企业财务发展状况及趋势。报告使用者不但需要掌握企业现实的财务状况，也需要预测未来发展的趋势，为企业经营管理者作决策提供依据。资产负债表中的数字有"年初数"和"期末数"两栏，通过对比可以分析其变动情况，掌握变动规律，研究变动趋势。

（4）通过资产负债表可以分析企业的变现能力和财务实力。企业的变现能力是指企业将资产变为现金的能力，通过对资产项目的构成分析，可以评价企业资产的变现能力。财务实力是指企业筹集资金和使用资金的能力，通过对企业的资产结构和资本结构的分析，可以评价企业的财务实力。

二、资产负债表分析的目的

众所周知，企业的所有资本活动及结果，必然会直接或间接通过资产负债表全面、系统、综合地反映出来。但是，仅仅通过阅读资产负债表，只能了解企业在某一特定时日所拥有或控制的资产、所承担的经济义务及所有者对净资产的要求权。尽管这些信息是必要的，却不能满足报表使用者进行决策的需要，只有借助于资产负债表的分析，才有可能最大限度地满足报表使用者的要求。

银行信贷部门对资产负债表进行分析的目的在于深入了解企业财务状况，评估风险，指导贷款决策，监控贷款使用情况以及制定相应的信贷政策，具体来说包括以下几个方面。

（一）通过资产负债表分析，揭示资产负债表及相关项目的内涵

从根本上讲，资产负债表上的数据是企业经营活动的直接结果，但这种结果是通过企业

会计依据某种会计政策，按照某种具体会计处理方法进行会计处理后编制出来的。如果不通过分析搞清楚资产负债表及相关项目的内涵，就会把企业会计处理产生的差异看作生产经营活动导致的结果，从而得出错误的分析结论。

（二）通过资产负债表分析，了解企业财务状况的变动情况及变动原因

在经营过程中，企业资产规模及各项资产会不断发生变动，与之相适应的资金来源也会发生相应变动，资产负债表只是静态地反映出变动后的结果。企业的资产、负债及所有者权益在经过一段时期经营后，发生的变动及变动的原因，只有通过对资产负债表进行分析才能知道。应在分析资产负债表的基础上，对企业财务状况的变动及变动原因作出合理的解释和评价。

（三）通过资产负债表分析，可以揭示企业资产、负债总额及其结构

通过资产负债表分析，银行可以了解企业的资产总额以及各资产项目在总资产中的比重，分析资产的构成是否合理，从而评价企业财力的强弱。通过资产负债表分析，银行还可以了解企业承担的不同偿还期限的债务金额，以及流动负债和长期负债在总负债中所占的比重，从而分析企业偿还债务的风险程度。

（四）通过资产负债表分析，可以评价企业的偿债能力和流动性

资产负债表中流动资产与流动负债的相关信息能够反映资产的流动性，这些信息可以帮助银行评估企业的短期偿债能力和流动性风险。长期负债和所有者权益的结构关系企业的长期偿债能力和稳定性。

（五）通过资产负债表分析，可以监控贷款流向和制定信贷政策

通过定期分析贷款企业的资产负债表，银行可以监控贷款的使用情况，确保贷款用于约定的目的，并跟踪企业的经营状况和财务状况的变化。同时，银行可以根据分析的结果，调整其信贷政策，如设置不同类型的利率、期限和担保要求等，以适应市场变化和风险管理要求。

在进行资产负债表分析时，银行还会考虑行业特点、市场环境、企业的经营策略等因素，以便更全面地评估企业的财务状况和未来的发展潜力。同时，银行也会关注企业的资产质量、负债结构和现金流量等关键指标，这些都是评估企业信用状况的重要依据。综上所述，银行对资产负债表分析是多方面的，旨在从不同角度全面评估企业的财务状况和风险水平，以支持银行信贷决策和风险管理。通过这种分析，银行能更好地控制贷款风险，优化信贷结构，提高金融服务的质量。

三、资产负债表的结构

根据我国《企业会计准则》的规定，企业的资产负债表采用账户式结构，即资产负债表分为左右两方，左右平衡。左方列示资产各项目，右方列示负债和所有者权益各项目。其中，负债项目列示在报表右方的上半部分，所有者权益项目列示在报表右下部分。从形式上看，这种排列方式与会计常用的丁字型账户相似，故称"账户式资产负债表"。它由表头和基本内容两部分构成。

（一）表头

表头包括报表名称、编制单位、报表编号、编报日期和货币计量单位等。

（二）基本内容

基本内容是资产负债表的核心，它采用账户式左右对称格式排列，左方为资产，右方为负债和所有者权益。资产负债表所依据的是"资产＝负债＋所有者权益"这个会计恒等式，所以资产负债表左方项目金额总计与右方项目金额总计必须相等，且始终保持平衡。

1. 资产负债表左方项目

资产负债表左方为资产，它按照流动性程度的高低，即变现速度快慢的顺序排列，依次为流动资产和非流动资产，即先列示流动性资产，后列示非流动性资产。

2. 资产负债表右方项目

资产负债表右方为负债和所有者权益，它按照先负债后所有者权益的顺序排列，其中负债按偿还时间的顺序排列，先列示流动负债，后列示非流动负债，而所有者权益则是按其金额的稳定程度排列。

这种排列的资产负债表，既可以清晰地反映企业资产的构成和来源，又可以充分反映其转化为现金的能力，以及企业的偿债能力和财务弹性，并明确划分不同投资者的权益界限，适应不同报表使用者对各种信息的需求。表2-1是宏达公司2023年12月31日的资产负债表，它反映该公司年初即上年年末的财务状况和本期期末的财务状况。

表 2-1　　　　　　　　　　　　　宏达公司资产负债表

编制单位：宏达公司　　　　　2023年12月31日　　　　　　　　　　　　　单位：万元

资产	期末余额	年初余额	负债和所有者权益（或股东权益）	期末余额	年初余额
流动资产：			流动负债：		
货币资金	105 943.68	134 604.84	短期借款	312 194.97	372 120.27
交易性金融资产			向中央银行借款		
衍生金融资产			拆入资金		
应收票据	17 112.03	13 595.58	交易性金融负债		
应收账款	377 892.30	372 246.33	衍生金融负债		
应收款项融资			应付票据	14 910.00	9 900.00
预付款项	48 620.49	35 366.88	应付账款	282 261.33	296 410.44
应收利息			预收款项	60 684.27	51 116.37
应收股利			合同负债		
其他应收款	14 070.03	10 337.34	应付职工薪酬	14 915.91	13 871.49
存货	199 788.81	195 402.72	应交税费	10 978.23	6 493.98
合同资产			其他应付款	45 639.30	42 436.56
持有待售资产			其中：应付利息	3 206.79	558.33

(续表)

资产	期末余额	年初余额	负债和所有者权益（或股东权益）	期末余额	年初余额
一年内到期的非流动资产			应付股利	4 450.95	3 134.28
流动资产合计	763 427.34	761 553.69	持有待售负债		
非流动资产：			一年内到期的流动负债		
发放贷款及垫款			其他流动负债		
债权投资			流动负债合计	741 584.01	792 349.11
其他债权投资			非流动负债：		
长期应收款			长期借款	45 000.00	
长期股权投资	104 144.76	99 227.28	应付债券		
其他权益工具投资			租赁负债		
其他非流动金融资产			长期应付款		
投资性房地产	26 346.84	27 363.42	长期应付职工薪酬		
固定资产	285 458.19	235 368.27	预计负债		
在建工程	6 398.28	40 844.46	递延收益	10 235.04	7 293.39
生产性生物资产			递延所得税负债	0.99	1.32
油气资产			其他非流动负债		
使用权资产			非流动负债合计	55 236.03	7 294.71
无形资产	34 511.25	35 732.88	负债合计	796 820.04	799 643.82
开发支出			所有者权益（或股东权益）：		
商誉	72.06	1 542.39	股本	116 785.08	116 785.08
长期待摊费用	2 832.90	2 481.03	其他权益工具		
递延所得税资产	10 049.46	8 116.62	其中：优先股		
其他非流动资产			永续债		
非流动资产合计	469 813.74	450 676.35	资本公积	149 985.00	149 985.00
			其他综合收益	−3.33	−6.15
			盈余公积	25 064.73	23 816.19
			未分配利润	83 934.27	63 376.35
			少数股东权益	60 655.29	58 629.75
			所有者权益（或股东权益）合计	436 421.04	412 586.22
资产合计	1 233 241.08	1 212 230.04	负债和所有者权益（或股东权益）合计	1 233 241.08	1 212 230.04

思政知识

　　人生的资产负债表是一个寓意深刻的概念，它借鉴了财务会计中的资产负债表的概念，将人生的各项资源、成就以及负担和挑战以资产和负债的形式进行呈现。在这样一个隐喻中，人生的所有方面都可以被纳入一个框架，从而帮助个体更好地审视和规划自己的生活。人生的资产负债表具体分析如下。

　　（1）生活财务：人或家庭的现金、存款、房产等构成人生资产负债表中的资产部分。日常生活中的开销、房贷、债务等则构成负债部分，这些都需要用资产去平衡。

　　（2）事业工作：教育背景、工作经验、职业技能等是职场中的重要资产。对职业发展构成压力的因素，如行业竞争激烈、技能更迭快速等，可视作负债。

　　（3）身体状况：健康、体能等是重要的良性资产，而疾病、伤痛等则是人生中的负债。

　　（4）心理精神：积极的心态、情绪管理能力、社交关系等是精神层面的资产。焦虑、抑郁、人际关系紧张等则是心理层面的负债。

　　（5）知识技能：掌握的知识和技能、持续学习的能力等是知识层面的资产。对知识的忽视、技能的退化等则可能是知识层面的负债。

　　（6）社会关系：家庭、朋友、社会网络等是社交层面的资产。孤僻、社交恐惧等会造成社交障碍，属于社交层面的负债。

　　（7）个人品质：诚信、责任感、乐观等是品质层面的资产。懒惰、逃避责任等是品质层面的负债。

　　在人生的"负债"方面，我们一生的"负债"，既包括父母的养育之恩、教师的启蒙教育、同事朋友的支持帮助，也包括大自然赋予我们的绿水青山。

四、资产负债表的局限性

（一）资产负债表并不能真实反映企业的财务状况

　　资产负债表是以历史成本为基础的，它不反映资产负债和股东权益的现行市场价值。由于通货膨胀等因素的影响，账面上的原始成本与编表日的现时价值可能相去甚远，故其所代表的不一定就是资产的真实价值。

（二）资产负债表并不能反映企业所有的资产和负债

　　货币计量是会计的一大特点，财务报告表现的信息是能用货币表述的信息，因此，资产负债表会遗漏无法用货币计量的重要经济信息。如企业的人力资源（包括人数、知识结构和工作态度）、固定资产在全行业的先进程度、企业所承担的社会责任和网点及品牌的价值等信息对决策具有影响力，但因无法数量化或至少无法用货币计量，现行实务并不能将其作为资产和负债纳入报表。此外，即使是可以用货币计量的经济资源，在计量时由于未考虑物价变动对货币购买力的影响，即"币值不变假设"，其计量结果也未必真实。在现实中，物价经常处在变动之中，货币的购买力会随着物价的变化而变化，这就出现了币值的现实变化与币值不变假设的矛盾。

（三）资产负债表中的许多信息是人为估计的结果

资产负债表中的许多信息包含了估计数，如坏账准备、固定资产折旧和无形资产摊销、预提修理费和或有负债等，这些估值基于对多种因素的判断，难免会较为主观，从而影响信息的可靠性。

（四）资产负债表项目的计价运用不同的计价方法

资产项目的计量受约于会计核算原则和计价方法。如现金按其账面价值表示，应收账款按扣除坏账准备后的净值表示，存货则按成本与可变现净值孰低法表示等。由于不同资产采用不同的计价方法，资产负债表上得出的合计数则失去可比的基础，并变得难以解释，这无疑会影响会计信息的相关性。

（五）理解资产负债表的含义必须依靠报表阅读者的判断

企业往往不会直接披露长期、短期偿债能力和经营效率等信息，报表使用者要自行分析判断。由于各企业采用的会计政策可能不同，所产生的信息当然也有所区别，简单地根据报表数据评价和预测偿债能力及经营绩效，可能会失之偏颇。

任务二 资产项目内容及其分析

学习目标

素养目标
1. 理解并遵守银行业务中的职业道德规范，确保财务报表分析的公平性
2. 培养信贷人员的批判性思维能力，使其能够独立思考并质疑报表中的数据
3. 学会识别资产负债表中可能存在的异常数据或不合理的项目变化

知识目标
1. 理解资产的概念，熟悉资产的分类
2. 掌握资产的总体分析，即结构分析和规模分析
3. 掌握流动资产各项目的含义、特点、调查分析目的和具体的分析过程
4. 了解非流动资产的种类

能力目标
1. 能够快速识别和理解资产负债表中各类资产项目的含义
2. 能够对重要的流动资产项目（货币资金、应收账款和存货等）进行具体分析，评估资产的质量，特别是流动资产的变现能力
3. 通过对历史数据的比较，识别资产项目的变动趋势，从而预测未来的财务状况
4. 基于资产项目的分析，识别可能存在的财务操纵迹象

一、资产总体分析

企业资产按流动性可分为流动资产、长期投资、固定资产、无形资产和其他资产。除流

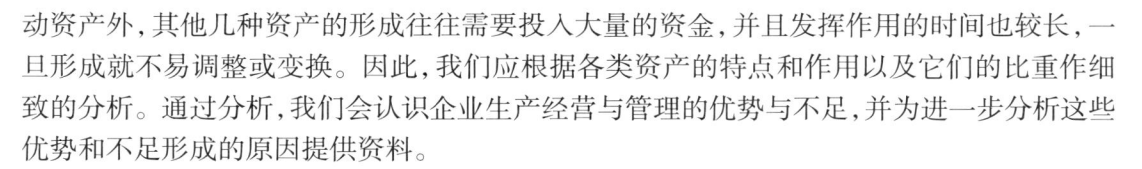

动资产外,其他几种资产的形成往往需要投入大量的资金,并且发挥作用的时间也较长,一旦形成就不易调整或变换。因此,我们应根据各类资产的特点和作用以及它们的比重作细致的分析。通过分析,我们会认识企业生产经营与管理的优势与不足,并为进一步分析这些优势和不足形成的原因提供资料。

(一)资产结构分析

资产结构就是指企业的流动资产、长期投资、固定资产、无形资产等占资产总额的比重。报表使用者可以通过资产结构分析,深入地了解企业资产的组成状况、盈利能力、风险大小及弹性高低等方面的信息,从而为其合理地作出决策提供强有力的支持。对于企业管理者而言,资产结构分析有助于其优化资产结构,改善财务状况,使资产保持适当的流动性,降低经营风险,加速资金周转;对于债权人而言,资产结构分析有助于其了解债权的物资保证程度或安全性;对于企业的关联方而言,资产结构分析有助于其了解企业的存货状况和支付能力,从而对合同的执行前景做到心中有数;对于企业的所有者而言,资产结构分析有助于其对企业财务的安全性、资本的保全能力及资产的收益能力作出合理的判断。

1. 企业资产结构的影响因素

(1)企业所处行业的特点和经营领域。不同的行业、不同的经营领域,往往需要不同的资产结构。生产性企业固定资产的比重往往要大于流通性企业,机械行业的存货比重则一般要大于食品行业。

(2)企业的经营状况。企业的资产结构与其经营状况紧密相连。经营状况好的企业存货资产的比重可能相对较小,货币资金则相对充裕;经营状况不佳的企业,可能由于产品积压,存货资产所占的比重会较大,其货币资金则相对不足。

(3)市场需求的季节性。若市场需求具有较强的季节性,则要求企业的资产结构具有良好的适应性,即资产中临时波动的资产应占较大比重,耐久性、固定资产应占较小比重;反之则反是。旺季和淡季的季节转换也会对企业的存货数量和货币资金的持有量产生较大影响。

(4)宏观经济环境。宏观经济环境制约着市场的机会、投资风险,从而直接影响企业的长期投资数额。通货膨胀效应往往直接影响企业的存货水平、货币资金和固定资产所占的比重。一些法律或行政法规、政策也会影响企业的资产结构。

2. 通过资产结构分析企业的行业特点、经营特点和技术装备特点

(1)行业特点。工业企业的非流动资产往往大于流动资产,而商业企业的情况正好相反。

(2)经营特点。在同一行业中,流动资产、非流动资产所占的比重反映出企业的经营特点。流动资产较多的企业稳定性较差,却较为灵活;非流动资产占较大比重的企业底子较厚,但调头较难;长期投资较多的企业,金融利润和风险较高。

(3)无形资产增减和固定资产折旧快慢反映企业的新产品开发能力和技术装备水平。无形资产持有较多的企业,开发创新能力较强;固定资产折旧比例较高的企业,技术更新换代较快。

3. 资产结构分析

对资产结构进行分析主要采用垂直分析法。垂直分析法的基本要点是通过计算报表中的各项目占总体的比重,反映各项目与总体的关系情况及其变动情况。对资产结构变动的分析,还应对流动资产和非流动资产分项目进行具体比较、分析,以便进一步查明原因,判断

企业资产结构变动的合理性。在判断企业资产各项目结构变动合理性时,应与企业生产经营特点和实际情况相结合。

1)流动资产构成比重的计算与分析

流动资产构成比重是指流动资产占资产总额的百分比。计算公式如下:

$$流动资产比重 = \frac{流动资产}{资产总额} \times 100\%$$

流动资产比重高的企业,其资产的流动性和变现能力较强,企业的抗风险能力和应变力也较强,但由于缺乏雄厚的固定资产作为支撑,这类企业在经营的稳定性方面稍显不足。流动资产比重低的企业,虽然其底子较厚,但灵活性方面有所欠缺。流动资产比重上升则说明企业的应变能力提高,为企业创造利润和把握发展机遇提供了更多可能,也表明企业加速资金周转的潜力较大。

分析时应注意把流动资产比重的变动与销售收入和营业利润的变动联系起来。如果营业利润和流动资产比重同时提高,说明企业正在发挥现有经营潜力,经营状况好转;如果流动资产比重上升而营业利润并没有增长,则说明企业产品销路不畅,经营形势不好;如果流动资产比重降低而销售收入和营业利润呈上升趋势,说明企业资金周转加快,经营形势优化;如果流动资产比重和营业利润、销售收入同时下降,则表明企业生产萎缩,沉淀资产增加。由于各行业生产经营情况不一样,流动资产在资产总额中的比重就不一样,故应根据具体行业、企业来分析判断。

2)非流动资产构成比重的计算与分析

非流动资产构成比重是指非流动资产占资产总额的百分比。计算公式如下:

$$非流动资产比重 = \frac{非流动资产}{资产总额} \times 100\%$$

非流动资产的比重过高,首先,意味着企业非流动资产周转缓慢,变现力较低,这势必会增大企业经营风险;其次,使用非流动资产会产生一笔巨大的固定费用,这种费用具有刚性,一旦生成短期内就不易消除,这样也会加大企业的经营风险;最后,非流动资产比重过高会削弱企业的应变能力,一旦市场行情出现较大变化,企业可能会陷入进退维谷的境地。

非流动资产比重的合理范围应结合企业的经营领域、经营规模、市场环境及企业所处的市场地位等因素来判定,也可参照行业的平均水平或先进水平。

【例2.1】 根据宏达公司2023年12月31日的资产负债表的有关资料,编制公司资产结构及增减变动图表,以分析公司资产构成情况,如表2-2和图2-1所示。

表2-2 资产结构及增减变动表　　　　　　　　　　　　金额单位:万元

年度 项目	2023年 金额	2023年 比重	2022年 金额	2022年 比重	差异 金额	差异 比重
流动资产	763 427.34	61.90%	761 553.69	62.82%	1 873.65	-0.92%
非流动资产	469 813.74	38.10%	450 676.35	37.18%	19 137.39	0.92%
资产总额	1 233 241.08	100.00%	1 212 230.04	100.00%	21 011.04	0

2023年资产结构分析　　　　　2022年资产结构分析

38.10%　　61.90%　　　　　37.18%　　62.82%

■流动资产　■非流动资产　　　■流动资产　■非流动资产

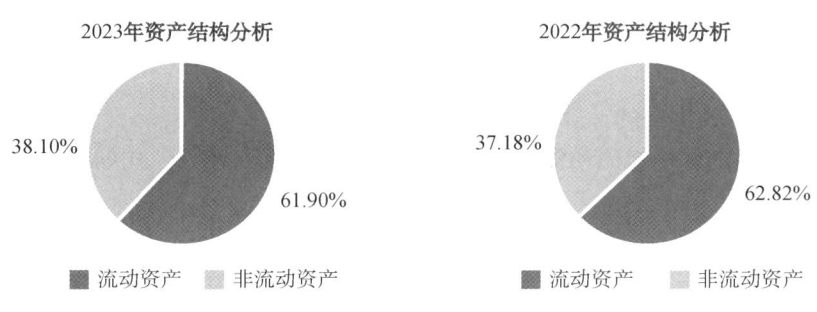

图 2-1　资产结构分析图

从表 2-2 和图 2-1 可看出，宏达公司连续两年的流动资产的比重高于非流动资产的比重，说明该公司资产的流动性和变现能力较强，对经济形势的应变能力较强，资产结构较为合理。但评价一个企业资产结构是否合理，即企业在总资产中保持有多少流动资产、多少固定资产才合适，还应对企业的经营性质、规模、企业经营状况、市场环境等因素进行综合分析，对近几年的资产结构进行趋势比较，与同行业的平均水平、先进水平进行比较，以正确评价资产结构的合理性和先进性。

（二）资产规模分析

企业资产规模是指企业所拥有的资产存量。它既是保证企业生产经营管理活动正常进行的物质基础，又是关系企业能否持续经营的重要前提和条件。一个企业的资产必须保持合理的规模：资产规模过大，将形成资产资源的闲置，造成资金周转缓慢，影响资产的利用效果；而资产规模过小，将难以满足企业生产经营的需要，导致企业生产经营活动难以正常进行。

对资产规模的分析，即利用水平分析法，从数量上了解企业资产的变动情况，分析变动的具体原因。利用水平分析法的基本要点就是将企业资产负债表中不同时期的资产进行对比，对比的方式有两种：一是确定其增减变动数量；二是确定其增减变动率。应用横向比较法，可以观察资产规模及各资产项目的增减变化情况，若发现重要或异常的变化，则对这些变化再作进一步分析，找出其变化的原因，并判断这种变化是有利的还是不利的。判断一个企业资产规模变化是否合理，要联系企业生产经营活动的发展变化，即将资产规模增减比率同企业产值、销售收入等生产成果指标的增减比率进行对比，判断增资与增产、增收之间是否协调，资产营运效率是否提高。

对于银行的客户经理来说，资产规模不是越大越好，而是越有效越好。我们在评价企业时，要看资产是否有效，是否能给企业带来足够的现金流。

（三）资产结构优化分析

企业资产结构优化就是研究如何配置企业的各类资产才能使企业取得最佳经济效益。在企业资产结构体系中，固定资产与流动资产之间的结构比例是最重要的内容。固定资产与流动资产之间的结构比例通常称为固流结构。资产结构优化分析主要是指固流结构优化分析。

在企业经营规模一定的条件下，如果固定资产存量过大，则正常的生产能力不能充分发挥出来，造成固定资产的部分闲置或生产能力利用不足；如果流动资产存量过大，则会造成流动资产闲置，影响企业的盈利能力。无论以上哪种情况出现，最终都会影响企业资产的利用效果。

1. 固流结构的类型

企业的固流结构主要包括以下三种：

（1）适中的固流结构，是指企业在一定销售量的水平上，使固定资产存量与流动资产存量的比例保持在平均合理的水平上。这种资产结构可在一定程度上提高资金的使用效率，但同时增大了企业的经营风险和偿债风险，是一种风险一般、盈利水平一般的资产结构。

（2）保守的固流结构，是指企业在一定销售水平上，维持大量的流动资产，并采取宽松的信用政策，从而使流动资金处于较高水平。这种资产结构由于流动资产比例较高，可以降低企业偿债或破产风险，使企业风险处于较低的水平。但流动资产占用大量资金会降低资产的运转效率，从而影响企业的盈利水平。因此，该种资产结构是一种流动性高、风险小、盈利低的资产结构。

（3）冒险的固流结构，是指尽可能少地持有流动资产，从而使企业流动资金维持在较低水平上。这种资产结构的流动资产比例较低，资产的流动性较差。虽然固定资产占用量增加相应提高了企业的盈利水平，但同时给企业带来较大的风险。这是一种高风险、高收益的资产结构。

2. 固流结构判断的标准

在实际工作当中，我们通常根据下列标准来评价企业固定资产与流动资产的结构比例是否合理：

（1）盈利水平与风险。企业将大部分资金投资于流动资产，虽然能够减少企业的经营风险，但是会造成资金大量闲置或固定资产不足，影响企业生产能力，降低企业的资金利用效率，从而影响企业的经济效益。反之，固定资产比重增加虽然有利于提高资产利润率，但同时会导致经营风险的增加。企业选择何种资产结构，主要取决于企业对风险的态度。如果企业敢于冒险，就可能采取冒险的固流结构策略；如果企业倾向于保守，则宁愿选择保守的固流结构策略而不会为追求较高的资产利润率而冒险。

（2）行业特点。不同行业因经济活动内容不同，技术装备水平存在差异，其固流结构也会有较大差异。一般说来，创造附加值低的企业，如商业企业，需要保持较高的资产流动性；创造附加值高的企业，如制造业企业，需要保持较高的固定资产比重。同一行业内部的企业，因生产特点、生产方式的差异较小，所以其固流结构就比较接近，行业的平均固流结构比例应是本企业固流结构的主要参照标准。

（3）企业经营规模。企业经营规模对固流结构具有重要影响。一般而言，规模较大的企业，固定资产比例相对较高，因其筹资能力强，流动资产比例相对较低。企业必须在分析和评价目前固流结构合理性的基础上，对固流结构进行进一步优化。

固流结构优化要以企业采取的固流结构策略所确定的标准为根据。固流结构优化的步骤一般是：首先，分析企业的盈利水平和风险程度，判断和评价企业目前的固流结构；其次，根据盈利水平与风险、行业特点、企业规模等评价标准，按照企业选择的固流结构策略确定符合本企业实际情况的固流结构比例的目标标准；最后，对现有的固流结构比例进行优化调整。调整时，既可以调整流动资产存量，也可以调整固定资产存量，还可以同时调整固定资产存量和流动资产存量，以达到确定的目标标准。

二、流动资产分析

（一）货币资金

1. 货币资金的概述

货币资金项目是企业在生产经营过程中处于货币形态的资金，包括库存现金、银行存款和其他货币资金。其中，库存现金是指企业为了满足经营过程中零星支付而保留的现金；银行存款是企业存入银行或其他金融机构的各种存款（除划分为其他货币资金的情况外）；其他货币资金包括外埠存款、银行汇票存款、银行本票存款、信用证保证金存款、信用卡存款、存出投资款、在途货币资金等。

货币资金本身可用于偿债，其变现时间等于零，并且通常不存在变现损失问题，因此，货币资金是偿债能力最强的资产。但是，有时货币资金中有一部分资金属于受限的货币资金，不可随意支取，流动性较低，这类不可随意支取的部分通常计入货币资金中的其他货币资金。

2. 货币资金的调查目的

货币资金的调查目的包括以下几个方面：

（1）确认库存现金、银行存款、其他货币资金余额是否虚增。

（2）确认银行承兑汇票、信用证、保函等业务保证金余额的准确性，以便分析应付票据、或有负债等科目余额。

（3）了解企业货币资金管理的内部控制制度是否健全。

3. 货币资金的特点

货币资金的特点包括以下几个方面：

（1）有着极强的流动性，在企业经济活动中，有一大部分经营业务涉及货币资金的收支，即货币资金在企业持续经营过程中随时有增减变化。

（2）货币资金收支活动频繁。

（3）货币资金的收支数额的大小在一定程度上反映着企业业务量的多少、企业规模的大小。

（4）通过货币资金的收支反映企业收益和损失及经济效益。

4. 货币资金的分析

（1）货币资金规模分析。为维持企业经营活动的正常运转，企业必须持有一定数量的货币资金。货币资金比重过高，意味着资金使用效率低，会降低企业的盈利能力；而货币资金比重过低，则意味着企业缺乏必要的资金，可能会影响企业的正常经营。企业货币资金规模是否合理，通常需要结合多种因素进行综合分析，货币资金规模分析如表2-3所示。

表2-3 货币资金规模分析

因素	货币资金规模
资产规模与业务量	一般来说，企业资产规模越大，业务量越大，其处于货币形态的资产就越多
筹资能力	企业如果有良好的信誉，筹资渠道畅通，就没必要持有大量的货币资金
运用货币资金的能力	如果企业经营者利用货币资金的能力较强，货币资金的比重可维持较低的水平
行业特点	处于不同行业的企业，其货币资金的合理规模存在差异，有的甚至差别很大

（2）货币资金增减变动分析。企业货币资金的增减变动，可能受以下因素影响，如表2-4所示。

表2-4　　　　　　　　　　　货币资金规模增减变动的原因

原因	解释
销售规模的变动	企业销售规模发生变动，货币资金规模也会随之发生变动，两者之间具有一定的相关性
信用政策的变动	如企业采用严格的信用政策，提高现销比例，可能会导致货币资金规模的提高
为大笔现金支出做准备	如准备派发现金股利、偿还将要到期的巨额银行借款或集中购货等都会增加企业货币资金规模，但是这种需要是暂时的，货币资金规模会随着企业现金的支出而降低

（3）货币资金持有量分析。如果企业货币资金支付能力大于1，则说明货币支付能力较强，但并不表示企业货币资金的持有量是合理的。货币资金是一种非盈利资产，积存过多，必然会造成资金浪费；积存过少，又不能满足企业三个动机的需要（即交易性动机、预防性动机和投机性动机），增加企业财务风险。判断货币资金持有量是否合理，首先，看它是否满足交易性动机，即企业正常生产经营活动的支出；其次，看它是否能满足预防性动机，即应对市场变化的能力；最后，在满足上述两个需求的前提下，若仍有多余货币，可考虑短期投资，如购买证券进行增值。

货币资金中的现金主要用于日常零星开支，根据现金管理条例规定，现金实行限额管理，其限额一般不超过3～5天的日常零星开支；货币资金中的其他货币资金部分是为当前必须交易结算而准备的，故无须制定其额度；货币资金中的银行存款占用的数额较大，是确定货币资金持有量的重点。银行存款结存多少比较适宜，主要取决于近期需支付货币资金的数量与结存量是否相近；如果相近，则说明货币资金的持有量就是最佳持有量。

（4）货币资金周转速度分析。货币资金周转速度分析是通过货币资金周转率指标来进行的。货币资金周转率是每期实际收到的销售款项与期初货币资金持有量的比率，是反映货币资金使用效率的指标。其计算公式如下：

$$货币资金周转率 = \frac{每期实际收到的销售款项}{期初货币资金持有量}$$

企业提高货币资金使用效率，主要通过扩大销售、加快收取货款和降低货币资金持有量等途径来实现。

在对货币资金进行分析时，还要与企业的业务规模和行业特点相结合。一般来讲，企业业务规模越大，业务收支越频繁，其所持有的货币资金就越多。此外，对不同行业的企业而言，其合理的货币资金比重也会存在较大差异。

（5）货币资金管理分析。第一，分析企业货币资金收支是否符合国家的规定。国家对有关货币资金收支方面有严格的管理规定，企业必须遵守国家有关的结算政策、现金管理制度，合理调度资金。如企业没有遵守国家的现金管理制度而保留过多的货币资金，则其可能会遭受失窃、白条抵库的损失；如企业违反国家结算政策，则其有可能受到有关部门的处罚；如企业没有遵守国家有关货币资金管理规定，则其进一步融资也将发生困难。第二，从企业自身货币资金管理角度来进行分析。企业在收支过程中的内部控制制度的完善程度以及实际执行情况，直接关系企业的货币资金运用质量。

思政知识

《中华人民共和国中国人民银行法》规定，中华人民共和国的法定货币是人民币。以人民币支付中华人民共和国境内的一切公共的和私人的债务。人民币由中国人民银行统一印制、发行。在我国，人民币是唯一合法货币，对于日常生活中的银行存款、转账，甚至网络支付，其背后流通的货币均为中国人民银行发行的法定货币——人民币。

《中华人民共和国中国人民银行法》规定，任何单位和个人不得印制、发售代币票券，以代替人民币在市场上流通。很多不法分子借助"数字货币"概念，从事非法集资、传销、诈骗等犯罪活动。防范数字货币风险的有效手段是树立正确的货币观念，区分国家法定货币和社会上所谓"数字货币"的性质，增强相应的风险防范意识和能力。

（二）交易性金融资产

1. 交易性金融资产的概述

交易性金融资产是指企业以交易为目的所持有的债券投资、股票投资、基金投资等金融资产，企业持有交易性金融资产的目的是通过近期出售从而在价格的短期波动中获利。

2. 交易性金融资产的调查目的

交易性金融资产的调查目的包括以下几个方面：

（1）确认交易性金融资产余额是否虚增。

（2）确认交易性金融资产的规模是否适度。

（3）确认企业是否有人为调节交易性金融资产的行为。

3. 交易性金融资产的特点

交易性金融资产具有以下特点：

（1）期限短。企业持有交易性金融资产的主要目的是为了在短期内实现利润，期限通常不超过1年。这种短期投资策略使得企业能够迅速响应市场变化，通过买卖操作来获取差价利润。

（2）具有活跃的市场。交易性金融资产必然存在一个活跃的市场，以便其公允价值可以通过市场报价准确获取。活跃市场的存在保证了资产的流动性和价格的透明度，这对于短期内的买卖决策至关重要。

（3）公允价值计量。交易性金融资产在财务报表中以公允价值计量，其价值变动直接计入当期损益，反映了市场的实时评估。这种会计处理使得企业的盈利能力与市场波动紧密相关，增加了财务报告的真实性。

4. 交易性金融资产的分析

在进行交易性金融资产分析时，应先注意交易性金融资产增减变动情况及其原因，注意是否存在将长期投资任意结转为交易性金融资产的现象。一些企业可能利用长期投资与交易性金融资产的划分来改善其流动比率，这可以通过交易性金融资产在报表中表现出来的特点进行分析。

（1）从交易性金融资产的数量看。交易性金融资产具有金额经常波动的特点，跨年度不变且金额较为整齐的交易性金融资产极有可能是长期投资。

（2）从投资收益的情况看。交易性金融资产收益具有盈亏不定、笔数较多的特点，而长期投资收益一般具有固定性、业务笔数较少的特点。如果在投资收益的构成中出现异常情况，则有可能是企业将长期投资划为交易性金融资产以改善其流动比率。

（3）从交易性金融资产的构成看。企业的交易性金融资产包括从二级市场购入的股票、债券和基金等。购入债券和基金风险较小，购入股票风险较大。在资产的风险分析中应该注意交易性金融资产的构成，从而及时发现风险，予以防范。

（三）应收账款

1. 应收账款的概述

应收账款是企业因销售商品、产品或提供劳务等，应向购货单位或接受劳务单位收取的款项。应收账款就其性质来讲，是企业的一项资金垫支，是为了扩大销售和增加盈利而发生的，不会给企业带来直接利益。应收账款占用数额过大，会使存货及其他资产占用资金减少，使企业失去取得收益的机会，造成机会成本、坏账损失和收账费用的增加。因此，应尽量减少应收账款占用数额。应收账款应控制在多大数额为宜，取决于销售中赊销的规模、信用政策、收款政策及市场经济情况等因素。

2. 应收账款的调查目的

应收账款的调查目的包括以下几个方面：

（1）确认应收账款科目余额是否虚增。

（2）确认应收账款主要客户区域分布、年销售量、货款回收期、明细余额是否准确。

（3）确认是否存在关联方及关联交易。

（4）判断应收账款的可回收性，确认其是否存在减值。

（5）分析应收账款总体发生额与主营业务收入的配比关系，判断主营业务收入的准确性。

3. 应收账款的特点

应收账款具有以下特点：

（1）应收账款本质上是一种商业信用，即企业因销售商品或提供劳务而授予买方的信用。这种信用形式允许买方在收到货物或服务后延迟支付货款，从而促成了交易。

（2）应收账款反映了企业资金的流动性和资金成本。应收账款占据了企业的部分流动资金，这部分资金在未收回之前，不能用于其他经营活动，从而影响了企业的资金流动性。同时，持有应收账款意味着需要承担一定的资金成本，尤其在高通胀环境下，未及时收回的账款可能导致实际购买力的降低。

（3）应收账款按照实际发生额入账。这反映了权责发生制的会计准则，确保了财务报表的真实性和可靠性。但企业还要根据实际情况进行评估并设立坏账准备，以应对未来可能出现的账款无法回收的风险。

4. 应收账款的分析

1）应收账款时间构成分析

应收账款时间构成分析即对客户所欠账款时间的长短进行分析，具体做法是先将各项应收账款分为信用期内的和超过信用期的两大类,然后再对超过信用期的应收账款按照拖欠时间长短进行分类。这个分类一方面可以了解企业应收账款的结构是否合理,另一方面也可为企业组织催账工作和估计坏账损失提供依据。

【例2.2】 根据宏达公司2023年12月31日的资产负债表的有关资料,编制应收账款时间构成图表来进行分析,如表2-5和图2-2所示。

表2-5　　　　　　　　　　　应收账款时间构成表　　　　　　　　金额单位:万元

应收账款时间	金额	比重
1年以内(含1年)	248 766.50	65.83%
1~2年(含2年)	88 955.85	23.54%
2~3年(含3年)	18 932.40	5.01%
3~4年(含4年)	12 016.98	3.18%
4~5年(含5年)	2 380.72	0.63%
5年以上	6 839.85	1.81%
应收账款总额	377 892.30	100.00%

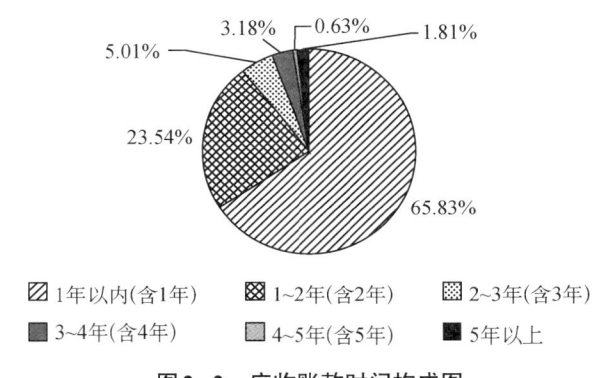

图2-2　应收账款时间构成图

从表2-5和图2-2中可看出,就数量而言,在宏达公司2023年年末的应收账款中,有65.83%的应收账款在1年以内,有28.55%的应收账款在3年以内,有5.62%的应收账款在3年以上。据此,经营者应督促财务部门根据企业的收账政策采取不同的收账措施,如对于尚未超过信用期的不必催收,对于超过时间较短的进行一般性催收,对于超过时间较长的应加紧催收。

2)应收账款变动分析

应收账款变动分析,即将应收账款期末数与期初数进行比较,观察它的发展变化情况。在流动资产和销售收入不变的情况下,应收账款的绝对额增加,表明企业变现能力减弱,承担风险增大,其占用比重不合理。如果应收账款的增长与流动资产增长和销售收入增长相适应,则表明应收账款占用比重相对合理。

【例2.3】 根据宏达公司2023年12月31日的资产负债表的有关资料,编制应收账款变动情况表来进行分析,如表2-6所示。

表2-6　　　　　　　　　　　应收账款变动情况　　　　　　　　　　金额单位:万元

应收账款时间	期末账面余额	年初账面余额	差异额	差异率
1年以内(含1年)	248 766.50	286 330.09	－37 563.59	－13.12%
1～2年(含2年)	88 955.85	47 050.13	41 905.71	89.07%
2～3年(含3年)	18 932.40	23 749.58	－4 817.18	－20.28%
3～4年(含4年)	12 016.98	4 157.31	7 859.66	189.06%
4～5年(含5年)	2 380.72	5 806.16	－3 425.44	－59.00%
5年以上	6 839.85	5 153.05	1 686.80	32.73%
应收账款总额	377 892.30	372 246.33	5 645.97	1.52%

对应收账款变动的分析,应重点分析应收账款的增加是否正常。影响应收账款增加的因素主要包括以下几个方面:

(1)企业信用政策发生变化,企业希望通过放松信用政策来增加销售收入。

(2)企业销售量增长导致应收账款增加。

(3)收账政策不当或收账工作执行不力。

(4)应收账款质量不高,存在长期挂账但难以收回的账款,或客户发生财务困难,暂时难以偿还所欠货款。

(5)企业会计政策变更。如果一个企业在有关应收账款方面的会计政策发生变更,则应收账款也会发生相应变化。如在坏账准备的核算上,由期末余额百分比法改为销售百分比法,应收账款余额可能因此而降低。

对应收账款变动的分析,还应注意一些企业利用应收账款调节利润的行为。应先特别注意企业会计期末突发性产生的与应收账款相对应的营业收入。如果一个企业全年的营业收入在1～11月都较为平均,而唯独12月营业收入猛增,且大部分是通过应收账款产生的,则银行信贷分析人员应该对此进行深入分析。如果企业确实有利润操纵行为,则应将通过应收账款产生的营业收入剔除,同时调整应收账款账面余额。此外,要特别关注关联企业之间的业务往来,观察是否存在通过关联企业的交易操纵利润的现象。如果存在该现象,则应予以调整。

3)应收账款规模分析

影响应收账款规模的因素主要包括以下几个方面:

(1)企业的经营方式及所处的行业特点。对于相当多的企业来说,其营销自己的产品或劳务,一般可以采用预收、赊销和现销方式。因此,债权规模与企业经营方式和所处行业具有直接联系。例如,零售企业大部分业务是现金销售业务,其商业债权较少;而工业企业往往采用赊销方式,从而形成较多商业债权。

(2)企业的信用政策。企业赊销商品,就是向购买方提供商业信用。因此,企业的信用政策对其商业债权规模有着直接的影响。宽松信用政策将会刺激销售,增大债权规模;紧缩信用政策则会制约销售,减少债权规模。企业应收账款规模越大,其发生坏账的可能性越大,而应收账款规模越小,发生坏账的可能性越小。因此,应在刺激销售和减少坏账之间寻找赊销政策的最佳点。

4）应收账款坏账处理分析

坏账是指企业无法收回或收回可能性极小的应收账款。由于发生坏账而产生的损失,称为坏账损失。

（1）坏账损失的确认。企业确认坏账时,应遵循财务报告的目标和会计核算的基本原则,具体分析各应收账款的特性、金额的大小、信用期限、债务人的信誉和当时的经营情况等因素。一般来讲,企业的应收账款符合下列条件之一的,应确认为坏账:债务人死亡,以其遗产清偿后仍然无法收回;债务人破产,以其破产财产清偿后仍然无法收回;债务人较长时期内未履行其偿债义务,并有足够的证据表明无法收回或收回可能性极小。

企业应定期或至少于年度终了时对应收账款进行检查,并预计可能产生的坏账损失。对预计可能发生的坏账损失,应计提坏账准备,计提坏账准备的方法由企业自行确定。

（2）坏账准备的计提比例。企业应当根据以往的经验、债务单位的实际财务状况和现金流量的情况,以及其他相关信息等,合理地估计坏账准备的计提比例。

除有确凿证据表明该项应收款项不能收回,或收回的可能性不大外（如债务单位撤销、破产、资不抵债、现金流量严重不足、发生严重的自然灾害等导致停产而在短时间内无法偿付债务等,以及应收款项逾期3年以上）,下列各种情况一般不能全额计提坏账准备:当年发生的应收款项;计划对应收款项进行重组;与关联方发生的应收款项;其他已逾期,但无确凿证据证明不能收回的应收款项。

（3）对应收账款坏账处理的分析,主要是分析坏账准备。在对坏账准备进行分析时,应注意以下两个方面:

一是分析坏账准备的计提范围、提取方法、提取比例的合理性。这是分析坏账准备项目的关键。因为新的《企业会计准则》规定,企业可以自行确定计提坏账准备的方法,这样就会导致一些企业出于某种动机,随意选择坏账准备的计提范围、提取方法、提取比例,其结果是少提或不提坏账准备,从而导致虚增应收账款净额和利润。

二是注意比较企业前后会计期间坏账准备的计提方法是否改变。新的《企业会计准则》规定企业坏账准备的计提方法一经确定,不得随意变更。一些企业随意变更坏账准备计提方法,往往隐藏着一些不可告人的目的。银行信贷分析人员遇到不正常的情形时,首先,应查明企业在财务报告附注中是否对坏账准备计提方法变更予以说明;其次,分析企业的这种变更是否具有合理因素,是正常的会计估计变更还是为了调节利润;最后,对不合理因素引起的会计信息失真问题进行更正与调整。

（四）其他应收款

1. 其他应收款的概述

其他应收款是企业除应收票据、应收账款、预付账款等以外的其他各种应收、暂付款项,是由非购销活动所产生的应收债权,包括企业拨出的备用金,应收的各种赔款、罚款,应向职工收取的各种垫付款项,以及已不符合预付账款性质而按规定转入的预付账款等。

其他应收款具体内容包括:应收的各种赔款、罚款;应收出租包装物租金;应向职工收取的各种垫付款项;备用金(向企业各职能科室、车间等拨出的备用金);存出保证金,如租入包装物支付的押金;预付账款转入;其他各种应收、暂付款项。

其他应收款类似一个"垃圾桶",与商品交易无关且不能列入上述提及用途的应收及暂付款项都可以装进去,所以银行信贷人员对此项目审核时应该重点审核此内容。

2. 其他应收款的调查目的

其他应收款的调查目的如下:

(1) 确认其他应收款科目余额的真实性和完整性。

(2) 通过其他应收款科目发现企业的关联方及关联交易。

(3) 确认企业借款资金实际用途,核实挪用信贷资金的去向。

(4) 判断其他应收款的可回收性,确认其是否存在减值。

3. 其他应收款的特点

其他应收款具有以下特点:

(1) 其他应收款科目是企业比较复杂、难以鉴别,也容易被信贷人员忽视,但须重点关注的科目。

(2) 为加强资金业务管理,方便资金回收、催收、追索等,企业其他应收款性质资金通常集中在其他应收款科目反映,因而本科目余额一般真实性较强,完整性不足。

(3) 为规避银行对企业挪用信贷资金和抽资进行调查,企业银行报表本科目余额一般较少,或根本不反应。

4. 其他应收款的常见类型

其他应收款包括以下几种常见类型:

(1) 大股东和其他关联方往来款。控股股东和其他关联方有时会利用关联公司进行资金融通。例如,房地产行业经常存在这种类型的往来款。

(2) 委托理财。很多企业将大量暂时闲置的资金委托给其他机构进行理财,以期获得高于存款的收益。尤其是在股市行情较好的时候,企业委托证券公司进行股票等证券投资的委托理财最为普遍。委托理财应计入其他应收款。

(3) 委托贷款。作为非金融机构通过委托贷款的方式借出的资金也计入其他应收款。例如,2021年前后,银行业银根收紧,很多企业无法从银行获得贷款,民间借贷极度活跃,民间拆借利率也不断攀升。一些企业因其主业收益较少,又有闲置资金,就开始做委托贷款。

5. 其他应收款的分析

其他应收款分析的要点有以下四个方面:

(1) 注意关联方往来款。在我国的资本市场中有一个非常普遍的现象——大股东占用上市公司资金。大股东打包一些资产质量较好的业务拿到资本市场上融资,再将上市公司的资金挪为己用,或者在集团下属公司之间进行周转。大股东或其他关联方占款严重侵犯了中小股东利益,此外,大股东严重占用资金,可能导致上市公司退市或破产。因此,在对其他应收款进行分析时需要注意大额增加的其他应收款,分析其产生的原因。

(2) 委托理财及委托贷款本金及其收益稳定性。在享受理财较高收益的同时,此类业务面临的风险更需要引起我们的注意:①部分企业与证券公司私下签订保证收益或全权委托等不合规协议,法律风险较高;②在缺乏第三方存管时,受托方挪用资金的风险显著;③资本市场波动使得理财资金面临收益甚至本金大幅受损的风险。在分析委托贷款的时候,一要关注该委托贷款的回收风险,因为高利率通常伴随着高风险;二要关注委托贷款收益的持续性,一旦资金面好转,民间资金拆借利率就会下降。

(3)警惕沉淀时间长的款项。其他应收款如果长期挂账,可能表示该笔款项全额收回的可能性很低,甚至可能完全无法收回。如果该笔款项计提的坏账准备较小,无法反映款项实际可能的损失,则可能高估其他应收款的金额,虚增资产。

(4)警惕大额其他应收款。其他应收款类似于一项"杂货铺",里面的内容较杂,而且其产生原因、真实性也各不相同,因此,对于大额的其他应收款应当特别注意。企业有可能通过其他应收款来实现利润的调节。例如,在盈利水平不佳的年份,上市公司有可能会通过其他应收款科目列支费用,减少企业的费用,从而达到虚增利润的目的;或者通过调整其他应收款来规避大额减值对利润的影响。

(五)存货

1. 存货的概述

存货是指企业日常生产经营过程中持有以备出售,仍然处在生产过程,或者在生产或提供劳务过程中将消耗的材料或物料,包括各类材料、商品、在产品、半成品、产成品等。

2. 存货的调查目的

存货的调查目的如下:

(1)确认存货科目余额是否虚增。

(2)判断存货是否存在减值及确认其减值金额。

(3)确认存货变现能力。

(4)辅助分析营业成本、毛利率的合理性。

3. 存货的特点

存货项目具有涉及科目多、发生频率大、项目核算复杂、期末余额大、占资产总额比重高、准确性极难核实的特点。

(1)存货的可变现性。存货因其持有意图而具有一定的可变现性,合理的存货管理可以加快资金周转,提升企业的流动性。

(2)存货成本的归集性。存货的取得成本包括采购成本、加工成本和其他使存货达到当前使用状态的发生成本。同时,存货发出的成本计价方法又包括先进先出法、加权平均法、移动加权平均法和个别计价法,这些成本在存货销售时转化为销售成本,影响企业的利润水平。

(3)存货的盘点方法。为了确保财务报表的准确性,企业需要对存货进行定期或不定期的盘点,以核实账面记录与实际库存是否一致,这有助于及时发现并解决盘盈盘亏等问题。

(4)季节性与时效性。存货的持有量通常受季节性因素的影响。例如,零售商在节假日前后会增加库存以应对销售高峰。同时,某些存货如食品或药品具有很强的时效性,需要特别注意库存的周转速度。

4. 存货的分析

存货项目在流动资产中所占比重较大,它是企业收益形成的直接基础或直接来源。加强存货的分析,对加速存货资金周转、减少存货资金占用和提高收益率,有着十分重要的意义。对存货的分析,可以从以下几个方面进行。

1) 存货真实性分析

存货是企业重要的实物资产,因此,第一,应经常将库存的实物存货价值与其账面价值进行核对,确认其是否相符;第二,应检查其待售商品是否完好无损,产成品的质量是否符合相应的产品等级要求,库存的原材料是否属于生产所需等,以保证存货的真实性、合理性。

对存货真实性的分析,可以初步确定企业存货的状态,为分析存货的可利用价值和变现价值奠定基础。对于存货数额较大的企业,要特别关注存货的真实性。对于这些企业而言,其如果想虚增利润,虚增存货是企业常用的重要手段之一。企业的存货需要经过专业审计机构的审计,以确定其存货水平是否是真实的。然而,由于某些存货存在审计困难或审计疏忽,存货造假的案例并不少见。

2) 存货计价分析

存货计价分析,主要是分析企业对存货计价方法的选择或变更是否合理。存货发出采用不同的计价方法,对企业财务状况、盈亏情况会产生不同的影响,主要表现在以下三个方面:

(1) 存货计价对企业损益的计算有直接影响。其表现为:如果期末存货计价(估价)过低,当期的收益可能因此而相应减少;如果期末存货计价(估价)过高,当期的收益可能因此而相应增加;如果期初存货计价过低,当期的收益可能因此而相应增加;如果期初存货计价过高,当期的收益可能因此而相应减少。

(2) 存货计价对于资产负债表有关项目的数额计算有直接影响,如流动资产总额、所有者权益等项目,都会因存货计价的不同而产生不同的数额。

(3) 存货计价方法的选择对计算缴纳所得税的数额有一定的影响。因为采用不同的计价方法,结转当期销售成本的数额会有所不同,从而影响企业当期应纳税利润数额的确定。

在物价不断上涨时,计价方法对资产负债表和利润表的影响如表2-7所示。

表2-7　　　　　计价方法在物价上涨时对资产负债表和利润表的影响

计价方法	对资产负债表的影响	对利润表的影响
先进先出法	存货价值基本得到反映	利润偏高
加权平均法	存货价值偏低	利润偏低

在实际工作中,一些企业往往利用不同的存货计价方法,来实现其操纵利润的目的,因此,在对企业资产和利润进行分析时,应对其予以关注。

3) 存货的品种构成结构分析

存货品种构成结构是指企业各类存货占全部存货的比重。存货主要分为库存商品、在产品、原材料等。其中,原材料是保证生产正常进行的物质基础;在产品是保证生产过程连续性的存货,企业生产周期决定在产品的必要性;库存商品是直接用于销售的存货。存货的品种构成结构分析就是将本年实际存货结构与上年计划存货结构进行比较,观察其变化情况。

正常情况下,原材料、在产品和库存商品之间存在一定的比例关系,如果这种关系发生较大的变动,就可能预示着某种问题。例如,当企业生产所需的原材料供不应求,价格处于快速上升阶段时,存货中原材料占比大幅提升可能是因为企业提前大量购入原材料,以抵御未来采购成本上升的风险;当企业的产品处于不景气周期时,库存商品占比的大幅增加往往预示着企业所处的市场环境竞争加剧,产品滞销,并有可能形成库存积压。

【例2.4】 根据宏达公司2023年12月31日的资产负债表的有关资料,编制存货品种构成结构分析图表,如表2-8和图2-3所示。

表2-8　　　　　　　　　　存货品种构成结构分析表　　　　　　　　金额单位:万元

存货种类	2023年 金额	2023年 比重	2022年 金额	2022年 比重	与上年数差异 金额	与上年数差异 比重
原材料	65 590.67	32.83%	60 496.68	30.96%	5 093.98	1.87%
在产品	81 953.37	41.02%	84 570.30	43.28%	−2 616.93	−2.26%
库存商品	52 184.84	26.12%	49 300.11	25.23%	2 884.73	0.89%
周转材料	5.22	0	97.70	0.05%	−92.48	−0.05%
在途物资	54.72	0.03%	937.93	0.48%	−883.21	−0.45%
合计	199 788.81	100.00%	195 402.72	100.00%	4 386.09	0

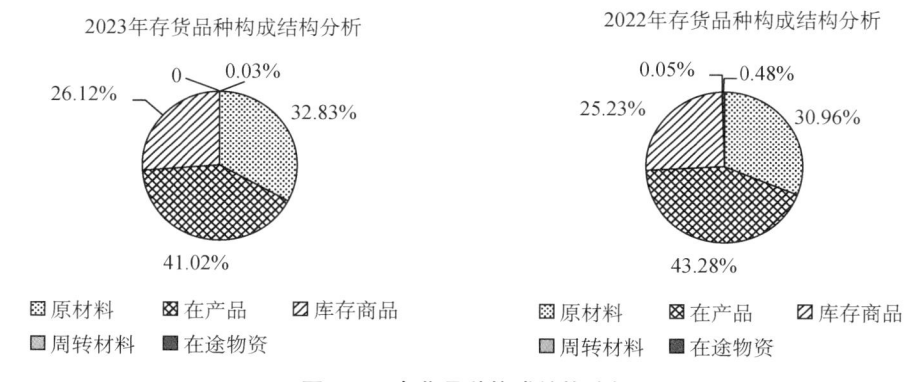

图2-3　存货品种构成结构分析

通过表2-8和图2-3对存货的品种构成结构进行分析,可以看出宏达公司2023年年末存货余额比2022年年末增加了4 386.09万元,其中:原材料增加了5 093.98万元,在产品减少了2 616.93万元,库存商品增加了2 884.73万元,周转材料减少了92.48万元,在途物资减少了883.21万元。因此,应重点分析原材料大幅增加的原因,分析其中有无不当之处,以便采取相应的措施。

分析存货的品种构成结构时,应仔细阅读报表附注中披露的存货品种结构和金额。现代企业都尽量通过各种有效的管理来降低存货规模,以减少资金占用和仓储费用,从而降低市场变化可能带来的风险。

分析存货的品种构成结构时,还应结合市场销售情况,并关注不同品种的产品的盈利能力、技术状态、市场发展前景及产品的抗变能力等方面的状况。

4)存货增减变动分析

各类存货在企业再生产过程中的作用是不同的。其中,材料存货是维持再生产活动的必要物质基础,所以应把它限制在能够保证再生产正常进行的最低水平上;产成品存货是存在于流通领域的存货,它不是保证再生产过程持续进行的必要条件,因此必须将其压缩到最低限度;在产品存货是保证生产过程持续进行的存货,企业的生产规模和生产周期决定在产品存货的存量,在企业正常经营条件下,在产品存货应保持一个稳定的比例。一个企业在正常情况下,其存货结构应保持相对稳定。分析时,应特别注意对变动较大的项目进行重点分析。企业购置存货主要是因为企业对产品销售前景充满信心,提前大量采购原材料;或者是企业预测材料市场价格将大幅度上扬,提前大量进行储备。存货的增加应以满足生产、不盲目采购和无产品积压为前提,存货减少应以压缩库存量加速周转、不影响生产为前提。

【例2.5】 根据宏达公司2023年12月31日的资产负债表的有关资料,编制存货增减变动分析图表,如表2-9和图2-4所示。

表2-9　　　　　　　　　　　存货增减变动分析表　　　　　　　　　　金额单位:万元

存货种类	2023年	2022年	差异 增减额	差异 增减率
原材料	65 590.67	60 496.68	5 093.98	8.42%
在产品	81 953.37	84 570.30	−2 616.93	−3.09%
库存商品	52 184.84	49 300.11	2 884.73	5.85%
周转材料	5.22	97.70	−92.48	−94.66%
在途物资	54.72	937.93	−883.21	−94.17%
合计	199 788.81	195 402.72	4 386.09	2.24%

存货增减变动分析

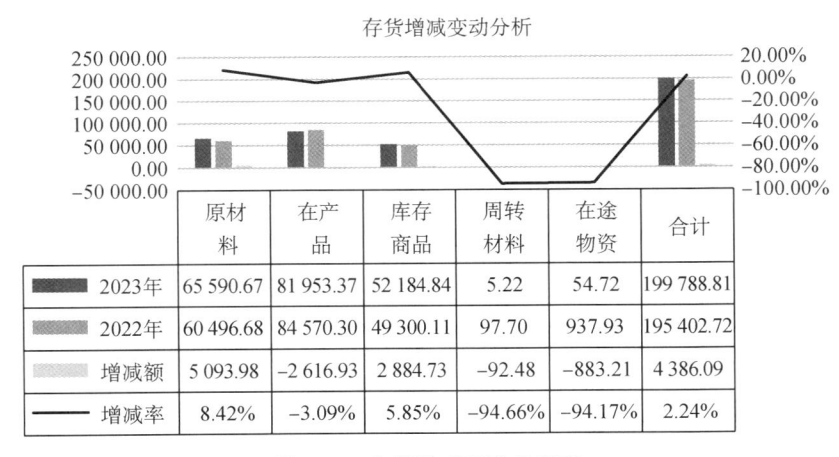

	原材料	在产品	库存商品	周转材料	在途物资	合计
2023年	65 590.67	81 953.37	52 184.84	5.22	54.72	199 788.81
2022年	60 496.68	84 570.30	49 300.11	97.70	937.93	195 402.72
增减额	5 093.98	−2 616.93	2 884.73	−92.48	−883.21	4 386.09
增减率	8.42%	−3.09%	5.85%	−94.66%	−94.17%	2.24%

图2-4　存货增减变动分析图

从表2-9和图2-4可看出,公司2023年年末存货绝对额比2022年年末增加了4 386.09万元,增幅为2.24%,其中增幅最大的是原材料和库存商品,增幅分别为8.42%和5.85%。一般来说,在保证生产经营活动正常进行的情况下,应尽可能将存货压缩到最低水平。因为存货项目金额越大,资金沉淀也就越多,资金周转速度就越慢,可流动的资金就越少,这将会影响企业正常生产经营所需的资金和企业的正常运行。因此,企业应扩大销售,加强企业内部管理,力争将存货的金额降低到最低限度。

5) 存货质量分析

存货所反映的价值是历史成本,而存货的市价是会变动的。也许存货的账面价值是10万元,但存货现在的市场价值也许只有6万元,那么账上多出的4万元就是水分。因此我们应注意分析企业存货的质量。企业存货质量的恶化可通过下列迹象来判断:

(1) 市价持续下跌,并且在可预见的未来无回升的希望。

(2) 企业使用该项原材料生产的产品的成本大于产品的销售价格。

(3) 企业因产品更新换代,原有库存原材料已不适应新产品的需要,而该原材料的市场价格又低于其账面成本。

(4) 因企业所提供的商品或劳务过时或消费者偏好改变而使市场的需求发生变化,导致市场价格逐渐下跌。

(5) 已霉烂变质的存货。

(6) 已过期且无转让价值的存货。

(7) 生产中已不再需要,且已无使用价值和转让价值的存货。

6) 存货会计政策的分析

一是要分析企业会计期末是否按照账面成本与可变现净值孰低法的原则提取存货跌价准备,并分析其存货跌价准备计提是否正确。在实际工作中,一些企业不按规定提取存货跌价准备或者提取不正确,致使存货的账面价值高估,当期利润虚增。如果企业不提取存货跌价准备,就会掩盖存货质量不高的事实,导致存货价值虚增,同时会使本期利润总额虚增。

二是要分析存货的盘存制度对确认存货的数量和价值的影响。存货的盘存制度分为永续盘存制和定期盘存制两种。

7) 存货期初、期末账面数额增减变化与存货实际余额差异及原因

对存货期初、期末账面数额增减变化情况与存货实际余额差异变动情况的分析如表2-10所示。

表2-10　　　　存货账面数额增减变化与存货实际余额差异及原因

期末余额比期初余额		状态	可能原因	可能导致结果
账面增减	实际增减			
明显增加	明显增加	正常	账实相符,预期原料近期将上涨等经营需要	获取原料上涨产生的溢价收益
^	^	^	销项税太多,需大量进货以维持进项税与销项税配比	存货太多,须有大量资金方可维持
^	无明显增加	非正常	销项税过多,虚购增值税发票,以少缴增值税为目的	违法犯罪风险
变动不大	明显增加	非正常	账外购销为目的,库存较多	税收风险

(续表)

期末余额比期初余额		状态	可能原因	可能导致结果
账面增减	实际增减			
变动不大	无明显增加,但"应付账款——暂估入库"余额较大	非正常	毛利率过高,便多结转成本,虚增原料暂估入库,避免存货红字,降低毛利率,以少缴所得税为目的	"应付账款——暂估入库"越来越多,其实质是利润(多转成本部分)
明显减少	明显减少	正常	账实相符,经营需要	—
	无减少	非正常	为降低毛利率,多转成本	账实差异较大,不能长期维持

三、非流动资产分析

(一)长期投资

1. 长期投资的概述

长期投资是指能够取得并意图长期持有被投资单位股份的投资,包括股票投资和其他长期股权投资。股票投资是指企业以购买股票的方式对其他企业所进行的投资。其他股权投资是指除股票投资以外具有股权性质的投资,一般是企业直接将现金、实物或无形资产等投入其他企业而取得股权的一种投资。

企业进行长期投资的目的有多种,有的是为了建立和维持与被投资企业之间稳定的业务关系,有的是为了控制被投资企业,有的是为了增强企业多样化经营的能力,但大多数企业长期投资的目的主要还是为了增加企业的利润。长期投资期限长,金额通常很大,因而对于企业的财务状况影响很大。进行长期投资意味着企业的一部分资金特别是现金投出后在很长时间内将无法收回,如果企业资金并非十分充裕,或者企业缺乏足够的筹集和调度资金的能力,那么长期投资将会使企业长期处于资金紧张状态,甚至使企业陷入困境。另外,长期投资时期长,其间难以预料的因素很多,因而企业面临的风险也会很大,一旦失败,将会给企业带来重大的、长期的损失和负担,有时甚至是致命的打击。当然,与风险相对应,长期投资的利润有时也较高。因此,在进行报表分析时,应对长期投资给予足够的重视。

2. 长期投资的调查目的

长期投资的调查目的如下:

(1)确认公司长期投资业务发生的真实性、余额的准确性。

(2)判断长期投资是否存在减值。

(3)验证长期投资收益的真实性与准确性。

3. 长期投资的特点

长期投资具有以下特点:

(1)持有期限长。这种长期性使得投资者能够承受短期市场波动的影响,更专注于资产的长期增值潜力。由于持有时间长,长期投资对市场的短期波动不敏感,这有助于减少由市场波动造成的非理性交易决策。

（2）分散风险。通过长期持有不同行业或地区的资产，投资者可以有效地分散特定的行业风险或地区风险，从而降低整体投资组合的风险水平。

（3）追求高回报。相比于短期投资，长期投资因为其持续的投资期限和复利效应，通常会获得更高的收益率。例如，随着企业的成长和行业的发展，长期持有的股票可能带来显著的资本增值。同时投资者可利用时间的力量，通过复利效应积累财富。即使投资回报率相对较小，长时间的积累也可以显著增加最终的收益总额。

4. 长期投资的分析

1）长期投资管理要求

按我国现行法律规定，除性质为投资公司的企业外，其他企业对外投资不得超过其净资产的50%。当企业当年更新改造任务较重时，企业不得对外投资。对长期投资进行分析时，应注意分析企业的投资行为是否符合法律要求。

2）长期投资构成分析

长期投资构成分析应重点分析企业对外投资比重的合理性。一般来说，如果企业生产经营没有达到最佳经济规模，或没有达到规模经济，就不应把自己的资金大量投向其他企业。实际情况中，多数企业都希望这个比重高些，主要原因在于其认为资本经营是现代企业经营发展的新趋势，而对外投资是资本经营的重要形式。但是对外投资比重的多少，必须结合企业自身的经营状况、经济规模及发展目标来确定。

长期投资的构成分析，主要从企业投资对象、投资规模、持股比例等方面进行分析。通过对其构成的分析，可以了解企业投资对象的经营状况和收益等方面的情况，从而判断企业投资的效益。对持有至到期投资的构成分析，可以按照债权的欠账期长短进行分类分析，一般来说，超过合同约定的偿还期越长的债权投资，其可回收性越差。

同时，长期投资的构成也可以从地域结构、业务结构和持股结构等方面进行分析。例如，某企业的子公司地域分布按照浙江省内和浙江省外来划分，说明企业的经营地域比较集中，企业与特定地区的文化和经营环境的融合较为容易；如果企业的业务在非常广阔的地域之间分布，而不同地理位置的投资环境、融资环境和经营环境可能存在很大差异，企业与特定地区文化和环境的融合就需要付出极大的努力。业务结构考察企业的投资方向与企业核心竞争力之间的关系及其与未来核心竞争力培养方向的关系。例如，企业虽然走的不是专业化道路，但其业务主要集中在电力、热力生产和供应业务领域，房地产业务领域，以及批发业务领域，其对子公司的投资方向也基本集中在上述三个领域，这种按照自身业务方向进行投资的管理方式，就是在强化自身的核心竞争力。持股比例反映了企业对持股对象的控制力。一般来说，母公司对子公司的持股比例越高，其对子公司的控制力就越强。

3）长期投资收益分析

企业对外投资的主要目的是追求投资收益，其中，股权投资收益分为两部分：一是股利收益；二是买卖股票的差价收益。现阶段我国企业的股票投资收益主要源于股票二级市场买卖股票的差价收益，这部分收益具有高度不确定性，也不容易计量。企业购买国债或其他企业债券，所获得的收益是固定的，即按购买债券的面值乘以规定的年利率计算出的投资收益。按我国现行制度规定，企业应按权责发生制确定债权投资收益，即无论投资企业是否收到利息，都要按应收利息计算出当期的投资收益额。

因此,对企业长期投资收益的分析,应从以下三个方面来进行:一是分析被投资单位的生产经营业绩和利润分配政策;二是分析投资收益是否正确反映;三是防止投资收益反映不实,逃避所得税。例如,某企业将50万元投资收益中的30万元作为预收货款,将这笔钱存放在被投资方。这一问题是在审计企业利润表和资产负债表时发现的,财务分析人员对比当年投资收益与长期投资账面价值,发现投资报酬率较低,后经查阅投资收益账户,才得知以上情况。这就是企业出于隐匿收益、调节利润这一目的而作出的行为。

4) 长期投资会计政策的分析

长期投资会计政策的分析包括两个方面:一是要评价企业长期股权投资会计核算方法是否适当;二是要审核长期投资减值准备是否计提以及计提是否正确。

计提长期投资减值准备,不但会导致长期投资账面价值的减少,而且会影响当期的利润总额,因此一些企业往往通过少提或不提长期投资减值准备,来达到虚增长期投资账面价值和利润的目的。财务分析人员应对这种现象有所警觉。

（二）固定资产

1. 固定资产的概述

固定资产是指企业为生产商品、提供劳务、出租或经营管理而持有的,使用寿命超过一个会计年度的有形资产,不包括生物资产和投资性房地产。

虽然《企业会计准则》中对固定资产的时间标准作了具体的规定,但未规定单位标准。企业的经营内容、经营规模等各不相同,因此,各企业应根据准则中规定的固定资产的标准,结合各自的具体情况,制定适合本企业实际情况的固定资产目录及分类方法。

2. 固定资产的调查目的

固定资产的调查目的如下:

（1）确认企业固定资产余额的准确性;

（2）核实房地产产区归属,评估其价值是否虚增;

（3）核实机器设备的价值、产能,判断是否存在减值;

（4）通过固定资产（设备）增减变化来判断营业收入的合理性。

3. 固定资产的特点

固定资产具有以下特点:

（1）有形资产。固定资产具有实物形态,如房屋建筑物、机器设备等,这与无形资产如专利等区分开来。

（2）长期参与生产过程。固定资产通常使用年限超过1年,这些资产在多个生产周期内持续发挥作用。

（3）价值较大且逐步折旧。固定资产的价值一般较高,它们在生产过程中虽然会逐渐磨损,但其实物形态保持不变,其价值则通过折旧的方式,根据磨损程序逐步转移到产品成本中。

4. 固定资产的分析

1) 固定资产结构分析

企业的固定资产占用资金数额大,资金周转时间长,其管理是资产管理的重点。但是,企业拥有的固定资产不都是用于生产经营的,为此,必须保持合理的固定资产结构。

固定资产结构分析是指对各类固定资产的价值在全部固定资产总额中所占比重的分析。其计算公式如下：

$$某类固定资产所占比重=\frac{某类固定资产价值}{全部固定资产总额}\times100\%$$

固定资产结构分析可通过编制固定资产结构分析表来进行。

【例2.6】 根据宏达公司2023年12月31日的资产负债表的有关资料，编制固定资产结构分析表，如表2-11所示。

表2-11　　　　　　　　固定资产结构分析表　　　　　　　金额单位：万元

固定资产类别	2023年 金额	2023年 比重	2022年 金额	2022年 比重
生产用固定资产	395 959.05	97.00%	335 491.11	96.31%
非生产用固定资产	7 429.33	1.82%	4 876.83	1.40%
未使用固定资产	4 816.82	1.18%	7 977.10	2.29%
不需用固定资产	0	0	0	0
合计	408 205.21	100.00%	348 345.04	100.00%

通过表2-11可以看出，宏达公司2023年与2022年生产用固定资产所占比重都在96%以上，非生产用固定资产所占比有所提高，其原因具体还要结合企业其他信息进行分析，如是否加大了对员工福利设施的支出或改建等。宏达公司2023年未使用固定资产与2022年相比是下降的。此外，应具体考虑是否有在建工程达到了固定资产使用状态。

对固定资产结构的分析，可以了解固定资产分布和利用的合理性，也可以为企业合理配置固定资产、挖掘固定资产利用潜力提供依据。固定资产按经济用途和使用情况可分为生产用固定资产、非生产用固定资产、未使用固定资产和不需用固定资产等。

对固定资产结构分析可从以下三个方面进行：

首先，分析生产用固定资产与非生产用固定资产之间的比例变化情况。在各类固定资产中，生产用固定资产，特别是其中的生产设备，同企业生产经营直接相关，在全部资产中占较大的比重。非生产用固定资产是指间接服务于生产经营活动的各种劳动资料，如职工宿舍、食堂、浴室等非生产单位使用的房屋和设备。它的作用主要在于改善职工的生活福利设施，为生产创造一个好的外部环境。非生产用固定资产应在发展生产的基础上，根据实际需要适当增加，但其增长速度一般不应超过生产用固定资产增长速度，故其比重降低应当认为是正常现象。一般来说，非生产经营用固定资产所占比重越大，则总资产的使用效果越差。

其次，分析未使用固定资产和不需用固定资产比重的变化情况，查明企业在处置闲置固定资产方面的工作是否具有效率。未使用固定资产和不需用固定资产对固定资产的有效使用是不利的，应该查明原因，采取措施，积极处理，将其压缩到最低限度。如固定资产购入后未来得及安装，或某项资产正进行检修等会造成未使用固定资产，这虽然属于正常原因，但也应加强管理，使固定资产尽早投入生产运营中去。

最后，分析生产用固定资产内部结构是否合理。必须结合企业的生产技术特点，对固定资产的配置作出切合实际的评价。

2）固定资产变动情况分析

固定资产变动分析主要是对固定资产增长情况、更新情况、退废情况及损失情况进行分析，它是以固定资产的年初数与年末数相比较来确定其变动情况，可以通过编制固定资产增减变动分析表进行分析。

对于工业企业来说，常见的固定资产包括生产经营过程中需要使用的房屋（如厂房、办公大楼等）、生产用机器设备（如生产线、加工设备等）、办公设备（如计算机、打印机等）及运输工具（如汽车、轮船等）等，这些资产通常使用时间较长（超过1年）。

【例2.7】 根据宏达公司2023年12月31日的资产负债表的有关资料，编制固定资产原值增减变动分析表，如表2-12所示。

表2-12　　　　　　　　　固定资产原值增减变动分析表　　　　　　　　单位：万元

固定资产类别	年初数	本期增加	本期减少	期末数
房屋建筑物	202 040.12	40 756.37	795.74	242 000.75
机器设备	128 887.66	19 437.65	284.19	148 041.12
运输设备	6 966.90	1 881.06	1 193.61	7 654.35
电子设备	10 450.35	627.02	568.39	10 508.98
合计	348 345.04	62 702.11	2 841.94	408 205.21

从表2-12中可看出，2023年宏达公司固定资产原值增加了18.00%，合计62 702.11万元，说明公司的固定资产规模扩大了。

3）固定资产新旧程度分析

反映固定资产新旧程度的指标有固定资产磨损率、固定资产净值率。

（1）固定资产磨损率。即固定资产累计已提折旧额和固定资产原值总额的比率，它反映固定资产的磨损程度。其计算公式如下：

$$固定资产磨损率 = \frac{固定资产折旧额}{固定资产原值} \times 100\%$$

当企业固定资产不断更新时，其磨损率指标就会呈下降趋势；当企业固定资产未进行更新时，其磨损率指标将会呈上升趋势。

【例2.8】 根据宏达公司2023年12月31日的资产负债表的有关资料，编制固定资产磨损分析表，如表2-13所示。

表2-13　　　　　　　　　固定资产磨损分析表　　　　　　　　金额单位：万元

项目	2023年	2022年
固定资产折旧额	122 747.02	112 976.77
固定资产原值	408 205.21	348 345.04
固定资产磨损率	30.07%	32.43%

从以上计算结果可知,宏达公司2023年固定资产磨损率比2022年减少了2.36%,说明该公司固定资产有所更新,但更新速度缓慢,这将会影响公司的市场竞争能力,进而影响公司获利能力。

(2)固定资产净值率。固定资产净值率就是固定资产净值总额与固定资产原值总额的比率,它反映固定资产的新旧程度。固定资产净值总额是固定资产的原值总额减去固定资产折旧额后的余额。其计算公式如下:

$$固定资产净值率=\frac{固定资产原值-固定资产折旧额}{固定资产原值}\times100\%$$

该指标高,说明企业设备较新;该指标低,说明企业设备陈旧。

【例2.9】 根据宏达公司2023年12月31日的资产负债表的有关资料,编制固定资产净值分析表,如表2-14所示。

表2-14　　　　　　　　　固定资产净值分析表　　　　　　　　　金额单位:万元

项目	2023年	2022年
固定资产折旧额	122 747.02	112 976.77
固定资产原值	408 205.21	348 345.04
固定资产净值	285 458.19	235 368.27
固定资产净值率	69.93%	67.57%
固定资产磨损率	30.07%	32.43%

从以上计算结果可知,宏达公司2023年固定资产净值率比2022年增加了2.36%,说明该公司固定资产有所更新。

(3)固定资产磨损率与固定资产净值率的关系如下:

$$固定资产磨损率+固定资产净值率=1$$

利用这些公式不但可以综合计算企业全部固定资产的新旧程度和磨损程度,也可以分别计算各类固定资产的新旧程度和磨损程度。

4)固定资产规模分析

固定资产是企业的劳动手段,是企业生产经营的基础,企业固定资产的规模必须和企业生产经营的总体规模相适应,同时和流动资产保持一定的比例关系。企业应根据生产经营的计划任务,核定固定资产需用量,并在此基础上合理配置固定资产和流动资产的比例关系。如果企业的总资产中固定资产比例过高,一方面,会使企业对经济形势的应变能力降低,相应的财务风险会增大;另一方面,会使固定资产闲置,利用效率降低,折旧费用增加,从而导致企业的获利能力下降。但是,固定资产比例较低虽然可以提高企业偿债能力、降低风险,但会使企业的资产过多地保留在获利能力较低的流动资产上,导致企业的获利能力下降。企业为了扩展业务、获得更多的利润,需要扩大生产经营规模时,首先就要扩大固定资产规模,添置新的设备。此外,企业在生产经营过程中还会发生固定资产的盘盈、盘亏、清理,投资转入、转出等情况,从而使固定资产的总体规模发生增减变动。在进行报表分析时,应对企业固定资产规模的增减变动情况及这种变动对企业财务状况的影响予以足够重视。

5）固定资产会计政策的分析

固定资产会计政策主要是指计提固定资产折旧和固定资产减值准备两个方面。因为计提固定资产折旧和固定资产减值准备具有一定的灵活性,所以如何进行固定资产折旧以及如何计提固定资产减值准备,会给固定资产账面价值带来很大的影响。实际工作中,往往会有一些企业利用固定资产会计政策选择的灵活性,夸大固定资产和利润,造成会计信息失真,潜亏严重。因此,财务分析人员必须认真分析固定资产会计政策,正确评价固定资产账面价值的真实性。

在进行固定资产折旧分析时,应分析以下三个方面:

（1）分析企业固定资产预计使用年限和预计净残值确定的合理性。分析时,应注意固定资产预计使用年限和预计净残值的估计是否符合国家有关规定,是否符合企业的实际情况。在实际工作中,一些采用直线法折旧的企业在固定资产没有减少的情况下,通过延长折旧年限,使得折旧费用大量减少,转眼之间就实现了"扭亏为盈"。对于这样的会计信息失真现象,银行信贷分析人员在分析时应持谨慎态度,并予以调整。

（2）分析企业固定资产折旧方法的合理性。《企业会计准则》规定,企业应当根据科技发展、环境及其他因素,选择合理的折旧方法,但是在实际工作中,企业往往利用折旧方法的选择,来达到调整固定资产净值和利润的目的。

（3）观察企业的固定资产折旧政策是否前后一致。固定资产预计使用年限和预计净残值、折旧方法等一经确定,除非企业的经营环境发生变化,一般不得随意变更。企业变更固定资产折旧方法,可能隐藏一些不可告人的动机。

在进行固定资产减值准备分析时,应注意企业是否依据《企业会计准则》计提固定资产减值准备,计提是否准确。在实际中,往往存在这种现象:企业的固定资产实质上已经发生减值,如固定资产由于技术进步已不能使用,但企业不提或少提固定资产减值准备,这样不但会虚夸固定资产,而且会虚增利润,从而造成企业会计信息失真,潜亏严重。

（三）无形资产

1. 无形资产概述

无形资产是指企业拥有或控制的没有实物形态的可辨认非货币性资产,主要包括专利权、非专利技术、商标权、著作权、土地使用权、特许权等。企业自创的商誉,因其未满足无形资产确认条件,故不能作为无形资产。换句话说,企业所控制的全部无形资源,并没有都在现有资产负债表上体现出来。其原因在于相当一部分无形资源目前还没有理想的或适当的计量方法,如人力资源、品牌、市场营销网络和渠道、企业文化等。一项资源被确认为会计上的无形资产并纳入资产负债表,必须具备三个条件:一是符合无形资产的定义;二是与该无形资产有关的经济利益很可能流入企业;三是该无形资产的成本能够可靠地计量。在判断无形资产产生的经济利益是否很可能流入企业时,企业管理部门应对无形资产在预计使用年限内存在的各种因素作出稳健的估计。如果资源不同时具备这三个条件,即使是无形的有价值的经济资源,也不反映在会计的资产负债表中,这是分析无形资产时应注意的问题。

2. 无形资产的调查目的

无形资产的调查目的如下：

（1）是否满足无形资产的确认条件；

（2）确认无形资产余额是否虚增；

（3）判断无形资产是否存在减值。

3. 无形资产的特点

无形资产具有以下特点：

（1）没有实物形态。无形资产与有形资产如固定资产不同，其没有物理实体。这类资产的存在形态主要是法律上的或知识性的，如专利权、商标权和版权等。

（2）可辨认性。无形资产需要能够从企业中分离出来，单独或与其他合同、资产一起用于出售、转让、许可或交换。

（3）高不确定性。由于技术进步快速和市场需求变化无常，无形资产的有效期限和经济贡献很难准确预测，这导致其能够给企业提供未来经济效益的大小具有较高的不确定性。

4. 无形资产分析

对无形资产的分析可从以下几个方面进行：

（1）无形资产规模分析。无形资产尽管没有实物形态，但随着科技进步，特别是知识经济时代的到来，其对企业生产经营活动的影响越来越大。在知识经济时代，企业控制的无形资产越多，其可持续发展能力和竞争能力就越强，因此企业应重视培育无形资产。

（2）无形资产价值分析。在资产负债表中，无形资产项目披露的金额仅是企业外购的无形资产；自创的无形资产在账上只确认金额极小的注册费、聘请律师费等费用作为无形资产的实际成本。大量的在研究与开发过程中所发生的材料费用、直接参与开发人员的工资及福利费、开发过程中发生的租金、借款费用等，均直接计入当期损益。但对于相同的一项无形资产，其作为外购的无形资产所确认的账面价值可能要比自创的高许多倍。也就是说，在资产负债表上所反映的无形资产价值有偏颇之处，无法真实反映企业所拥有的全部无形资产价值。因此，银行信贷分析人员在对无形资产项目进行分析时，要详细阅读报表附注及其他有助于了解企业无形资产来源、性质等情况的说明，并以非常谨慎的态度评价企业无形资产的真正价值。

（3）无形资产质量分析。虽然无形资产可以为企业带来一定收益，但其具有不确定性。在许多情况下，无形资产质量恶化是可以通过某些迹象来判断的：①某项无形资产已被其他新技术替代，使其为企业创造经济利益的能力受到重大不利影响；②某项无形资产的市价在当期大幅度下跌，并在剩余摊销年限内不会恢复；③其他足以证明某项无形资产实质上已经发生减值的情形。

（4）无形资产会计政策分析。一是无形资产摊销分析。无形资产摊销金额的计算正确与否，会影响无形资产账面价值的真实性。因此，在分析无形资产时，应仔细审核无形资产摊销是否符合会计准则的有关规定。此外，在分析时还应注意企业是否利用无形资产摊销调整利润的行为。二是无形资产计提减值准备的分析。在分析无形资产时，应注意分析企业是否按会计准则规定计提无形资产减值准备及计提的合理性。因为如果企业应该计提无形资产减值准备而没计提或少计提，则不仅会导致无形资产账面价值的虚增，而且会虚增当期的利润总额。一些企业往往通过少提或不提无形资产减值准备，来达到虚增无形资产账面价值和利润的目的。

任务三 负债项目内容及其分析

学习目标

素养目标

1. 培养信贷人员的高度职业道德，确保在处理财务信息时能够保持诚实和透明，在分析资产负债表时不受个人偏见的影响

2. 提升信贷人员的沟通技巧，使他们能够有效地将复杂的财务信息简化并传达给非财务背景的同事或客户

3. 认识金融环境和会计准则的变化，并主动更新自己的专业知识，保持与时俱进

知识目标

1. 理解负债的概念，熟悉负债的分类

2. 掌握负债的总体分析，即结构分析、成本分析和性质分析

3. 掌握流动负债各项目的含义、特点、调查分析目的和具体的分析过程

4. 了解非流动负债的种类

能力目标

1. 能够快速识别和理解资产负债表中各类负债项目的含义

2. 能够掌握流动负债和非流动负债的构成比重分析方法及对分析结果进行评估

3. 掌握负债成本的公式与计算过程

4. 掌握非流动负债的特点和其增减变动分析

一、负债总体分析

（一）负债结构分析

1. 负债结构的计算与分析

负债结构是指各项负债占总负债的比重。通过对负债结构的分析，可以了解各项负债的性质和数额，进而判断企业负债主要来自何方，偿还的紧迫程度如何，以揭示企业抵抗破产风险以及融资的能力。

（1）流动负债构成比重的计算与分析。流动负债比重是指流动负债与负债总额之比，其计算公式如下：

$$流动负债比重 = \frac{流动负债}{负债总额} \times 100\%$$

流动负债比重可以反映一个企业依赖短期债权人的程度。流动负债占负债总额的比率越高，说明企业对短期资金的依赖性越强，企业偿债的压力也就越大，这必然要求企业加快营业周转或资金周转；相反，这个比率越低，说明企业对短期资金的依赖程度越小，企业面临的偿债压力也就越小。

短期债权人最为重视对这个比率的分析。如果企业持有太高的流动负债与总负债比率,则有可能会使短期债权人面临到期难以收回资金的风险,使其债权保障程度降低。

应对流动负债与总负债比率确定一个合理的水平。其衡量标志是在企业不发生偿债风险的前提下,尽可能多地利用短期负债融资,因为短期负债的融资成本通常低于长期负债。同时,还应考虑资产的周转速度和流动性。如果企业流动资产的周转速度快,从而资金回收快,可融通的短期负债就可以多一些;相反,短期负债融资则应少一些。

(2)非流动负债构成比重的计算与分析。非流动负债比重是指非流动负债与负债总额的比值,用以反映企业负债中非流动负债的份额。其计算公式如下:

$$非流动负债比重 = \frac{非流动负债}{负债总额} \times 100\%$$

非流动负债比重的高低反映企业借入资金成本的高低和筹措长期负债成本的能力。非流动负债具有期限长、成本高、风险性低、稳定性强等特点。在资本需求量一定的情况下,非流动负债占负债总额的比重越高,表明企业在经营过程中借助外来长期资金的程度越高;反之,该比重越低,表明企业在经营过程中借助外来长期资金的程度越低,企业面临的偿债压力也就越小。

【例2.10】 根据宏达公司2023年12月31日的资产负债表的有关资料,编制负债结构分析图表(表2-15和图2-5),以对该公司的负债结构进行分析。

表2-15　　　　　　　　　　负债结构分析表　　　　　　　　金额单位:万元

项目	2023年 金额	2023年 比重	2022年 金额	2022年 比重	差异 金额	差异 比重
流动负债	741 584.01	93.07%	792 349.11	99.09%	−50 765.1	−6.02%
非流动负债	55 236.03	6.93%	7 294.71	0.91%	47 941.32	6.02%
负债总额	796 820.04	100.00%	799 643.82	100.00%	−2 823.78	0

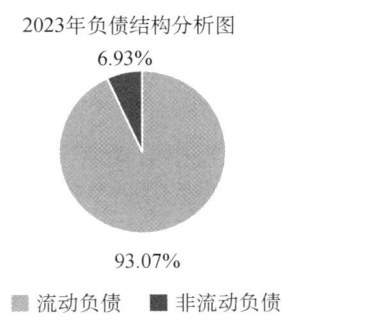

图2-5　负债结构分析图

从表2-15和图2-5中我们可看到,宏达公司的流动负债比重无论是2023年还是2022年都较高,而非流动负债的比重都较低,这就使得公司的资本结构不稳定,财务风险加大。

2. 分析负债结构应考虑的因素

（1）经济环境。企业生产经营所处的环境，特别是资本市场状况，对企业负债结构会产生重要影响。当宏观银根紧缩时，企业取得短期借款可能较为困难，其长期负债的比重则相对提高；反之，企业相对较容易取得短期借款时，其流动负债比重较大。当然，企业负债结构主要由企业内部的相关因素加上外部条件而造成。

（2）筹资政策。企业负债结构受许多主观因素和客观因素的影响和制约，筹资政策是其中较为重要的主观因素。企业根据其不同时期的经营目标进行资产配置，制定筹资政策，这对其负债结构具有重大影响，甚至产生决定性作用。当企业流动资产规模较大，决定将采取短期筹资方式时，流动负债的比重就会大一些；反之，当企业长期资产规模较大时，长期负债的比重就会大一些。

（3）财务风险。连续性短期负债的风险往往要高于长期负债。

（4）债务偿还期。企业负债结构合理的重要标志是在负债到期日与企业适量的现金流入量相配合。企业应根据负债偿还期限来安排企业的负债结构。

（二）负债成本分析

负债成本是企业使用债权人资本而付出的代价。不同的负债方式所取得的资本成本往往不同。一般而言，债券成本高于银行借款成本，长期银行借款成本高于短期借款成本，企业在筹资过程中往往希望以较低的代价取得资本。所以，对资本成本的权衡，会影响企业的负债结构。

负债成本的计算公式如下：

$$负债成本 = \sum(各负债项目的资本成本 \times 该负债项目占负债总额的比重)$$

（三）负债性质分析

从性质上看，负债表现为两方面：一是向外单位的借入款项，如短期借款；二是企业所欠的款项，如未交利润。借入的款项有明确的偿还期，到期必须偿还，具有法律上的强制性；而企业所欠的款项大多没有明确的支付期，就何时支付、支付多少，并不具有强制性。因此，企业应根据负债的性质及自身的支付能力，妥善安排好负债的支付，维护企业自身的信用和形象。

二、流动负债分析

（一）流动负债概述

1. 流动负债的含义

流动负债是指将在 1 年内（含 1 年）或超过 1 年的一个营业周期内偿还的债务，包括短期借款、交易性金融负债、应付票据、应付账款、预收账款、应付职工薪酬、应交税费、应付利息、应付股利、其他应付款等。

2. 流动负债的特点

流动负债具有以下特点：

（1）利率低。一般来说，流动负债利率较低，有些应付款项甚至无须支付利息，因而其筹资成本较低。

（2）期限短。流动负债的期限一般都在1年以下，有时为半年、3个月、1个月，有时仅为10天，甚至更短。

（3）金额小。流动负债金额一般不会太大。

（4）到期必须偿还。流动负债发生的频率最高，一般到期必须偿还，否则将会影响企业信用。

3. 流动负债的适用范围

流动负债一般只适合企业流转经营中的短期的、临时性的资金需要，不适用于固定资产等非流动资产建设。企业流转经营中的存货等能在流转中很快变现，用于偿付流动负债；而固定资产等非流动资产则不然，一旦投入则需要在较长时期后才能一次性或分期收回，即使用企业流动资产偿还，也会减少营运资金，从而使企业的日常流转经营活动发生困难。流动负债如果运用得当，则有助于节约企业自有资金，以用于其他投资，同时有助于企业扩大经营规模，获取更多的经营利润。但流动负债期限短，必须按期偿还，因此如果流动负债总额过大、比重过高，一旦经营流转发生困难，存货销售不出去，就会发生债务危机，影响企业信用，甚至危及企业生存。

（二）流动负债分析

1. 流动负债结构分析

流动负债结构是指企业的短期借款、应付票据、应付账款、其他应付款等占流动负债总额的比重。流动负债结构分析就是分析流动负债内部各项目所发生的变化。

2. 流动负债增减变动分析

流动负债增减变动分析就是分析流动负债内部各项目的增减额，根据期初、期末的短期借款、应付票据、应付账款、其他应付款等在流动负债总额中所占比重的增减变化，分析判断流动负债构成比重与变动趋势是否合理，及对企业的生产经营活动有什么影响。

【例2.11】 根据宏达公司2023年12月31日的资产负债表的有关资料，编制流动负债结构及增减变动分析表，如表2-16所示。

表2-16　　　　　　流动负债结构及增减变动分析表　　　　　金额单位：万元

项目	2023年 金额	2023年 比重	2022年 金额	2022年 比重	差异 金额	差异 比重
短期借款	312 194.97	42.10%	372 120.27	46.96%	−59 925.30	−4.87%
应付票据	14 910.00	2.01%	9 900.00	1.25%	5 010.00	0.76%
应付账款	282 261.33	38.06%	296 410.44	37.41%	−14 149.11	0.65%
预收款项	60 684.27	8.18%	51 116.37	6.45%	9 567.90	1.73%
应付职工薪酬	14 915.91	2.01%	13 871.49	1.75%	1 044.42	0.26%
应交税费	10 978.23	1.48%	6 493.98	0.82%	4 484.25	0.66%
应付利息	3 206.79	0.43%	558.33	0.07%	2 648.46	0.36%

（续表）

项目	2023年		2022年		差异	
	金额	比重	金额	比重	金额	比重
其他应付款	45 639.30	6.15%	42 436.56	5.36%	3 202.74	0.80%
流动负债合计	741 584.01	100.00%	792 349.11	100.00%	−50 765.10	0

通过表2-16可以看出，在宏达公司2022年和2023年的流动负债结构中，短期借款与应付账款是主要的构成项目，短期借款比重在42%以上，应付账款比重在37%以上。从增减变动金额上分析，2023年的短期借款与应付账款都呈下降趋势。

三、非流动负债分析

（一）非流动负债概述

1. 非流动负债含义

非流动负债是指偿还期在1年或超过1年的一个营业周期以上的负债，包括长期借款、应付债券、长期应付款等。

2. 非流动负债特点

非流动性负债具有以下特点：

（1）利率高。一般来说，非流动负债的利率都比较高。

（2）期限长。非流动负债的期限都在1年以上，有时为3年、5年、8年，有时可长达10年或20年。

（3）金额大。一般来说，非流动负债每次筹集的资金数额都较大。

3. 非流动负债适用范围

非流动负债的利率高、期限长，一般适用于购建固定资产，进行长期投资等，不适用于流转经营中的资金需要。固定资产等非流动资产周转周期较长，变现速度慢，因而需要可以长期使用的资金，而流转经营中的资金只用来购置流动资产、支付工资等，其周转速度快，而且资金占用的波动较大，有时资金紧张，需要通过举债来筹集，有时资金又会闲置，应通过短期投资来加以充分运用。利用长期负债来充作短期流转使用，会使资金成本上升，得不偿失。利用长期负债来购置固定资产，可以扩大企业的生产能力，提高产品质量，降低产品成本，提高企业的市场竞争力，从而为企业带来更多的利润。在资产报酬率高于长期利率的前提下，适当增加长期负债可以增加企业的获利能力，提高投资者的投资报酬率，同时负债具有节税作用，可使投资者得到更多的回报。但在资产报酬率下降甚至低于负债利率的情况下，举借长期负债将加大企业还本付息负担，在企业盈利不多时还会导致亏损，使企业的风险增大。企业的非流动负债会对企业的财务状况发生重大影响。企业举借非流动负债，会使企业当期营运资金增加，而企业偿还非流动负债，会使企业当期营运资金减少。在进行报表分析时，应对非流动负债的增减变动及其对企业财务状况的严重影响给予足够的重视，对于其中发现的异常情况及时进行研究和处理。

（二）非流动负债分析

1. 非流动负债结构分析

非流动负债结构是指企业非流动负债各项目金额占非流动负债总额的比重，反映非流动负债的分布情况。

2. 非流动负债增减变动分析

非流动负债的增减变动分析是指非流动负债各项目在非流动负债总额中所占比重的增减变动情况，反映非流动负债的变动趋势。

【例 2.12】 根据宏达公司 2023 年 12 月 31 日的资产负债表的有关资料，编制非流动负债结构及增减变动分析表，如表 2-17 所示。

表 2-17　　　　　　　　　非流动负债结构及增减变动分析表　　　　　　金额单位：万元

项目	2023年 金额	2023年 比重	2022年 金额	2022年 比重	差异 金额	差异 比重
长期借款	45 000.00	81.47%			45 000.00	81.47%
递延收益	10 235.04	18.53%	7 293.39	99.98%	2 941.65	−81.45%
递延所得税负债	0.99	0	1.32	0.02%	−0.33	−0.02%
非流动负债合计	55 236.03	100.00%	7 294.71	100.00%	47 941.32	0

3. 非流动负债会计政策变更

企业非流动负债会计政策不同，企业非流动负债额就会存在差异。例如，对应付债券的溢折价摊销，采用直线法和实际利率法计算的摊销额就不同。在摊销期间，采用实际利率法计提的摊销额较高。如果是溢价发行的债券，采用实际利率法将降低应付债券的账面价值。因此，财务分析人员在分析时应注意选择不同会计方法所产生的影响。

知识巩固与能力提升实训

一、单项选择题

1. （　　）不会影响速动比率。
   A. 应收账款　　　B. 固定资产　　　C. 短期借款　　　D. 应收票据

2. 一般认为，应付票据和应付账款的规模代表企业利用商业信用推动其经营活动的能力，也可以在一定程度上反映出企业在行业中的（　　）。
   A. 经营规模　　　B. 采购能力　　　C. 议价能力　　　D. 发展能力

3. 在企业面临财务危机时，衡量企业短期偿债能力最稳健的指标是（　　）。
   A. 营运资金　　　B. 现金比率　　　C. 速动比率　　　D. 流动比率

4. 某企业某年度年末流动负债为50万元，年初存货为40万元，全年主营业务成本为120万元，年末流动比率为2.5，速动比率为1.3，则该企业本年度存货周转次数为（　　）次。
   A. 1.6　　　B. 2.5　　　C. 2.4　　　D. 1.56

5. 计算应收账款周转率时，"平均应收账款"是指（　　）。
   A. 未扣除坏账准备的应收账款金额
   B. 扣除坏账准备后的应收账款净额
   C. "应收账款"账户的净额
   D. "应收账款"账户余额与"坏账准备"账户余额之间的差额

6. 有形净值率中的"有形净值"是指（　　）。
   A. 有形资产总额　　　　　　　　　B. 所有者权益
   C. 固定资产净值与流动资产之和　　D. 所有者权益扣除无形资产

7. 某企业全部资本为500万元，企业获利40万元，其中借入资本300万元，利率为10%，此时，举债经营对投资者（　　）。
   A. 有利　　　B. 不利　　　C. 无变化　　　D. 无法确定

8. 计算已获利息倍数时，其利息费用（　　）。
   A. 只包括经营利息费用，不包括资本化利息
   B. 只包括资本化利息，不包括经营利息费用
   C. 不包括经营利息费用，也不包括资本化利息
   D. 既包括经营利息费用，又包括资本化利息

9. 下列选项中，最能解释公司应收账款周转率的下降的是（　　）。
   A. 公司采取新的客户信用监督评价体系，赊销政策更为严格，并不再为信用评级较差的客户提供赊销
   B. 公司累积大量的不可回收账款并且计提大量坏账
   C. 为了应对来自竞争对手的压力，公司放松对应收账款的回收期限，由15天增加至30天
   D. 以上均不是

二、多项选择题

1. 企业的不良资产区域主要存在于（　　）。
   A. 其他应收款　　　　　　　　　　　B. 周转缓慢的存货
   C. 闲置的固定资产　　　　　　　　　D. 长期待摊费用
2. 在计算速动比率时,要把存货从流动资产中剔除出去的主要原因有（　　）。
   A. 存货估价存在成本与合理市价的差异　　B. 存货有可能部分抵押给债权人
   C. 在流动资产中存货的变现速度最慢　　　D. 在流动资产中存货所占比重最大
3. 影响公司变现能力的表外因素包括（　　）。
   A. 未动用的银行贷款限额　　　　　　B. 未终结的诉讼案件
   C. 或有负债　　　　　　　　　　　　D. 为他人担保项目
4. 某公司当年的经营利润很多,却不能偿还到期债务。为查清其原因,应检查的财务比率包括（　　）。
   A. 资产负债率　　　　　　　　　　　B. 流动比率
   C. 存货周转率　　　　　　　　　　　D. 应收账款周转率
5. 分析企业货币资金规模的合理性,要结合企业（　　）因素一起分析。
   A. 投资收益率　　　　　　　　　　　B. 资产规模与业务量
   C. 筹资能力　　　　　　　　　　　　D. 运用货币资金能力
6. 进行负债结构分析时必须考虑的因素有（　　）。
   A. 负债规模　　　B. 负债成本　　　C. 债务偿还期限　　　D. 财务风险
7. 从理论上看,企业的全部资产都是有价值的,均能够变换为现金。然而,实践中有些资产是难以或不准备迅速变换为现金的,这样的资产有（　　）。
   A. 厂房建筑物　　　B. 机器设备　　　C. 运输车辆　　　D. 商誉
8. 下列经济业务中,会影响企业存货周转率的有（　　）。
   A. 收回应收账款　　B. 销售产成品　　C. 期末购买存货　　D. 偿还应付账款
9. 采取保守的固流结构政策可能出现的财务结果有（　　）。
   A. 资产流动性提高　　　　　　　　　B. 资产风险降低
   C. 资产风险提高　　　　　　　　　　D. 盈利水平下降
10. 在物价上涨的情况下,使存货期末余额从高到低排列的计价方法有（　　）。
    A. 加权平均法　　　　　　　　　　　B. 移动加权平均法
    C. 先进先出法　　　　　　　　　　　D. 成本与市价孰低法

三、判断题

1. 货币资金属于非盈利性资产,因而企业持有量越少越好。（　　）
2. 资产负债率较低,说明企业的财务风险较小。（　　）
3. 如果本期总资产比上期有较大幅度增加,表明企业本期经营卓有成效。（　　）
4. 只要本期盈余公积增加,就可以断定企业本期经营是有成效的。（　　）
5. 在进行已获利息倍数指标的同行业比较分析时,应选择本企业该项指标连续几年的数据,并从稳健的角度出发,以其中指标最高的年度数据作为分析依据。（　　）
6. 如果企业的资金全部是权益资金,则企业既无财务风险也无经营风险。（　　）

7. 在流动负债的变动结构分析中，如果短期借款的比重趋于上升，则流动负债的结构风险趋于增大。（　　）
8. 流动资产周转速度越快，需要补充流动资产参加周转的数额就越多。（　　）
9. 企业的应收账款增长率超过销售收入增长率是正常现象。（　　）
10. 如果存货的账面价值低于可变现净值，则采用历史成本法和成本与可变现净值孰低法确定的期末存货价值是一样的。（　　）

四、综合计算及案例分析题

1. 现有 Q 企业应收账款账龄分析表如表 2-18 所示。

表 2-18　　　　　Q 企业应收账款账龄分析表　　　　　金额单位：元

账龄	A 客户 金额	A 客户 比重	B 客户 金额	B 客户 比重	C 客户 金额	C 客户 比重	合计 金额	合计 比重
折扣期内	300 000	14.29%					300 000	14.29%
过折扣期但未到期			600 000	（1）			600 000	（　）
过期 1~30 天	150 000	（2）					150 000	（　）
过期 31~60 天			350 000	16.67%			350 000	
过期 61~90 天					300 000	（6）	300 000	
过期 91~180 天			100 000	4.75%			100 000	
过期 181 天以上					300 000	（7）	300 000	
合计	（3）	（4）	1 050 000	（5）	600 000	（8）	2 100 000	（　）

要求：
（1）请根据已知数据完成上表。
（2）请说明企业应当如何制定信用政策，分析 A 客户、B 客户、C 客户的信用状况和对其相应信用政策。

2. N 公司 2023 年有关固定资产增减变动资料如表 2-19 所示。

表 2-19　　　　　N 公司固定资产增减变动资料　　　　　金额单位：万元

项目	金额
年初固定资产原值	1 600
本年增加数额合计	68
1. 企业购置机器设备	40
2. 投资人投入设备	20
3. 盘盈	8

83

(续表)

项目	金额
本年减少固定资产原值	30
1. 盘亏	10
2. 报废	20
年末固定资产原值	1 638
年末固定资产折旧	410
年末固定资产净值	1 228

要求：
请根据资料，对该公司固定资产状况进行分析。

3. A公司向银行信贷部门提交2022年和2023年的资产负债表，要求编制该公司的"比较资产负债表"（表2-20），并根据计算结果对资产和权益的变动情况进行分析。

表2-20　　　　　　　　　　比较资产负债表　　　　　　　　金额单位：万元

项目	2022年	2023	2023年比2022年的增减情况	
			差额	百分比
流动资产：	3 000	2 800		
存货	5 000	6 200		
流动资产合计	8 000	9 000		
固定资产净额	14 000	16 000		
资产合计	22 000	25 000		
负债：				
流动负债	4 000	4 600		
长期负债	2 000	2 500		
所有者权益（或股东权益）：				
实收资本	13 000	13 000		
公积金	1 800	2 700		
未分配利润	1 200	2 200		
所有者权益（或股东权益）合计	16 000	17 900		
负债和所有者权益（或股东权益）总计	22 000	25 000		

项目三 利润表分析

学习目标

素养目标

1. 熟悉并具备金融、经济、管理等专业知识，了解金融市场动态和国家信贷政策
2. 培育银行信贷人员应对各企业的信息和商业秘密严格保密，不得将其泄露给无关人员的职业素养
3. 熟悉信贷业务流程和各类贷款产品，能够为客户提供专业、合适的贷款建议

知识目标

1. 了解利润表的含义和结构
2. 熟悉利润表中的收入类项目及其具体项目分析
3. 熟悉利润表中的成本费用类项目及其具体项目分析

能力目标

1. 掌握利润表的总体分析方法与具体过程
2. 掌握收入类项目、成本费用类项目的具体项目分析和利润质量分析的步骤，并能够对企业的利润表进行相关内容的分析

思维导图

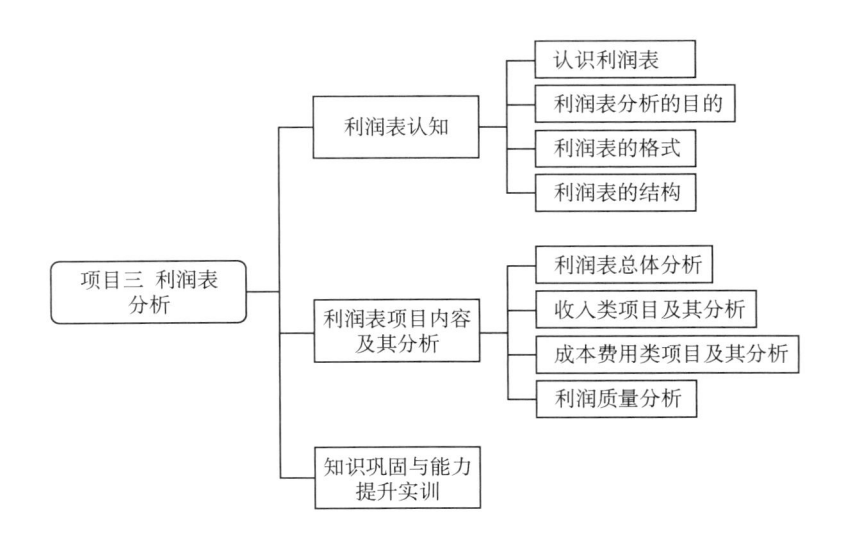

项目三 利润表分析
- 利润表认知
  - 认识利润表
  - 利润表分析的目的
  - 利润表的格式
  - 利润表的结构
- 利润表项目内容及其分析
  - 利润表总体分析
  - 收入类项目及其分析
  - 成本费用类项目及其分析
  - 利润质量分析
- 知识巩固与能力提升实训

恒大地产财务造假案

2024年5月31日,证监会发布公告,对恒大地产集团有限公司(以下简称恒大地产)财务造假及债券欺诈发行等行为罚款41.75亿元,对许家印罚款4 700万元并采取终身证券市场禁入措施。在短短两年时间里,恒大地产虚增收入5 600多亿元,虚增利润920亿元,创下了财务造假的全球历史之最。

按照证监会的通报,恒大地产通过提前确认收入的方式实施财务造假,2019年虚增收入2 139亿元,占当期营业收入的50%,虚增利润407亿元,占当期利润总额的63%;2020年虚增收入3 501亿元,占当期营业收入的78%,虚增利润512亿元,占当期利润总额的87%。这意味着,在恒大地产的业绩巅峰时期,2019年收入的5成、利润的6成都是通过造假手段虚构的;2020年更是变本加厉,将近8成的收入和9成的利润来自造假所得。具体而言,就是大幅降低确定收入的标准,将很多不应该确认的收入提前确认为收入。恒大地产财务造假并不只是会计处理方式上的投机取巧,按照证监会的通告,"恒大地产的财务造假行为是公司相关职能部门相互配合,公司总部和项目公司一体推进的,并采取修改调整当年交楼清单、修改明源系统交楼时间等编造重要事实的手段"。造假的首要目的是让业绩更加漂亮。因为预售收入被提前确认后,相应的成本其实并没有发生,所以,由此带来的影响就是当期的收入和利润大幅提升,业绩呈现高速增长的态势。有了漂亮的业绩作基础,恒大地产就可以大幅融资,继续以高杠杆的模式做大规模。过去几年,房地产融资渠道收紧,恒大地产既面临极大的资金压力和偿债压力,又要维持高杠杆的滚动开发模式。因此,通过财务造假将业绩做得很漂亮,恒大地产就可以继续在银行及资本市场融资。

即使恒大地产采用这种激进的提前确认收入的方式企图掩盖实情,但其背后的风险终究浮出水面。2021年和2022年,恒大地产连续2年财报难产。2023年7月,公司终于补发了2021年和2022年年报,并且在年报中更改了确认收入的方式,"在2021年以前,本集团认为客户接受物业或根据销售合约被视为物业已获客户接受(以较早者为准)时确认收益。但自2021年以来,由于本集团逐渐陷入流动资金困难,本集团认为纳入获得项目竣工证书或业主占用作为收益确认的额外条件将更好地反映本集团的状况,且更具实际操作性"。由于确认收入的方式出现重大变化,公司此前高速增长的业绩突然爆出巨亏。2021年和2022年,恒大地产合计净亏损金额超过了8 100亿元,更让市场震惊的是,截至2022年年底,恒大地产的负债总额达到了2.44万亿元,大于其1.84万亿元的总资产,这表明恒大地产已经陷入资不抵债的境地。

通过以上分析可以发现,企业提供的利润表信息有时并不能真实地反映企业的经营状况和成果。企业可能利用一些财务造假手段"粉饰"利润表,形成营业收入、营业利润等逐年增长的假象;也可能通过操纵资产负债表影响利润表。本项目通过介绍利润表的分析方法,对利润表进行整体分析,以及对表中对应项目如营业收入、营业成本、营业利润、利润总额和净利润等进行具体分析,从而发现和识别异常,判断企业的经营业绩质量。

项目三 利润表分析

任务一 利润表认知

学习目标

素养目标
1. 培养信贷人员的职业道德,确保他们在处理财务信息时能够保持客观性和保密性
2. 鼓励信贷人员不断学习最新的会计准则、财务分析方法等,以保持专业知识的更新
3. 培养信贷人员的风险意识,使其能够在审查利润表时识别潜在的财务风险

知识目标
1. 熟悉利润表的含义和结构,如营业收入、营业成本、营业利润等
2. 了解相关的会计准则和法律法规,如《中国会计准则》或《国际财务报告准则》等
3. 了解信贷人员对利润表分析的目的

能力目标
1. 能够识别出利润表中可能存在的异常数据或不合理的项目变化
2. 能够有效地将复杂的财务信息简化并传达给非客户

一、认识利润表

利润表作为企业经营业绩的综合体现,是企业进行利润分配的依据,为银行的信贷工作提供重要财务信息。利润表揭示的企业的经营成果情况和运用资产负债表中资源经营的结果,可以帮助银行信贷人员评价企业的经营能力,判断企业的获利能力。作为银行而言,信贷资源是非常宝贵的资源,通过利润表可以影响银行信贷的决策条件。因此,了解利润表的结构,掌握利润表的项目内容,熟练运用利润表进行分析,可以对银行的信贷资源进行优化配置。

（一）利润表的含义

利润表又称损益表,是反映企业在一定会计期间（月度、季度、年度）内经营成果的会计报表。利润表的编制依据是收入、费用与利润三者之间的相互关系,即"收入－费用＝利润"。在利润表中,将企业在一定会计期间的收入减去费用后的净额、直接计入当期利润的利得和损失等,便可以得出该会计期间的利润（或亏损）。

（二）利润表的作用

利润表是企业最重要的财务报表之一,其主要作用如下:

（1）可以正确评价企业各方面的经营业绩。利润表反映了企业在一定期间内的各种收入和成本费用的发生情况及其最终的财务成果状况。通过对利润表的分析,银行信贷人员可以确定企业在这一会计期间的获利（亏损）情况。同时,通过对不同环节的利润分析,可准确说明各环节的业绩,这有利于银行信贷人员准确评价各部门和各环节的业绩。

（2）可以及时、准确地发现企业经营管理中存在的问题。企业的损益是各项工作的收益与耗费的集中表现,企业的各项工作无不发生收益和费用,无不通过收益与费用的比较表

现出来。企业的损益是反映企业生产经营情况的综合性指标。因此,通过对利润表的分析,银行信贷人员可发现企业在各环节中存在的问题,这有利于促进企业全面改进经营管理,不断提高管理水平。

(3)可以分析与预测企业发展趋势和收益能力。利润表提供企业营业利润、投资净收益和营业外收支等企业损益的明细情况,据此可以分析企业损益形成的原因,了解企业利润的构成。通过对利润表的分析,银行信贷人员可以预测企业损益的变化趋势和未来的收益能力。

二、利润表分析的目的

企业的利润表记载了企业的收入和费用,揭示了企业的未来前景及其是否有能力为投资者创造财富。利润表可帮助银行信贷人员了解企业的收益水平、成本支出情况以及利润的主要来源和构成,强化对企业经济效益的分析。银行对利润表分析的目的在于深入了解企业的盈利能力、评估其财务健康状况及未来发展潜力,从而指导信贷决策和风险管理。利润表分析的目的如下:

(1)了解企业的盈利水平。通过观察企业的收入和净利润等指标,信贷人员可以判断企业的盈利能力及其持续生成收入的稳定性。这对于银行来说是至关重要的,因为一个企业的盈利水平直接影响其偿还债务的能力。

(2)评估企业的成本结构。银行通过分析企业的成本和费用结构,可以了解企业的成本控制能力。例如,高额的运营成本可能会侵蚀企业的利润空间,而有效的成本管理则可能表明企业具有较好的内部控制机制。

(3)识别企业的风险机会。利润表中的一些项目,如非经常性损益、投资收益等,可能会揭示企业面临的特定风险或潜在机会。银行需要识别这些因素,以更准确地评估企业的财务状况和未来的发展前景。

(4)预测企业的发展趋势。通过比较不同时间段的利润表数据,银行可以分析企业的盈利趋势。这有助于银行预测企业未来的财务表现,从而作出更合理的信贷和投资决策。

(5)对于银行来说,其应该回避销售额很大,但现金流很差的企业。因为这类企业基本都采用赊销模式,同时对应收账款没有进行科学有效的管理,这会导致企业出现大量的坏账,最终拖垮企业。

三、利润表的格式

(一)利润的构成

企业在一定期间内所实现的利润或亏损是依据当期营业收入与营业费用配比计算出来的,计算利润的方法不同,利润表的格式也不同。

一般来说,利润总额的计算方法有两种:一种是以企业一定时期的全部收入总和减去全部费用、支出总和,即"利润=收入-费用";另一种是将企业的收入和费用进行分类,尽可能相互配比,以计算不同业务所取得的利润,再将各种利润加总得出利润总额,即"利润=营业利润+投资净收益+营业外收支净额"。

（二）利润表的种类

由于计算利润的方法有两种，相应利润表的格式也有两种。按照第一种方法计算利润的利润表格式称为单步式利润表；按照第二种方法计算利润的利润表格式称为多步式利润表。

1. 单步式利润表

单步式利润表是将本期所有收入加在一起，然后再把所有支出加在一起，两者相减，计算出企业当期的净损益。其基本格式如表3-1所示。

表3-1　　　　　　　　　　　利润表（单步式）

项目	本月数	本年累计数
一、收入		
营业收入		
公允价值变动收益（损失以"－"号填列）		
投资收益（损失以"－"号填列）		
营业外收入		
收入合计		
二、支出		
营业成本		
税金及附加		
销售费用		
管理费用		
财务费用		
资产减值损失		
营业外支出		
所得税费用		
支出合计		
三、净利润		

从表3-1中可以得到以下计算关系：

　　收入合计＝营业收入＋公允价值变动收益＋投资收益＋营业外收入
　　支出合计＝营业成本＋税金及附加＋销售费用＋管理费用＋财务费用＋
　　　　　　　资产减值损失＋营业外支出＋所得税费用
　　净利润＝收入合计－支出合计

单步式利润表的主要优点是：表式简单、易于理解，避免出现项目分类上的困难。但单步式利润表提供的资料过少，不利于对前后对应项目进行比较。

2. 多步式利润表

多步式利润表即按照企业营业利润、利润总额和净利润三个层次来分步计算,以详细地揭示企业利润的形成过程。我国现行会计准则要求企业采用多步式利润表。

利润表基本部分的内容由以下三个方面构成:

(1)营业利润。由营业收入减去营业成本、税金及附加、销售费用、管理费用、财务费用、资产减值损失,再加上公允价值变动收益和投资收益,可得出营业利润。这部分利润能客观地反映企业经营的各种业务所形成的利润金额,企业的经营能力和盈利能力主要通过营业利润体现出来。

(2)利润总额。由营业利润加上营业外收入,减去营业外支出,可得出利润总额,即企业的税前利润。

(3)净利润。由利润总额减去所得税后可得出净利润,即企业的税后利润。这部分的计算中,各行业的利润表都是统一的。企业的最终经营成果都是通过净利润反映的。

四、利润表的结构

我国的利润表主要采用多步式利润表,其格式一般由表头、基本内容和补充资料三部分组成。

(一)表头

表头部分主要填制报表名称、编制单位、计量单位、报表编号以及报表编制的期间。需要强调的是,利润表的编表日期一般填写"某年某月份",或"某个会计年度",因此利润表是反映某一期间损益的动态报表。

(二)基本内容

基本内容是利润表的主体,列示其具体项目,主要反映收入、成本费用和利润各项目的具体内容及其相互关系,揭示企业财务成果的形成过程。我国利润表栏目一般设有"本期发生数"和"上期发生数"两栏分别填写。"本期发生数"栏反映表中各项目的本期实际发生数,"上期发生数"栏反映各项目上期实际发生数。

(三)补充资料

补充资料列示或反映一些在主体部分未能提供的重要信息或未能充分说明的信息,这部分资料通常在报表附注中列示。

仍以前述宏达公司为例,其利润表的基本格式如表3-2所示。

表3-2　　　　　　　　　宏达公司利润表

编制单位:宏达公司　　　　　　2023年　　　　　　　　　　　单位:万元

项目	本期发生数	上期发生数
一、营业总收入	1 087 581.30	1 129 871.85
其中:营业收入	1 087 581.30	1 129 871.85
二、营业总成本	1 060 983.87	1 118 198.52
其中:营业成本	872 261.79	915 339.66

(续表)

项目	本期发生数	上期发生数
税金及附加	3 634.11	4 347.99
销售费用	70 385.79	79 922.28
管理费用	95 074.23	100 438.59
研发费用		
财务费用	19 627.95	18 150.00
其中：利息费用	19 627.95	18 150.00
利息收入		
加：其他收益		
投资收益（损失以"-"号填列）	8 194.98	4 812.30
其中：对联营企业和合营企业的投资收益	6 875.55	3 012.30
公允价值变动收益（损失以"-"号填列）		
信用减值损失（损失以"-"号填列）		
资产减值损失（损失以"-"号填列）	-5 817.42	-5 417.43
资产处置收益（损失以"-"号填列）		
三、营业利润（亏损以"-"号填列）	28 974.99	11 068.20
加：营业外收入	5 682.63	5 623.98
减：营业外支出	1 319.70	1 513.23
四、利润总额（亏损总额以"-"号填列）	33 337.92	15 178.95
减：所得税费用	3 072.51	3 072.72
五、净利润（净亏损以"-"号填列）	30 265.41	12 106.23
（一）按持续经营利润分类		
1. 持续经营净利润	30 265.41	12 106.23
2. 终止经营净利润		
（二）按所有权归属分类		
1. 归属于母公司所有者的净利润	25 591.53	11 446.47
2. 少数股东损益	4 673.88	659.76
六、其他综合收益的税后净额	2.82	-5.25
七、综合收益总额	30 268.23	12 100.98
归属于母公司所有者的总额综合收益总额	25 594.35	11 441.22
归属于少数股东的总额综合收益总额	4 673.88	659.76
八、每股收益		
（一）基本每股收益	0.66	0.30
（二）稀释每股收益	0.66	0.30

任务二　利润表项目内容及其分析

学习目标

素养目标

1. 信贷人员应具备高度的职业道德,对待企业提供的财务信息保持客观公正,保护客户隐私
2. 培养信贷人员持续学习的习惯,跟踪最新的会计准则和财务分析方法,以适应不断变化的经济环境
3. 增强信贷人员的风险识别与评估能力,能够从利润表中发现潜在的财务风险因素
4. 培养信贷人员的批判性思维能力,使其能独立思考并质疑报表中的数据,避免为表面现象所误导

知识目标

1. 熟悉利润表的基本构成部分,包括收入类、成本费用类、利润质量等项目
2. 学会计算和解释分析角度,如对利润表进行水平分析、垂直分析、收入类项目分析、成本费用类分析和利润质量分析等,用以衡量企业的盈利情况
3. 掌握不同行业的财务特点和利润表的常见模式,能够识别行业内的特殊项目及其影响

能力目标

1. 能够通过水平分析和垂直分析利润表中的各项数据,评估企业的盈利能力和运营效率
2. 运用趋势分析的方法,识别企业财务状况的变化趋势,预测未来可能的发展方向
3. 具备识别报表中异常数据或不合理变动的能力,以便进一步调查可能的原因
4. 能够清晰地撰写利润表分析报告,并有效沟通分析结果,使非财务人员也能理解分析结论

一、利润表总体分析

(一)利润表水平分析

1. 利润表水平分析的目的

利润表水平分析是指将利润表的实际数与对比标准或基数进行比较,以揭示利润变动差异的过程。利润表水平分析的目的在于揭示利润额的差异及其产生原因。由于利润对比标准或基数不同,其分析目的及作用也不同。当以利润表预算为对比基数时,其分析的目的在于评价利润预算完成的情况,并揭示影响利润预算完成情况的原因;当以上期利润表为对比基数时,其分析的目的在于评价利润增减变动情况,揭示本期利润与上期利润对比产生差异的原因。

2. 利润表各项利润分析

(1)净利润或税后利润分析。净利润是指企业所有者最终取得的财务成果或可供企业所有者分配、使用的财务成果。

(2)利润总额分析。利润总额是反映企业全部财务成果的指标,它不仅反映企业的营业利润,还反映企业的对外投资收益和营业外收支情况。

（3）营业利润分析。营业利润是指企业营业收入与营业成本费用及税金之间的差额。它既包括主营业务利润，也包括其他业务利润，并在两者之和的基础上减去销售费用、管理费用与财务费用。营业利润反映了企业自身生产经营业务的财务成果。

（4）主营业务利润分析。主营业务利润也称基本业务利润，是指企业在从事生产经营活动中主营业务所实现的利润，即企业的主营业务收入减去主营业务成本和主营业务税金及附加后的差额。从主营业务利润可以看出企业的主业发展是否稳定。

（二）利润表垂直分析

1. 利润表垂直分析的目的

利润表垂直分析是通过计算利润表中各项目或各因素在主营业务收入中所占的比重，分析说明各项财务成果及成本费用的结构及其增减变动的合理程度。利润表垂直分析，既可从静态角度分析评价实际（报告期）利润的构成状况，也可从动态角度，将实际利润构成与标准或基期利润的构成进行分析评价。对于标准与基期利润的构成，可采用预算数、上期数或同行业可比企业数等作为比较标准。不同的比较标准将实现不同的分析评价目的。

2. 利润表垂直分析的评价

对利润表垂直分析的评价可按以下三个方面进行：

（1）通过对净利润、利润总额、营业利润和主营业务利润占主营业务收入比重的相关分析，明确每百元收入的净利润形成中各环节的贡献或影响程度。

（2）通过对销售成本占业务收入的比重的分析评价，揭示企业成本水平。

（3）通过对期间费用占业务收入的比重的分析评价，揭示企业期间费用管理水平。

（三）利润表趋势分析

1. 利润表趋势分析的目的

利润表趋势分析是通过计算利润表中各项目在一个较长时期的变动情况，观察各项利润及其影响因素的变动趋势。利润表趋势分析，既可揭示企业经营活动业绩与特征，又可为企业利润预测、决策及预算指明方向。

2. 基于利润表的具体分析

利润表趋势分析，既可对利润表中的全部项目进行变动情况计算与分析，又可对利润表中的主要项目进行趋势分析。分析期的确定应能体现趋势特点，通常应能体现不少于5年的趋势特点。

二、收入类项目及其分析

收入是企业在销售商品、提供劳务和让渡资产使用权等日常经营活动中所产生的经营利益的总流入。该项目反映企业主营业务销售产品的销售收入和提供劳务业务的收入。对于收入类项目，应着重分析企业有无隐瞒销售收入，变盈利为微利，甚至亏损，或有无虚构销售收入，变亏损为盈利。可将企业一个时期开出的增值税发票（或销售发票）数据与该项目数据进行核对，或者根据企业所交的产品税金倒套到产品税率，观察本期销售收入是否有虚构因素，如果数据相差甚大，则应进一步查明原因。

在市场经济条件下，企业只有不断增加收入、扩大利润，才能提高其偿债能力，筹集更多的资金,以扩大生产经营规模,提高其市场竞争力。因此,收入的大小直接关系企业的生存和发展。企业要经常对各种收入进行分析,了解收入的构成及其变化,判断其中存在的问题,为经营决策服务。收入分析可以从以下几个方面进行。

(一)收入结构分析

收入结构是指不同性质的收入与总收入的比重。其计算公式如下:

$$收入结构 = 某项收入 \div 收入总额 \times 100\%$$

对收入结构的分析可从两个方面进行。

1. 经常性收入比重

全部收入包括营业收入、投资收入和营业外收入,它有经常性业务收入和非经常性业务收入之分。不同性质的收入会对企业盈利能力的质量、产生影响,所以分析收入结构时应注意收入的性质。经常性收入主要就是营业收入,其一般具有持续发展能力,而基于偶发事项或间断性的业务引起的非经常性收入,即使在性质上是营业性的,其也是不稳定的。因此,对于企业来说,使再生的经常性收入始终保持一个较高的比例,无疑是必要的。借助这个结构分析,企业可以了解自身的持续经营能力。

2. 有效收入比重

会计上的收入是依据权责发生制的原则来确认的。在市场经济条件下,按照这个原则确认收入,就有可能出现这样一种情况:收入已经确认或体现在报表上,但货款未收到甚至出现坏账。这种收入实际上就是无效收入。无效收入不仅不能为企业带来实际经济利益,而且会给企业带来经济损失。因此,企业在分析收入结构时,应根据其经验以及相关的资料对无效收入作出合理估计。

【例3.1】 根据宏达公司2023年利润表有关资料编制的收入类项目结构分析图表,如表3-3和图3-1所示。

表3-3　　　　　　　　　收入类项目结构分析表　　　　　　　金额单位:万元

项目	金额	比重
营业收入	1 087 581.30	98.74%
投资收益	8 194.98	0.74%
营业外收入	5 682.63	0.52%
收入合计	1 101 458.91	100.00%

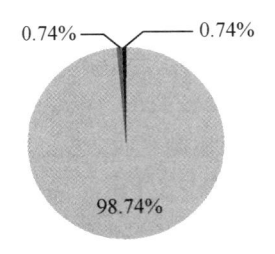

图3-1　收入类项目结构分析图

通过对收入结构的分析,可以了解与判断企业的经营方针、方向及效果,进而可分析预测企业的持续发展能力。如果一个企业的营业收入结构较低或不断下降,其发展潜力和前景显然是值得怀疑的。

(二)收入的增减变动分析

【例3.2】 根据宏达公司2023年利润表有关资料编制的收入类项目增减变动分析图表,如表3-4和图3-2所示。

表3-4　　　　　　　　　　收入类项目增减变动分析表　　　　　　　金额单位:万元

项目	2023年 金额	2023年 比重	2022年 金额	2022年 比重	差异 金额	差异 比重
营业收入	1 087 581.30	98.74%	1 129 871.85	99.09%	-42 290.55	-0.35%
投资收益	8 194.98	0.74%	4 812.30	0.42%	3 382.68	0.32%
营业外收入	5 682.63	0.52%	5 623.98	0.49%	58.65	0.03%
收入合计	1 101 458.91	100.00%	1 140 308.13	100.00%	-38 849.22	0

图3-2 收入类项目增减变动分析图

从表3-4中可以看到,企业本年营业收入占总收入的98.74%,但是本年营业收入比重比上年下降了0.35%,说明企业的经营业绩出现下滑;企业投资收益本年比上年增加了0.32%,对外投资也取得很好的收益。对此,企业仍需进一步研究业绩下滑的原因。

(三)具体项目分析

1. 营业收入的分析

企业的营业收入是企业收入最重要的来源,它稳定性较好,数额也应最大。营业收入直接体现企业的市场占有情况,也表明企业经营和竞争能力的强弱。企业产品或劳务的市场占有状况直接影响甚至决定该企业的生存和发展能力。因此,我们在进行收入分析时,应重点分析营业收入情况。对营业收入情况的分析,可以从营业收入的构成及其变动,以及营业收入的增长情况等几个方面进行。

1)营业收入的构成分析

通过对企业营业收入构成的分析,可了解企业营业业务构成变动情况。许多企业会生产其所在行业的多种产品,其主要产品的构成可能连续多年基本保持不变,也可能会随着企业经营而发生改变。企业要增加营业业务收入,应将重点放在扩大企业主要经营品种的销售上。如果再将连续几年的营业业务收入构成表进行对比，还可进一步明确哪一种产品的比重发生变化，原因是什么，对企业总体收入有何影响等。其后可根据这种分析，结合市场变化，及时调整产品结构，扩大销售，从而占有更大的市场份额。

（1）主营业务收入与其他业务收入分析。企业营业收入包括主营业务收入和其他业务收入。通过对主营业务收入与其他业务收入构成情况进行分析，可以了解与判断企业的经营方针、方向及效果，进而分析、预测企业的持续发展能力。如果一个企业的主营业务收入结构较低或不断下降，其发展潜力和前景显然是值得怀疑的。

（2）现销收入与赊销收入分析。企业收入中的现销收入与赊销收入的构成受企业的产品适销程度、企业竞争战略、会计政策选择等多个因素的影响。通过对两者结构及其变动情况进行分析，可以了解与掌握企业产品销售情况及其战略选择，分析判断其合理性。当然，在市场经济条件下，赊销作为商业秘密，并不要求企业披露其赊销收入情况，所以，这种分析方法更适用于企业内部分析。

2）营业收入增长情况分析

营业收入增长情况如表3-5所示。

表3-5　　　　　　　　营业收入增长情况

年度	营业收入（万元）	定基增长速度（%）	环比增长速度（%）
2023年			
2022年			
2021年			

通过编制企业的营业收入增长情况表，可分析企业营业收入连续几年的变动趋势，进而判断企业的未来发展趋势。

3）从营业收入的地区构成分析

通过对企业营业收入的地区构成分析，可了解企业的销售市场布局、顾客分布及变动情况等。从消费者的心理与行为表现来看，不同地区有不同的习俗和消费习惯，消费者对不同品牌的产品具有不同的偏好。不同地区的市场潜力在很大程度上影响企业的未来发展。收入集中于某一较小地区的企业，需要警惕地域风险及收入天花板效应。如果该地区经济、社会发生较大变动，则会对该企业的收入产生重大影响，同时由于收入局限于某一地区，该企业收入的潜在规模往往有限。正在进行跨区域发展的企业，需要结合该企业的管理能力与其他地区的竞争状况，判断其进入其他地区的难易程度。如果企业可以将其所在某地区的成功模式复制到其他地区，则将成为企业未来发展的重要推动力。

2. 投资收益分析

1）投资收益的确认和计量过程分析

企业的投资收益是企业投资活动带来的收益。企业对外投资一般基于以下两个目的：一是利用企业自身的闲置资金取得暂时性效益，例如，企业买卖具有良好流动性的国债、股票、基金等；二是出于自身战略发展的要求，希望投资控制一些有利于企业长远发展的资源。从投资收益的确认和计量过程来看，债权投资收益将对应企业的货币资金、交易性金融资产、持有至到期投资等项目；股权投资收益将对应企业的货币资金、交易性金融资产、长期股权投资等项目。在投资收益对应企业的货币资金、交易性金融资产的条件下，投资收益的确认不会导致企业现金流转的困难；在投资收益对应企业的长期投资的条件下，企业还要将此部分投资收益用于利润分配，这种利润分配将导致企业现金流转困难。

2）投资收益的构成分析

投资收益明细表如表3-6所示。

表3-6　　　　　　　　　　　投资收益明细表　　　　　　　　　　　单位：万元

项目	本期数	上期数	差异数
一、投资收入			
1. 债券投资收益			
2. 其他股权投资收益（成本法）			
3. 在按权益法核算的被投资公司的净损益中所占的份额			
4. 股权投资转让损益			
投资收入合计			
二、投资损失			
1. 债券投资损失			
2. 股票投资损失			
3. 其他投资损失			
投资损失合计			
投资净收益			

从投资收益明细表可以看到：根据企业对外进行股票、债券等各种投资所取得的利润、利息、股利等投资收入减去投资损失后的余额，可以了解企业的投资效益。企业可总结经验，争取取得更多的投资收益。

3）投资收益比重分析

对于多数企业来说，其对外投资的主要目的就是为了获取利润。对于大部分非金融企业而言，其投资业务和企业的主营业务往往关系不大，投资收益反映的是投资业务的回报水平。在这种情况下企业往往将投资收益作为非核心损益看待，将对应的金融资产或长期股权投资作为非核心资产看待。但有些企业所处行业的经营模式导致其可能持有较多与主业关系密切的长期股权投资。如我国大型汽车制造企业和大型港口企业，多持有大量本行业的联营及合营企业的股权，由此产生的投资收益通常会作为企业的核心损益来分析。分析该类投资收益时，需注意产生该投资收益对应的营业收入未考虑在利润表内。还有些企业虽然在公司名称上还留存着其原始的经营业务的痕迹，但实际上已经转为以投资性资产（往往与原有的经营业务无关）为主、原有业务长期处于亏损及萎缩的状态。该类企业分析时反而应将投资收益及对应的投资性资产作为关注的重点。

3. 营业外收入

营业外收入是指企业发生的、与其生产经营活动无直接关系的各项收入，包括非流动资产处置利得、非货币性资产交换利得、债务重组利得、与企业日常活动无关的政府补助、盘盈利得、捐赠利得等。这部分的收入数额较大并不是坏事，它使企业净利润增加，因而也增加了企业利润分配的能力。但是，营业外收入的稳定性是较差的，企业不能根据这部分收益来预测将来的净收益水平。如果营业外收入占利润总额的比例过大，说明企业的盈利结构出现问题，至少是增加了不稳定的因素。但是，如果营业外收入中的无形资产转让收入保持一个较大的数额和持续的增长态势，则说明企业的研究与开发工作做得较好，而这正是将来企业发展所必需的。

营业外收入与营业收入有两点主要区别：一是营业收入是稳定的日常经营活动产生的，而营业外收入则是非正常的、非日常经营活动产生的，且多不能为企业管理当局所控制或左右；二是营业收入是总额概念，多与成本费用相配比，而营业外收入是净额的概念，与营业外支出不能配比。

三、成本费用类项目及其分析

该项目反映企业销售产品和提供劳务等主要经营业务的实际成本。从各项财务成果的分析可以看出，成本费用对财务成果具有十分重要的影响，降低成本费用是增加财务成果的关键途径。进行信贷财务分析时，应在揭示财务成果完成情况的基础上，进一步对影响财务成果的基本要素——成本费用进行分析，找出影响成本升降的原因，为降低成本费用、促进财务成果的增长指明方向。

财务分析人员应主要分析成本费用类项目的内容是否真实，前后期计算方法是否一致，特别要注意本期销售成本同上期或前几期相比，是否存在突增、突减的情况。发生突增的现象，很可能是因为企业虚增成本开支，降低利润，以达到拖欠税款、贷款的目的；突减成本，可能是为了虚增利润。

（一）成本费用的确认与计量分析

1. 成本费用的确认

费用的确认即一项耗费在何时才能被确认为费用。按照规定，费用应当按权责发生制的原则，在确认有关收入的期间予以确认。权责发生制是指在收入和费用实际发生时进行确认，不必等到实际收到现金或支付现金时才确认。凡在当期取得的收入或应当负担的费用，不论款项是否已经收付，都应当作为当期的收入或费用；凡是不属于当期的收入或费用，即使款项已经在当期收到或已经当期支付，也都不能作为当期的收入或费用。

具体可按以下情况确认本期的费用：

（1）按其与营业收入的因果关系确认费用。凡是与本期收入有直接关系的耗费应确认为本期的费用。也就是说，凡是为取得本期营业收入而发生的耗费应确认为本期的费用。

（2）按合理的分摊方式确认费用。如果某种耗费所能带来的经济利益将在若干个会计期间内发生，那么这种耗费应当按合理的分摊方式在不同的会计期间内进行分摊，分别确认为不同会计期间的费用。例如，固定资产将在其有效使用年限内为企业带来经济利益，因而其价值的耗费应按一定的分摊方法（即折旧方法）在不同会计期间进行分摊，确认为不同期间的费用。同样，商标权、专利权、专用技术等无形资产也属于这种情况。

2. 成本费用的计量

企业应按实际成本来计量其费用。这里所称的实际成本是指费用所耗费的商品或劳务的实际价值。大多数费用应按其实际发生额进行计量,固定资产的折旧、无形资产的摊销等应按其实际分摊数进行计量。

(二)成本费用的结构分析

在对成本费用进行结构分析时,应特别注意分析两点:一是确认时间是否合法;二是确认方法是否合理。成本费用结构是指不同性质的成本费用支出占总支出的比重。其计算公式如下:

$$成本费用结构 = 某项支出 \div 支出总额 \times 100\%$$

【例3.3】 根据宏达公司2023年利润表有关资料编制的成本费用类项目结构分析图表,如表3-7和图3-3所示。

表3-7　　　　　　　　成本费用类项目结构分析表　　　　　　金额单位:万元

项目	金额	比重
营业成本	872 261.79	81.43%
税金及附加	3 634.11	0.34%
销售费用	70 385.79	6.57%
管理费用	95 074.23	8.88%
财务费用	19 627.95	1.83%
资产减值损失	5 817.42	0.54%
营业外支出	1 319.70	0.12%
所得税费用	3 072.51	0.29%
支出合计	1 071 193.50	100.00%

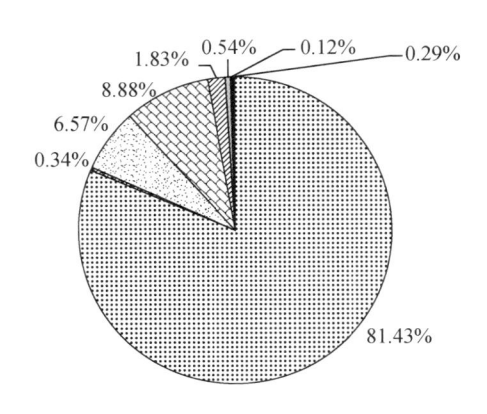

图3-3　成本费用类项目结构分析图

根据成本费用类项目结构分析图表,可以计算各项支出项目占全部支出的比重,观察支出类项目结构的变化情况,发现本企业与其他同类企业之间存在多大差异,并分析这些变化及其差异是否合理。

(三)成本费用的增减变动分析

【例3.4】 根据宏达公司2023年利润表有关资料编制的成本费用类项目增减变动分析图表,如表3-8和图3-4所示。

表3-8　　　　　　　　　成本费用类项目增减变动分析表　　　　　金额单位:万元

项目	2023年 金额	2023年 比重	2022年 金额	2022年 比重	差异 金额	差异 比重
营业成本	872 261.79	81.43%	915 339.66	81.13%	-43 077.87	0.30%
税金及附加	3 634.11	0.34%	4 347.99	0.39%	-713.88	-0.05%
销售费用	70 385.79	6.57%	79 922.28	7.08%	-9 536.49	-0.51%
管理费用	95 074.23	8.88%	100 438.59	8.90%	-5 364.36	-0.03%
财务费用	19 627.95	1.83%	18 150.00	1.61%	1 477.95	0.22%
资产减值损失	5 817.42	0.54%	5 417.43	0.48%	399.99	0.06%
营业外支出	1 319.70	0.12%	1 513.23	0.14%	-193.53	-0.02%
所得税费用	3 072.51	0.29%	3 072.72	0.27%	-0.21	0.02%
支出合计	1 071 193.50	100.00%	1 128 201.90	100.00%	-57 008.40	0

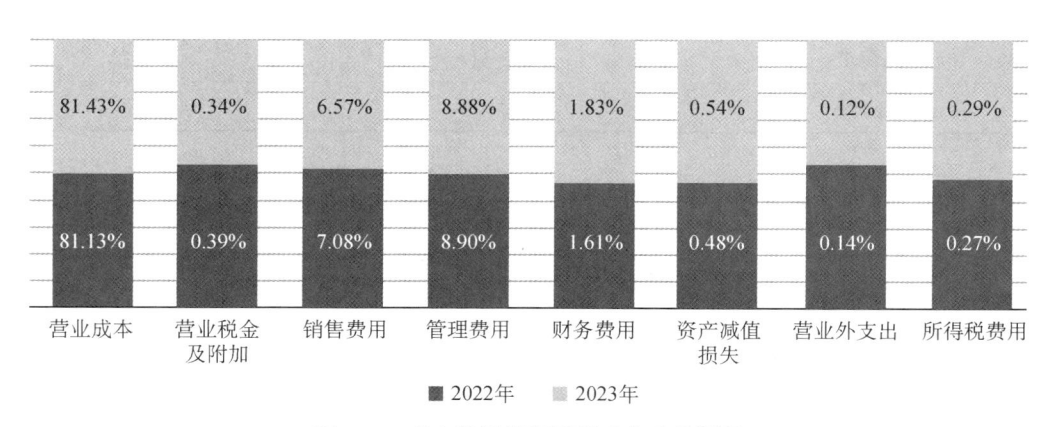

图3-4　成本费用类项目增减变动分析图

通过编制成本费用类项目增减变动分析图表,可将本年实际支出与上年实际支出进行比较,了解成本费用的增减变动情况,研究影响成本费用变动的因素和原因,以及应负责任的单位和个人,并提出积极建议,采取有效的措施,进一步挖掘增产节约、降低支出的潜力。

（四）具体项目分析

1. 营业成本分析

营业成本是指与企业营业收入相关的、已经确定了归属期和归属对象的费用，主要包括主营业务成本和其他业务成本。对于企业来说，营业成本的高低直接关系企业利润的多少。因为营业成本是营业收入中最重要的，往往也是最大的扣除项目。

影响企业营业成本水平高低的因素，既有企业不可控的因素（如受市场因素的影响而引起的价格波动等），也有企业可以控制的因素（如企业可以选择供货渠道、采购批量来控制成本水平等）。因此，对营业成本变化的评价应结合多种因素进行。此外，对营业成本水平的高低进行判断时，应将营业成本和营业收入进行配比，并结合行业特征、企业生命周期等因素来评价营业成本的合理性。

在进行营业成本分析时，应关注存货核算方法的一贯性。计算营业成本的方法有先进先出法、加权平均法、个别计价法等。采用不同的方法会对营业成本的计算产生不同影响，最终会对企业利润产生影响。如果发现企业本期营业成本有较大的变化，则需要分析该变化是否为企业对本期成本计算方法进行调整所带来的影响，并分析其影响程度。

2. 销售费用分析

销售费用是指企业在销售过程中发生的各项费用以及专设销售机构的各项经费。销售费用作为一种期间费用，与本期营业收入具有较强的相关关系，产生的影响也仅止于本期，所以其应从本期收入中全额扣除。销售费用分析主要包括如下几个方面：

（1）销售过程中的运输费、装卸费、包装费、保险费等。这是企业在销售产品时对客户提供的附加服务，它虽然耗费企业资源，但对于企业提高客户服务质量却是不可缺少的，通常属于变动成本，与企业销售量的变动呈正相关关系。企业在决定是否降低这部分费用时，一定要慎重考虑它对企业及其产品形象的影响、对市场竞争能力的影响，不能妨碍企业正常的经营与销售。

（2）展览费和广告费。这些通常是为了宣传和介绍企业的产品用途、性能和使用方法而支出的费用。展览费和广告费的金额是否合理较难确定，但可以通过一定的效益比来进行控制。如果举办展览和投放广告后一定时期的销售收入增长额大于展览和广告投入额，则其费用的支出是合理的；如果低于一定的效益比，则应严格控制展览费和广告费支出。企业应该意识到，广告费是一项抵减收入的费用，广告费的大幅增加可能意味着产品利润率的降低；在成熟的市场上，这也意味着可能会增加企业的营业收入，但不能增加（甚至可能会减少）企业的利润。企业应根据产品及服务的特点、目标市场的特点等因素，谨慎制定广告策略，并及时分析广告投入是否有效。

（3）专设销售机构的费用。其通常会随着企业营业规模的扩大而呈阶梯状上升趋势。专设的销售机构可以使企业更好地开拓不同地区的市场，增加企业在该地区的销售量。但是，相对于委托代理商或分销商的销售方式，专设销售机构的费用是固定的，这就需要企业在当地的销售收入至少高于保本点，保证能够收回该专设销售机构的费用，否则该专设销售机构将成为企业的负担。因此，可以对专设销售机构的费用与该销售机构实现的销售收入、销售利润等指标一起进行本量利分析，以判断其合理性。

3. 管理费用分析

管理费用是指企业行政管理部门为组织和管理经营活动而发生的各项费用。管理费用由多种费用项目组成，各费用项目的经济内容和经济用途不同，引起其变动的原因也多种多样，因而在进行管理费用分析时，应按费用项目，结合相关的资料和情况，查明其变动的原因，作出具体评价。

为了便于分析，也可按费用的经济内容和经济用途及其变动原因，将各费用项目进行归类研究。

（1）管理性费用。管理性费用包括企业行政管理部门人员薪酬、各种办公用物料消耗、办公费、差旅费等。这类费用支出的多少主要取决于企业管理系统的设置和运行情况，与企业的业务量几乎没有关系，因此，可以采用预算控制法予以控制和管理。具体分析时，除按各费用项目追究其超出预算的变动原因外，还应从紧缩开支、提高工作效率的要求出发，检查企业有关精简机构、合并职能、压缩人员等措施的执行情况。

（2）业务性费用。业务性费用包括业务招待费、仓库保管费等。这类费用支出的多少与企业生产规模的大小、生产经营业务的开展情况具有直接联系，是为生产经营的合理需要而支出的。值得注意的是，业务招待费的实际支出往往会超过规定的限额，且大都有上升的趋势。具体分析时，应结合相关资料，查明费用的超支，特别是不合理支出的原因。

（3）经营性费用。经营性费用包括审计费、咨询费、诉讼费、无形资产及长期待摊费用的摊销金额、坏账准备的提取金额等。其中，审计费、咨询费、诉讼费等费用是企业自身不能完全控制的费用，企业只能事前采取必要的措施，扩大信息面，尽力压缩不必要的开支，妥善处理好与其他有关部门、单位或个人的关系。无形资产及长期待摊费用的摊销金额和坏账准备的提取金额，受企业会计政策的影响很大。

（4）责任性费用。责任性费用包括工会经费、待业保险费、劳动保险费和所得税外的其他税费等。这类费用支出属于企业承担的社会责任费用，是不可避免和不能减少的，而且大部分项目的金额不是企业可以控制的。对这些企业无法控制的费用，分析的重点不是其金额的大小，而是发现企业外部环境的变化，从而纠正对企业保本收入和保利收入的判断。

4. 财务费用分析

财务费用是指企业在筹集资金过程中发生的各项费用，包括利息支出（减利息收入）、汇兑损失（减汇兑收益）以及相关的手续费等。其中，经营期间发生的利息支出构成了企业财务费用的主体。企业贷款利息水平的高低主要取决于三个因素：贷款规模、贷款利息率和贷款期限。

（1）贷款规模。概括地说，如果贷款规模导致计入利润表的财务费用下降，则企业会因此改善盈利能力。但是，企业也可能会因贷款规模的降低而影响其自身的发展。

（2）贷款利息率和贷款期限。从企业融资的角度来看，贷款利息率的具体水平主要取决于以下几个因素：一定时期资本市场的供求关系、贷款规模、贷款的担保条件及贷款企业的信誉等。在利率的选择上，可以采用固定利率、变动利率或浮动利率等。可见，在贷款利率中，既有企业不可控制的因素，也有其可以选择的因素。在不考虑贷款规模和贷款期限的条件下，企业的利息费用将随着利率水平而波动。从总体上说，贷款期限对企业财务费用的影响主要体现在利率因素上。但是，企业的利率水平主要受一定时期资本市场的利率水平的影响。因此，不应对企业因贷款利率的宏观下调而导致的财务费用降低给予过高的评价。

对财务费用进行分析时,还应当细分内部结构,观察企业财务费用的主要来源。首先,应将财务费用的分析与企业资本结构的分析相结合,观察财务费用的变动是源于短期借款还是长期借款,同时分析借款费用中应当予以资本化的部分是否已经资本化,或者对于借款费用中应当计入当期财务费用的部分,企业是否对其进行了资本化;其次,应关注购销业务中发生的现金折扣情况,关注企业应当取得的购货现金折扣是否都已取得,若是存在大量没有取得的现金折扣,应怀疑企业现金流是否紧张;最后,如果企业存在外币业务,则应关注汇率对企业业务的影响,观察企业对外币业务和债务的管理能力。

总之,财务费用是由企业筹资活动而发生的,因此在进行财务费用分析时,应当将财务费用的增减变动和企业的筹资活动联系起来,分析财务费用增减变动的合理性和有效性,发现其中存在的问题,查明原因,采取对策,以期控制和降低费用,提高企业利润水平。

四、利润质量分析

利润质量是指公司利润的形成过程及其利润结果的质量。利润质量的高低可以从利润的持久稳定性、风险性和收现性等方面进行衡量。

高质量的利润应该表现为公司运转良好,公司利润的实现主要靠营业利润,同时,利润的实现能力为公司带来较强的支付能力,即能按时足额地交纳税金、支付利息和股利等;反之,低质量的利润往往表现为公司运转不灵,公司利润的实现不是靠营业利润,公司利润对应的支付能力较差,利润的变动风险较大。

在利润表上,利润的概念有三个,即营业利润、利润总额和净利润。这三个利润项目的内涵及实际意义均不同,分析时应结合其明细资料分别进行。

(一)营业利润

现行制度规定,营业利润是企业营业收入减去营业成本、税金及附加、销售费用、管理费用、财务费用、资产减值损失,再加上公允价值变动收益和投资收益后的余额。

营业利润是公司通过正常的营业活动创造的利润,非营业利润是营业活动以外形成的利润。营业利润的多少,代表了企业的总体经营管理水平和效果。

1. 营业利润额较大

当企业营业利润额较大时,通常认为该企业经营管理水平和效果较好。但在分析中应注意以下问题:第一,因为营业利润中包括其他业务利润,所以当企业进行多元化经营,且多种经营业务开展得较好时,其他业务利润会弥补主营业务利润的缺陷;如果其他业务利润长期高于主营业务利润,企业应考虑产业结构调整问题。第二,应注意其他业务利润的用途是发展主营业务还是非生产经营性消费。如果是前者,企业的盈利能力会越来越强;如果是后者,则企业会缺乏长远盈利能力。

2. 营业利润额较小

当企业营业利润额较小时,应着重分析主营业务利润的大小、多种经营的发展情况和期间费用的多少。如果企业主营业务利润和其他业务利润均较大,但期间费用较高,则会使营业利润较小。这就要重点分析三项期间费用的构成,找出期间费用居高不下的原因,并对其进行严格控制与管理,通过降低费用来提高营业利润。

从预期利润的持久性和稳定性角度来看,营业利润的质量通常应高于非营业利润的质量。营业利润的比例越高,总体利润的质量就越高;反之,非营业利润的比例越高,总体利润的质量就越低。

此外,还可以进一步分析营业利润中经营性业务利润与偶然业务利润之间的比例:经常性业务利润的比例越大则总体利润的质量越高,反之则越低。

(二)利润总额

企业的利润总额是由营业利润加上营业外收支净额等非营业利润组成的。

一般来说,企业的利润总额是由营业利润、投资收益和营业外收支差额三个主要部分构成的。

其中,营业利润通常越大越好。在企业有较大规模经营活动的情况下,其正常经营期的营业利润应该是企业利润的主要来源。企业营业利润持续、稳定地增长,意味着其具有较好的盈利前景。但是,一些垄断企业,如电厂、水厂、石油企业等,对于因上游原材料价格上涨,而下游销售价格受到管制所导致的经营性亏损仍可接受,其只要保证自身经营现金流不断即可。

投资收益比例和变化应该与投资规模的变化和投资项目的效益性相关联。投资收益占企业利润总额的比重不宜过高。

营业外收支差额是由偶发性的业务产生的,其正常情况下不应作为利润的主要构成部分,在利润总额中所占比重应较小。

(三)净利润

净利润的增减变动是利润表上除"其他综合收益的税后净额"外所有项目增减变动的综合结果。在对营业利润和利润总额进行初步分析的基础上,进行净利润的增减变动及其构成的分析时,应将分析的重点放在本期净利润增减变动的主要项目上,尤其应分清经营性、经常性损益项目的影响和非经营性、非经常性损益项目的影响。

对于任何企业来讲,经营性的营业利润必须是构成净利润的最重要的部分,其金额应远远高于非经营性损益项目金额;反之,则企业正常的生产经营能力和生存能力令人怀疑,这一点在分析时应尤为引起重视。

对净利润的分析,包括对形成净利润的各项目的增减变动及其结构变动的分析,以及对其中变动差异较大的重点项目的分析。

在正常情况下,企业的非营业利润都是较少的,所得税也是相对稳定的,因此,只要营业利润较高,利润总额和净利润也会较高。当一个企业的利润总额和净利润主要是由非营业利润获得时,则该企业利润实现的真实性和持续性应引起报表分析人员的重视。

(四)企业利润恶化的信号

(1)应收账款规模不正常增加,应收账款平均收账期不正常延长。产生这种现象的原因有可能是企业为增加其营业收入而放宽信用政策。放宽信用政策可以刺激企业营业收入立即增长,但是,企业也会面临未来大量发生坏账的风险。一个企业必须具备强大的应收账款管理能力,应能根据下游客户信誉状况,适度放长账期。

(2)企业存货周转过于缓慢。企业存货周转过于缓慢,表明企业在产品质量、价格、存货控制或营销策略等方面存在问题。存货资金占用过多会导致资产利用效率降低,引起企业过去和未来利息支出增加,发生过多存货损失及增加存货保管成本。

(3) 企业变更会计政策和会计估计,通过这种人为政策的调整实现账面盈利。

(4) 企业扩张过快,且其扩张的资金大量依靠贷款,又不能迅速实现规模生产。这种情况可能会导致成本过高或费用过大,因而形成亏损,甚至拖垮企业。

(5) 应付账款的规模不正常增加,应付账款平均付账期不正常延长。如果企业的购货和销售状况没有发生很大的变化,企业的供货商也没有主动放宽赊销的信用政策,则企业应付账款的规模不正常增加及其应付账款平均付账期的不正常延长,就是企业支付能力恶化、资产质量恶化、利润质量恶化的表现。

(6) 企业业绩过度依赖非主营业务。

(7) 企业过度举债。企业过度举债,除企业发展、扩张等原因外,还有可能是因为企业通过正常经营活动和投资活动难以获得正常现金流的支持。

(8) 企业利润表中的经营费用、管理费用等项目出现不正常的降低。

思政知识

《论语》说:"富与贵,是人之所欲也,不以其道得之,不处也。"财富与权贵是人人都向往的,如用不正当的方法去得到它,君子是不会接受的。这一思想言论对于后世的价值观、道德规范及行为准则有着深远的影响。富贵是人们天生的欲望,人们希望通过获取更多的财富和更高的地位来实现这一目标,但获取富贵的手段是考量道德品质的重要标准。对于以追求"利润最大化"为最终目标的企业来说,其如何获取利润,及获取的手段就显得尤为重要。企业出于某种目的(业绩考核、信贷资金、发行股票、减少纳税等)的考虑,会人为粉饰报表,此为有道者所不为也。

知识巩固与能力提升实训

一、单项选择题

1. 通过两期利润表的对比,可以立刻了解企业利润增减变化的(　　　)。
   A. 内部原因　　　　B. 外部原因　　　　C. 表层原因　　　　D. 深层原因
2. 编制共同比结构利润表时,作为总体的项目是(　　　)。
   A. 营业收入　　　　B. 营业利润　　　　C. 利润总额　　　　D. 净利润
3. 企业营业利润率与去年基本一致,而销售净利率却有较大幅度下降,其原因应是下列中的(　　　)。
   A. 销售收入下降　　　　　　　　　B. 销售成本上升
   C. 销售费用增加　　　　　　　　　D. 营业外支出增加
4. 下列各项中,属于企业收入的是(　　　)。
   A. 公允价值变动净收益　　　　　　B. 营业收入
   C. 投资收入　　　　　　　　　　　D. 营业外收入

二、多项选择题

1. 影响产品销售利润的基本因素有(　　　)。
   A. 销售量　　　　　　　　　　　　B. 单价
   C. 期间费用　　　　　　　　　　　D. 销售品种构成
2. 下列项目中,属于期间费用的有(　　　)。
   A. 销售费用　　　　　　　　　　　B. 制造费用
   C. 管理费用　　　　　　　　　　　D. 财务费用
3. 利润表综合分析的内容包括(　　　)。
   A. 收入分析　　　　　　　　　　　B. 利润额的增减变动分析
   C. 利润结构变动分析　　　　　　　D. 营业利润分析
4. 财务费用项目分析的内容包括(　　　)。
   A. 利息支出　　　　　　　　　　　B. 利息收入
   C. 汇兑收益　　　　　　　　　　　D. 汇兑损失

三、判断题

1. 息税前利润是指没有扣除利息和所得税前的利润,即等于利润总额与利息支出之和。(　　)
2. 销售成本变动对利润有着直接影响,销售成本降低多少,利润就会增加多少。　(　　)
3. 税率的变动对产品销售利润没有影响。　　　　　　　　　　　　　　　　　(　　)

四、综合计算及案例分析题

1. 现有A公司的利润表如表3-9所示。

表3-9　　　　　　　　　　　A公司利润表　　　　　　　　　金额单位：元

项目	2023年	2022年	增减金额	增减比重
一、营业收入	1 600 000	1 470 000		
减：营业成本	820 000	730 000		
税金及附加	64 000	58 800		
销售费用	67 000	61 200		
管理费用	130 000	95 000		
财务费用	60 000	30 000		
资产减值损失				
加：公允价值变动收益（损失以"—"号填列）				
投资收益（损失以"—"号填列）	15 400	2 400		
其中：对联营企业和合营企业的投资收益				
二、营业利润	474 400	497 400		
加：营业外收入		2 400		
减：营业外支出	8 000	6 400		
其中：非流动资产处置损失				
三、利润总额	466 400	493 400		
减：所得税费用	139 920	148 020		
四、净利润	326 480	345 380		

要求：

请以银行信贷人员的角度回答下列问题：

（1）根据已知数据计算各项目的增减金额及比重。

（2）根据计算数据分析营业利润增长低于营业收入增长，以及营业利润下降的原因，并分析说明A公司的发展情况及其原因。

2. 表3-10为B公司2020—2023年发表的年度财务报告的利润表中的营业收入、净利润及销售净利润率的发展变化情况，请以银行信贷人员的角度分析说明其中出现的异常现象。

表3-10　　　B公司2020—2023年营业收入、净利润及销售净利润率情况　　　金额单位：元

项目		2020年	2021年	2022年	2023年
经营业务	收入额	32 431.7	60 628.5	52 603.8	90 898.8
	增长率	—24.49%	86.94%	—13.24%	72.80%

（续表）

项目		2020年	2021年	2022年	2023年
净利润	实现额	3 937.2	5 847.2	12 778.7	41 764.6
	增长率	－16.63%	48.51%	118.54%	226.83%
销售净利润率		12.14%	9.64%	24.29%	45.95%

五、思考题

1. 企业利润表的基本内容和具体结构如何？
2. 如何分析企业利润的质量？
3. 如何对企业营业利润进行分析评价？
4. 利润分析的作用是什么？

项目四
现金流量表分析

学习目标

素养目标

1. 遵循法律法规和银行内部规章制度,诚信守法,树立良好的职业形象
2. 不断学习并提高自身的金融知识和信贷技能,适应金融市场变化
3. 跟踪了解金融科技的发展,运用新技术提高工作效率

知识目标

1. 了解现金流量表的含义和结构
2. 熟悉现金流量表中的项目内容及其具体项目分析

能力目标

1. 掌握现金流量表的总体分析方法与具体过程
2. 熟悉现金流量表的结构性分析,可以通过企业的现金净流量判断企业现金净流量产生的原因
3. 掌握现金流量表的项目分析和比率分析,并能够对企业的现金流量表进行相关分析

思维导图

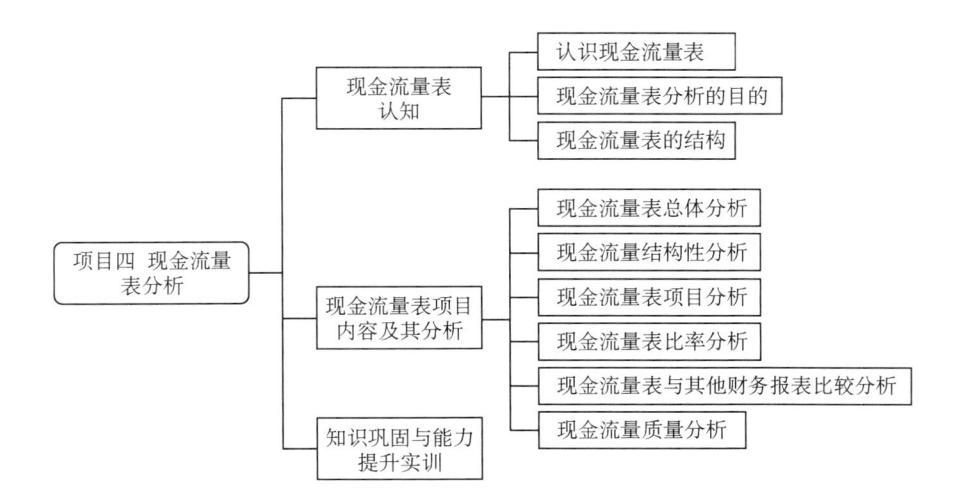

```
                              ┌─ 认识现金流量表
                ┌─ 现金流量表 ─┼─ 现金流量表分析的目的
                │   认知       └─ 现金流量表的结构
                │
                │                    ┌─ 现金流量表总体分析
项目四 现金流量 ─┤                    ├─ 现金流量结构性分析
    表分析      ├─ 现金流量表项目 ────┼─ 现金流量表项目分析
                │   内容及其分析      ├─ 现金流量表比率分析
                │                    ├─ 现金流量表与其他财务报表比较分析
                │                    └─ 现金流量质量分析
                │
                └─ 知识巩固与能力
                     提升实训
```

现金流量表的预警

中安科股份有限公司(以下简称"中安科",公司代码:600654)成立于1987年,并于1990年在上海证券交易所上市,其曾经连续多个跌停,吸引了众多关注。2017年公司重组失败,诉讼缠身,众多股东损失惨重。其财务状况恶化迹象在现金流量表(表4-1)中早有体现。

表4-1 　　　　　　　　　　　　　现金流量表　　　　　　　　　　　　　单位:万元

项目	2018年	2017年	2016年	2015年	2014年
经营活动产生的现金流量净额	4 689.47	-33 029.14	-126 973.57	-114 775.31	-7 821.83
投资活动产生的现金流量净额	50 790.45	10 816.25	-73 777.34	-82 242.77	6 667.63
筹资活动产生的现金流量净额	-85 175.53	-71 914.83	217 096.45	248 072.87	24 376.62
现金及现金等价物净增加额	-26 312.05	-94 935.58	19 476.68	58 213.05	23 222.44
净利润	-198 067.20	-73 503.08	24 715.23	28 011.58	19 098.33

根据上述资料可以看出,中安科虽然从2014年至2016年连续盈利,但其经营活动现金流量却持续为负。以收付实现制为基础编制的现金流量表,被人们比作"利润的测谎仪"。中安科的净利润质量过低,属于典型的"纸面富贵",这种"富贵"往往是难以持久的。净利润持续高于经营活动产生的现金流量净额,很可能是出于两方面原因:其一,利润是真实的,但存在现金回收风险;其二,利润是虚构的,所以现金也就无从谈起。无论哪种情况发生,对于投资者来说都意味着巨大的投资风险。因为经营活动在流失现金,公司只能严重依赖外部筹资来补充现金,最终导致负债过高,财务危机一触即发。

现金被喻为企业的血液。只有现金循环周转顺畅,企业才能焕发勃勃生机。而经营活动产生现金流量的能力是企业自身的造血功能,企业如果无法持续产生充足的经营现金流量,则需要不断地通过筹资来填补资金缺口,其必然会遭遇资金链断裂的厄运。因此,现金流量表分析的作用不容忽视。

任务一　现金流量表认知

学习目标

素养目标

1. 培育信贷人员的风险警觉意识,令其在审查现金流量表时能够甄别潜在的财务风险
2. 信贷人员应该深刻理解并遵守相关的会计准则和监管规定,特别是在现金流量表编制这一方面的规定

3. 培养信贷人员具备向借款人阐释现金流量表重要性的能力以及指导其如何优化财务状况

知识目标

1. 掌握现金及现金等价物的含义和现金流量表的作用
2. 熟悉现金流量表的基本构成,包括经营活动产生的现金流量、投资活动产生的现金流量、筹资活动产生的现金流量以及汇率变动对现金及现金等价物的影响
3. 了解现金流量表的基本原则、相关的会计准则以及具体编制要求
4. 掌握信贷人员对现金流量表分析的目的及重要性

能力目标

1. 能够快速解读企业的现金流量表,并从中精准获取所需的相关财务数据
2. 明晰现金流量表存在的局限性
3. 拥有甄别现金流量表中异常数据或不合理变动的本领,以利于进一步探查可能的缘由

一、认识现金流量表

对于银行而言,企业的资产规模不是越大越好,而是越有效越好。评价企业首先要了解资产是否有效,是否能为企业带来足够的现金流,因为企业依靠现金流来偿还贷款。因此,对于银行信贷部门来说,最有价值的分析是现金流量分析。现金流量表反映了企业在一定时期内现金增减变动的情形,帮助信贷人员了解企业的现金流入量和流出量,由此来判断企业在这一时期内由于经营、投资及筹资活动而引起的资产、负债及所有者权益方面发生的变动情况,进而判断企业的经营质量。所以,了解现金流量表的结构,掌握现金流量表的项目内容,熟练运用现金流量表进行分析,可以帮助银行信贷人员更好地判断是否可以贷款、是否能够继续贷款、之前的贷款是否能够收回,从而降低信用风险。

(一)现金流量表的含义

1. 现金的含义

现金流量表中的"现金"是一个广义的概念,它包括现金和现金等价物。

(1)现金。现金是指企业库存现金及可以随时用于支付的存款。其中,库存现金是指企业持有的可随时用于支付的现金,与会计核算中"库存现金"账户所包括的内容一致;可以随时用于支付的存款是指企业存在银行或其他金融机构,随时可以用于支付的款项,包括企业的在途资金、银行存款、其他货币资金等可以随时用于支付的部分。不能随时用于支付的存款不属于现金。

(2)现金等价物。现金等价物是指企业持有的期限短(从购买日起3个月内到期)、流动性强、易于转换为已知金额现金、价值变动风险很小的投资,通常包括3个月内到期的短期债券投资。应当注意的是,权益性投资变现的金额通常不确定,因而不属于现金等价物。企业应当根据具体情况,确定现金等价物的范围,一经确定不得随意变更。

(3)现金流量。现金流量是指企业现金和现金等价物的流入和流出。企业现金形式的转换不会产生现金的流入和流出。例如,企业从银行提取现金,是企业现金存放形式的变化,现金未流出企业,故不构成现金流量。同样,现金和现金等价物之间的转换也不属于现

金流量，如企业用现金购买将于3个月内到期的国库券不属于现金流量。

（4）现金流量表。现金流量表是以收付实现制为基础编制的，反映企业一定会计期间现金及现金等价物流入和流出的一张动态报表。

我国《企业会计准则第31号——现金流量表》规定现金流量表主表的编制格式为按经营活动、投资活动和筹资活动的现金流量分别归集其流入量、流出量和净流量，最后得出企业净现金流量。现金流量表补充资料的编制格式为以净利润为基础调整相关项目，得出经营活动净现金流量。

（二）现金流量表的作用

现金流量表能够反映企业在一定期间内由经营活动、投资活动和筹资活动产生的现金流入与流出情况，它能够为企业提供在特定期间内现金收入和现金支出的信息，以及该期间内有关投资活动和理财活动的信息。

现金流量表对银行信贷、投资者、企业的管理者以及其他报表使用者都具有十分重要的作用。其作用主要体现在以下方面：

（1）帮助报表使用者了解企业当期实际收入的现金、实际支出的现金，以及现金流入、流出相抵后的净额，分析利润表中本期净利润与现金流量之间的差异，从而正确评价企业的经营成果。

（2）帮助报表使用者分析企业的偿债能力、支付股利的能力；评判企业的财务状况；了解与现金收付无关，但是对企业有重要影响的投资和筹资活动。

（3）帮助潜在的投资者分析企业未来产生现金流量的能力，以作出正确的投资决策。

（4）帮助报表使用者分析净收益与现金流量之间的差异，据此来查找差异产生的原因，并采取有效的措施，以增加现金流入，保持现金流入与流出的均衡。

（5）一个正常经营的企业，在创造利润的同时，还应创造现金收益。通过对现金流入来源分析，可以对企业创造现金能力作出评价，并可对企业未来获取现金能力作出预测。

（6）了解企业筹集现金、生成现金的能力。通过现金流量表可以了解经过一段时间经营，企业的内外筹集了多少现金，自己生成了多少现金；筹集的现金是否按计划用到企业扩大生产规模、购置固定资产、补充流动资金上，还是被经营使用了。企业筹集现金、生产现金的能力，是企业加强经营管理、合理使用调度资金的重要信息，是其他两张报表所不能提供的。

二、现金流量表分析的目的

现金流量表反映了企业在一定时期内创造的现金数额，揭示了一定时期内现金流动的状况。通过现金流量表分析，可以达到以下目的。

（一）从动态上了解企业现金的变动情况和变动原因

资产负债中货币资金项目反映了企业一定时期内现金变动的结果，是静态的现金存量。只有通过现金流量表的分析，才能从动态上说明现金的变动情况，并揭示现金变动的原因。

（二）判断企业获取现金的能力

现金余额是企业现金流动的结果，并不表明现金流量的大小。通过对现金流量表进行现金流量分析,能够对企业获取现金的能力作出判断。

(三) 评价企业盈利的质量

利润是按权责发生制计算的,用于反映当期的财务成果,它并不代表真正实现的收益,且账面上的利润满足不了企业的资金需要。因此,盈利企业仍然有可能发生财务危机,高质量的盈利必须有相应的现金流入作保证。

三、现金流量表的结构

我国企业现金流量表采用报告式结构,分类反映经营活动产生的现金流量、投资活动产生的现金流量和筹资活动产生的现金流量,最后汇总反映企业某一期间现金及现金等价物的净增加额。

现金流量表一般由表头、基本内容两部分组成。

(一) 表头

表头部分主要填制报表名称、编制单位、计量单位、报表编号和报表编制的期间。

(二) 基本内容

基本内容反映企业经营活动、投资活动、筹资活动产生的现金流量及其各项目流入、流出的总额和净额,汇率变动对现金的影响,现金及现金等价物净增加额和期初、期末现金及现金等价物余额。

仍以前述宏达公司为例,现金流量表的格式如表4-2所示。

表4-2　　　　　　　　　　　宏达公司现金流量表
编制单位:宏达公司　　　　　　　2023年　　　　　　　　　　　　单位:万元

项目	本期金额	上期金额
一、经营活动产生的现金流量:		
销售商品、提供劳务收到的现金	1 275 363.99	1 229 376.48
客户存款和同业存放款项净增加额		
向其他金融机构拆入资金净增加额		
收取利息、手续费及佣金的现金		
回购业务资金净增加额		
收到的税费返还	2 192.46	1 451.49
收到其他与经营活动有关的现金	24 336.39	10 693.80
经营活动现金流入小计	1 301 892.84	1 241 521.77
购买商品、接受劳务支付的现金	1 022 159.04	966 282.09
客户贷款及垫款净增加额		
存放中央银行和同业款项净增加额		
支付利息、手续费及佣金的现金		

（续表）

项目	本期金额	上期金额
支付给职工以及为职工支付的现金	119 852.10	107 896.74
支付的各种税费	27 675.96	37 495.89
支付其他与经营活动有关的现金	96 599.10	103 103.64
经营活动现金流出小计	1 266 286.20	1 214 778.36
经营活动产生的现金流量净额	35 606.64	26 743.41
二、投资活动产生的现金流量：		
收回投资收到的现金		12 330.00
取得投资收益收到的现金	2 568.00	1 893.00
处置固定资产、无形资产和其他长期资产所收到的现金净额	37.65	180.36
处置子公司及其他营业单位收到的现金净额		
收到其他与投资活动有关的现金		
投资活动现金流入小计	2 605.65	14 403.36
购建固定资产、无形资产和其他长期资产所支付的现金	28 489.59	27 696.00
投资支付的现金		
取得子公司及其他营业单位支付的现金净额		
支付其他与投资活动有关的现金		
投资活动现金流出小计	28 489.59	27 696.00
投资活动产生的现金流量净额	－25 883.94	－13 292.64
三、筹资活动产生的现金流量：		
吸收投资收到的现金	1 560.00	8 586.27
其中：子公司吸收少数股东投资收到的现金		
取得借款收到的现金	365 830.59	403 409.73
收到其他与筹资活动有关的现金		
筹资活动现金流入小计	367 390.59	411 996.00
偿还债务支付的现金	380 755.89	376 034.94
分配股利、利润或偿付利息支付的现金	24 903.33	26 207.07
支付其他与筹资活动有关的现金		
筹资活动现金流出小计	405 659.22	402 242.01
筹资活动产生的现金流量净额	－38 268.63	9 753.99
四、汇率变动对现金的影响	－27.18	7.85
五、现金及现金等价物净增加额	－28 573.11	23 212.61
加：期初现金及现金等价物余额	130 223.79	53 501.67
六、期末现金及现金等价物余额	101 650.68	76 714.28

项目四　现金流量表分析

思政知识

　　财联社记者从格力电器采访获悉,格力电器对未来3年股东回报有明确规划。公司建立科学、持续、稳定的公司回报机制,给市场稳定的预期,同时公司现金流充裕,具备分红能力。2022年1月24日,格力电器公告披露,2022—2024年公司每年进行两次利润分配,每年累计分红总额不低于当年净利润的50%。

　　近年来,国家出台一系列的政策促进我国家电行业的发展。"一带一路"推动家电行业产品走出国门,开辟海外市场。此外,我国产品消费升级的趋势日益明显,政府关注民生,对于高能效家电的关注程度越来越高。在供给侧改革政策的要求下,家电企业进一步进行产品升级,清除积压,加速周转,以确保稳增长、调结构、抗风险、重民生的发展方略。根据格力电器连续3年(2020—2022年)经营活动现金流量及其利润数据可以看出,格力电器在2020—2022年存货周转率都远高于2次,这说明格力电器将存货推向市场的能力较强。其经营活动净现金流量也都超过100亿元,可见在2020年以后格力的核心利润和净利润有较强的经营活动净现金流量支撑。

　　根据经济增长理论,经济增长的动力在于资本的积累、劳动力的增加和生产效率的提高。在科技水平一定的条件下,资本的扩张和劳动力的增加都不可能是一个无限的过程,总会遇到"天花板"。唯有以科技创新推动生产效率提升,才可以在知识累积的基础上不断进行创造,为经济增长提供取之不尽、用之不竭的动力。对于格力电器而言,空调一直是其核心业务。但是,目前空调行业的竞争异常激烈,市场过度饱和,并且受到经济下行、消费趋势低迷等外部环境的影响。格力电器以科技创新推动高质量发展,采取相关多元化和非相关多元化并举的措施。前者是指进入与主营业务相关的小家电与冰箱领域,后者则是指涉足与主营业务不相关的智能手机、机器人、新能源汽车等领域。未来,格力电器在科技创新、高质量发展的战略驱动下,其利润与经营活动现金流将进一步向好,以实现近3年的市场稳定和股东回报预期。

　　通过案例学习,明确现金流量表分析在企业价值创造评价中的意义与作用,树立用科学、公开、透明的估值理念评价企业的价值创造结果,夯实上市公司与投资者的沟通桥梁,强化财务分析的社会责任意识。

　　通过案例学习,使学生站在公司管理者视角,进一步增强公司价值信息的严谨性,合理诠释利润与经营活动现金流的差异,提升自身业务素质和法治观念,准确分析判断公司的利润质量,防控信息披露中的舞弊行为。

　　通过案例学习,使学生通过格力电器战略转型下的现金流量表现、股东回报预期等,理解科技创新、绿色发展在企业价值创造中的引领作用。

任务二　现金流量表项目内容及其分析

学习目标

素养目标

1. 信贷人员应始终秉持诚实和透明的原则,在分析现金流量表时杜绝个人偏见的干扰

2. 培养密切关注行业发展趋势,深入洞悉不同行业现金流量表独特之处的素养
3. 掌握辨认现金流量表中存在的异常数据或者不合理项目变动的技能

知识目标

1. 掌握现金流量表总体分析、结构分析和项目分析
2. 学会计算和解释重要的现金流量比率,用以衡量企业的现金流量健康状况
3. 掌握不同行业的财务特点和现金流量表的常见模式,能够识别行业内的特殊项目及其影响
4. 理解现金流量表与其他财务报表(如资产负债表、利润表)之间的关系,以及如何相互影响的

能力目标

1. 能够通过分析现金流量表中的各项数据,评估企业的现金流量状况和偿债能力
2. 运用趋势分析的方法,识别企业现金流量的变化趋势,预测未来可能的发展方向
3. 利用现金流量比率分析工具,对比同行业其他企业的表现,评估企业的现金流量管理效率

一、现金流量表总体分析

(一)现金流量的总体分析

1. 经营活动现金流量的总体分析

(1)经营活动现金流量的稳定性和再生性较好,一般情况下其应占较大比例。如果企业经营所得的现金所占比重较大,则说明企业从生产经营中获取现金的能力较强;若连续多年或长期的结构比率均是如此,则说明企业采取的资金筹措策略是利润型或经营性的资金战略。反之,如果企业经营活动的现金流量比重较小,则说明企业资金的来源主要依赖增加资本或对外借款,采取的是金融型或证券型的资金战略。

(2)应当将经营活动的现金流入与现金流出联系起来分析。正常情况下,企业当期从经营活动中获得的现金流入,首先应当满足生产经营的一些基本支出,如购买原材料与商品、支付经营费用、支付职工薪酬、缴纳各种税金等,然后才用于偿付债务或扩大投资。根据这个原理,产生了以下基本观点:

① 经营活动现金净流量大于0。即经营活动的现金流入量大于现金流出量,这意味着企业的经营活动比较正常,具有"自我造血"功能,通过经营活动收取的现金,不仅能满足经营本身的需要,而且其剩余的部分还可以用于再投资或偿债,体现企业稳定的经营活动对投资和理财的支持能力,也体现企业较好的成长和支付的能力。此外,还应分析经营活动现金净流量大于0的程度,判断能否补偿非付现成本费用,否则就可能得出片面的结论。

② 经营活动现金净流量等于0。即经营活动的现金流入量等于现金流出量,这种情况在现实中比较少见,意味着经营过程中的现金"收支平衡"。这长此以往不仅会使得企业能够增加未来收益的长期投资无法实施,而且使得企业对简单再生产的维持只能停留在短期内。此时如果企业想继续存在下去,只能通过外部融资来解决资金困难。因此,该情况对企业的长远发展不利。

③ 经营活动现金净流量小于0。即经营活动的现金流入量小于现金流出量,这意味着

经营过程的现金流转存在问题,经营中"入不敷出"。这种情况下,企业经营不仅不能支持投资或偿债,而且要借助于收回投资或举借新债所取得的现金才能维持正常的经营。如果这种局面长期内不能改变,企业将会陷于财务困境。

(3)通过经营活动的现金净流量可以观察企业销售和盈利的品质。利用一定时期企业销售商品所收到的现金对当期销售收入的比率,就可以观察销售收入的有效性和品质。会计利润是以权责发生制为基础确认的,销售一旦实现并确认,不管企业是否收到现金都会在账面上体现为收入,并由此带来利润的增加。这样的会计处理给企业管理当局留下了相当大的盈余管理空间。现金流量表的现金流量是按收付实现制为基础确认的。伴随着现金流入的利润,其质量更高,也更可信。所以,从利润与现金流量的相关度进行分析,可以有效检验企业的利润质量。

2. 投资活动现金流量的总体分析

(1)将投资活动的现金流入量与现金流出量联系起来进行分析。

① 投资活动现金净流量大于或等于0。即投资活动产生的现金流入量大于或等于现金流出量,这种情况可以得出两种相反的结论:一种是企业投资收益显著,尤其是短期投资回报收现能力较强;另一种可能是企业出现财务危机,同时又难以从外部筹资,因此不得不处置一些长期资产,以满足日常经营活动的现金需求。如果是后一种情况,分析时应进一步研究企业的财务状况以及其后期间是否会演化为财务危机。

② 投资活动现金净流量小于0。即投资活动产生的现金流入量小于现金流出量,这种情况也有两种解释:一种是企业投资收益状况较差,投资没有取得经济效益,并导致现金的净流出;另一种可能是企业当期有较大的对外投资,因为大额投资一般会形成长期资产,并影响企业今后的生产经营能力,所以这种状况下的投资活动净现金流量小于0对企业的长远发展是有利的。因此,在进行分析时应注意区分该结果的原因,从而得出准确的结论。

(2)将投资收益所取得的现金项目与利润表中的投资收益项目联系起来进行分析。投资收益所取得的现金净流量项目与利润表中的投资收益项目金额的比值越大,说明企业投资作用实现的变现收益越高。

(3)将投资活动的现金净流量与企业的理财和投资策略联系起来进行分析。一般来说,如果企业投资活动的现金流出量较大,则反映企业当期实施了投资和经营扩张性的政策,这说明企业可能面临新的投资和发展机遇;如果企业投资活动的现金流入量较大,则反映企业当期实施了投资和经营紧缩的政策,这或说明企业内部的经营出现困难,或反映企业制定了调整经营的政策,抑或是企业对外投资出现了问题等。

3. 筹资活动现金流量的总体分析

(1)将筹资活动的现金流入量与现金流出量联系起来进行分析。

① 筹资活动现金净流量大于0。正常情况下,企业的资金需求主要通过自身经营现金流入解决,但是当企业处于初创、成长阶段,或遇到经营危机时,其仅仅依靠经营现金流入是不够的,此时其应通过外部筹资来满足资金需求。因此,企业筹资活动现金净流量一般会大于0。但是分析时应注意分析筹资活动现金净流量大于0是否正常,企业的筹资活动是否已经纳入企业的发展规划,是企业管理层以扩大投资和经营活动为目标的主动筹资行为,还是企业因投资活动和经营活动的现金流出失控而发生的不得已的筹资行为。

② 筹资活动现金净流量小于0。这种情况出现的原因一般是企业在本会计期间集中发

生偿还债务、支付筹资费用、进行利润分配、偿付利息等业务。但是，企业筹资活动现金净流量小于0，也可能是企业在投资活动和企业战略发展方面没有更多作为的一种表现。

（2）将筹资活动的现金净流量与企业理财政策的调整联系起来进行分析。如果用于支付分配股利或利润的现金支出对前期实现的净利润的比率过小，则说明企业实施了低利润分配政策，这可能是投资任务过重引起的。

（3）还应分析融资组合和融资方式是否合理。例如，债务融资在通货膨胀时，企业以贬值的货币偿还债务会使其获得额外利益，但债务融资的风险较大，在经济衰退时尤其如此。

4. 应用案例

进行现金流量表的总体分析，就是根据现金流量表的数据，对企业现金流量主要情况进行总体分析与评价。这时，现金流量表本身就是一张分析表，根据表中资料可分析说明企业现金流量情况。

【例4.1】 根据宏达公司2023年的现金流量表的有关资料，对该公司2023年现金流量进行总体分析。

宏达公司现金流量变动总体分析如图4-1所示。该公司2023年年末现金及现金等价物比2022年减少了51 785.72万元，其中，经营活动产生的现金流量净额为8 863.23万元，投资活动产生的现金流量净额为−12 591.30万元，筹资活动产生的现金流量净额为−48 022.62万元。

	经营活动产生的现金流量净额	投资活动产生的现金流量净额	筹资活动产生的现金流量净额	现金及现金等价物净增加额
2023年金额	35 606.64	−25 883.94	−38 268.63	−28 573.11
2022年金额	26 743.41	−13 292.64	9 753.99	23 212.61
差额	8 863.23	−12 591.30	−48 022.62	−51 785.72

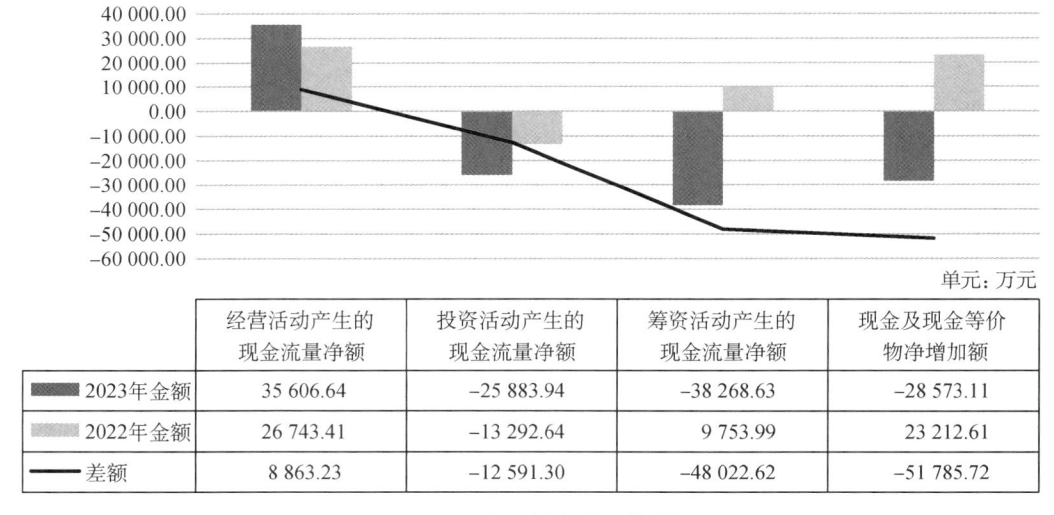

图4-1 现金流量变动总体分析

根据以上宏达公司现金流量变动数据分析可知：

（1）该公司经营活动产生的现金流量净额为8 863.23万元，其中，2023年经营活动现金流量净额为35 606.64万元，2022年净额为26 743.41万元，说明企业经营活动的现金净流量较2022年增加。通过经营活动收回的现金，不仅能够满足经营本身的需要，还可以为企业的其他各项活动（如用于再投资或偿债）提供有力的支持。

（2）该公司投资活动产生的现金流量净额为−12 591.30万元，其中，2023年投资活动现金流量净额为−25 883.94万元，2022年净额为−13 292.64万元。而全部投资活动现金流量之所以为负数,主要是因投资支付的现金和购建固定资产、无形资产及其他长期资产支付的现金数额较大所致。这是扩展中的企业的基本表现。

（3）该公司筹资活动产生的现金流量净额为－48 022.62万元,其中,2023年筹资活动现金流量净额为－38 286.63万元,2022年净额为9 753.99万元。该公司的2022年筹资是以债务筹资为主,占全部筹资活动现金流入比重较大。大量的债务筹资增大了企业2023年还本付息的压力。从图中可以看到,企业本期以现金偿还债务流出的比重高于流入,因此为负数。银行信贷人员企业应着重关注企业的筹资结构和比例,以防范债务融资风险。

宏达公司目前正处于高速发展扩张时期。这时产品的市场占有率高,销售呈现快速上升趋势,造成经营活动中大量货币资金回笼。为了扩大市场份额,企业仍需要大量追加投资,而仅靠经营活动现金流量净额远不能满足其所追加投资的需求,需要通过债权人筹集必要的资金作为补充。信贷部门在对该公司进行借款分析时,应重点分析企业未来的现金流入量和流出量。

从以上分析可以看出,对于一个健康且正在成长的企业来说,经营活动的现金流量净额应是正数,投资活动的现金流量净额应是负数,筹资活动的现金流量净额应是正负相间的。

（二）现金流量表趋势分析

现金流量表趋势分析主要是通过观察连续几个报告期的现金流量表,对报表中的全部或部分重要项目进行对比,分析各期指标的增减变化,并在此基础上判断其发展趋势,进而对企业未来发展趋势作出预测的一种方法。

现金流量表趋势分析的特点如下：

（1）现金流量表趋势分析可以帮助报表使用者了解企业财务状况的变动趋势,分析企业财务状况变动的原因,并在此基础上预测企业未来的财务状况,从而为决策提供依据。在运用趋势分析法时,一般需要注意以下细节：趋势分析注重可比性,具体问题应具体分析。例如,正常经营的同一企业在不同时期如果采用不同的会计政策,则其现金流量表的变化就不能完全说明其财务状况的变化趋势。也就是说,在进行趋势分析的若干年数据中,如果某年的编制条件或企业的重大外部因素改变,其数据在趋势分析中就不再具有可比性,也就不能反映企业的发展趋势了。

（2）趋势分析需要分析的报告期比较长。既然是趋势分析,1年的数据分析就无所谓趋势,而至少应分析2年或2年以上的数据。而且比较期越长,越能客观反映情况及趋势。认定了某一比率,如通过总资产现金回收率来衡量企业资产的盈利能力,可能需要对其连续5年的变化率进行分析,以判断企业的盈利能力是提高了,还是下降了。

（3）在实际操作中,现金流量表趋势分析常常与资产负债表和利润表等财务报表分析相结合。只有与这些报表资料结合起来分析,才能更清晰、全面地了解企业的财务状况及发展趋势,了解企业与同行之间的差距,正确评价企业当前、未来的偿债能力、盈利能力和发展能力,以及企业当前和前期所取得的利润的质量,从而科学地预测企业未来财务状况,为报表使用者作出决策提供正确的依据。

（三）现金流量与企业的生命周期

一个公司的现金流量结构,可以从总体上反映其在发展过程中所处的状态和信用风险大小,公司不同发展时期的现金流量模型如图4-2所示。

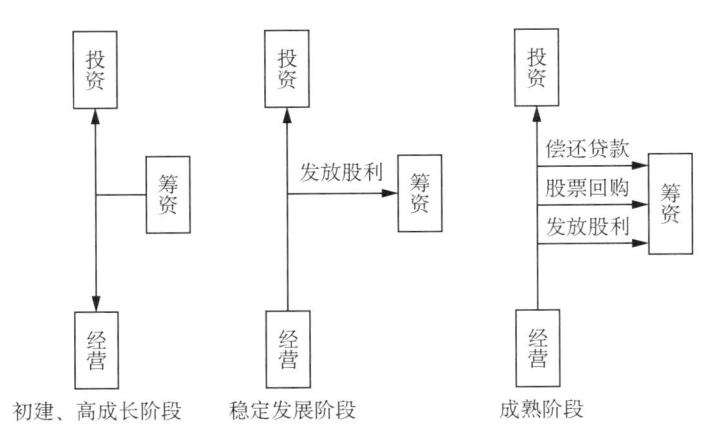

图 4-2 公司不同发展时期的现金流量模型

此外,信贷人员还应结合企业所处的经营环境、行业前景、行业内的竞争格局、产品的生命周期、现金流的波动情况、企业的管理情况,综合考虑销售收入的增长速度,存货是否已经过时或流动缓慢,应收账款的可收回性,各项成本控制是否有效等因素,预测判断企业未来现金流量。

(四) 现金流量基本面分析

现金流量表连接着资产负债表和利润表,三张报表之间存在着基本勾稽关系。

(1) 资产负债表中的"货币资金期末余额-期初余额"与现金流量表中的"现金及现金等价物净增加额"相等。

(2) 利润表中的"净利润+调节项目"与现金流量表补充资料中的"经营活动产生的现金流量"相等。

(3) 现金流量表主表最后一项与附表最后一项"现金及现金等价物净增加额"相等。

二、现金流量结构性分析

(一) 结构性分析

现金流量结构性分析包括流入结构、流出结构和现金净流量结构分析。其中,流入结构是现金流入各组成项目占现金流入总量的比重;流出结构是现金流出各组成项目占现金流出总量的比重;现金净流量结构是经营活动、投资活动、筹资活动及非常项目现金净流量占现金及现金等价物净增加额(简称现金净流量)的比重。财务分析人员在分析时可列表进行,以掌握企业各项活动中现金流量变化规律、企业所处经营周期等情况。

一般情况下,在现金流入结构中,经营活动现金流入比重越高越好;在现金流出结构中,非经营活动现金流出比重越低越好;在现金净流量结构中,经营活动现金净流量比重越高越好。另外,对流入结构、流出结构和净现金流量结构还可通过列示若干连续年度的数据,进行比较分析,以判断企业的发展趋势。

一般来说,如果企业的现金净流量为正,则表明企业现金流入能够保证现金流出的需要,借款人具有较强的偿债能力。如经营活动现金净流量大于或等于当期债务本息,则表明借款人可以用主营业务收入来偿还到期债务本息,具有稳定可靠的还款来源。如经营活动现金净流量为正,投资活动现金净流量为正,其还款来源可能是经营活动、投资活动或筹资活动;如经营活动现金净流量为正,投资活动现金净流量为负,其还款来源可能是经营活动或筹资活动;如经营活动现金净流量为负,投资活动现金净流量为正,其还款来源可能是投资活动或筹资活动;如经营活动现金净流量为负,投资活动现金净流量为负,其还款来源可能是筹资活动。

(二)现金流量构成分析

不同的现金流量结构反映着不同公司的财务状况或一个公司不同时期的财务状况,所以现金流量结构对分析公司的财务状况是非常重要的。将不同项目的现金流量根据其净值为正数还是为负数进行排列组合,可以发现,在不同的组合下,其产生的背景和结果是不同的,所要采取的措施也是不同的。表4-3列示了不同组合的现金流量结构,以帮助信息使用者分析现金流量表。

表4-3   现金净流量构成分析

序号	经营活动现金流量	投资活动现金流量	筹资活动现金流量	原因分析
1	+	+	+	如果投资活动的现金主要来自投资收益,则企业经营和投资效益状况良好。这时仍然进行融资,如果没有好的投资机会,可能造成资金的浪费。如果投资活动现金流量主要来自投资项目的处置、收回,则另当别论
2	+	+	—	如果投资活动的现金主要来自投资收益,则企业经营和投资活动进入良性循环阶段。融资活动虽然进入偿还期,但财务状况尚比较安全,一般不会发生债务危机。如果投资活动现金流量主要来自投资项目的处置、收回,则另当别论
3	+	—	+	企业经营状况良好。在内部经营稳定进行的前提下,企业通过筹集资金进行投资,往往是处于扩张时期,应注意分析投资项目的盈利能力及可行性
4	+	—	—	企业经营状况良好。一方面在偿还以前债务,另一方面又要继续投资。此时应关注经营状况的变化,防止经营状况恶化导致财务状况恶化
5	—	+	+	经营活动创造现金的能力较差,主要靠借债维持生产经营的需要。应着重分析投资活动现金净流入是来自投资收益还是收回投资,如果是后者则形势严峻
6	—	+	—	经营活动已经发出危险信号,如果投资活动现金流入主要来自收回投资,则企业已经处于破产的边缘,需予以高度警惕

(续表)

序号	经营活动现金流量	投资活动现金流量	筹资活动现金流量	原因分析
7	—	—	+	企业靠借债维持日常经营和生产规模的扩大,财务状况很不稳定。假如是处于投入期的企业,一旦其渡过难关,还有可能继续发展;如果是处于成长期或稳定期的企业,则非常危险
8	—	—	—	企业财务状况非常危险。这种情况往往发生在高速扩张时期,由于市场变化导致企业经营状况恶化,加上企业扩张时投入了大量资金,故陷入进退两难的境地

三、现金流量表项目分析

在现金流量表中,全部的现金流量项目被分为三类,即经营活动产生的现金流量、投资活动产生的现金流量和筹资活动产生的现金流量。其中,经营活动仍是指传统的经营概念,如工业企业的供、产、销等。投资活动包括对外投资、对内投资和投资性存款,上述第三种非现金性存款在核算时虽不作为投资处理,但在编制现金流量表时应视同投资来编表。筹资活动包括吸收资本和举借债务两种。对收付股利和收付利息所产生的现金流量的归属,各国会计实务存在一定的差异,我国从现金流量的性质考虑,将收到的股利和利息列为投资活动,将支付的股利和利息列为筹资活动。另外,对一些特殊的、不经常发生的项目,如自然灾害损失、捐赠等,我国依据其性质分别归并到三类现金流量项目中反映。每一类现金流量对企业发展的意义是不同的,在进行报表分析时应引起足够注意。

(一)经营活动现金流量项目分析

经营活动是指企业除投资活动和筹资活动以外的所有交易和事项,即以企业日常经营为基本内容的经济活动。各类企业的经营活动的范围因其行业特点的不同而异,对于工商企业而言,其经营活动主要包括销售商品、提供劳务、购买商品、接受劳务、支付税费等。

经营活动产生的现金流入项目主要有销售商品、提供劳务收到的现金,收到的税费返还,收到的其他与经营活动有关的现金;经营活动产生的现金流出项目主要有购买商品、接受劳务支付的现金,支付给职工以及为职工支付的现金,支付的各项税费,支付的其他与经营活动有关的现金。

1.销售商品、提供劳务收到的现金

销售商品、提供劳务收到的现金项目反映企业本期销售商品、提供劳务收到的现金,以及前期销售商品、提供劳务本期收到的现金(包括销售收入和应向购买者收取的增值税销项税额)和本期预收的款项,减去本期销售本期退回的商品和前期销售本期退回的商品支付的现金。企业销售材料和代购代销业务收到的现金,也在本项目中反映。

此项目是企业现金流入的主要来源,通常具有数额大、所占比例高的特点。通过与利润表中的营业收入总额相对比,可以判断企业销售收现率的情况。较高的收现率表明企业产品定位正确,适销对路,并已形成卖方市场的良好经营环境,但应注意也有例外的情况。

2. 收到的税费返还

收到的税费返还项目反映企业收到返还的增值税、所得税、消费税、关税和教育费附加返还款等各种税费。

该项目体现了企业在税收方面销售政策优惠所获得的已缴税金的回流金额。该项目通常数额不大,对经营活动现金流入量影响也不大。分析时应当关注企业享受的税收优惠在未来可持续的时间,以及哪些税收项目享受优惠。

3. 收到的其他与经营活动有关的现金

收到的其他与经营活动有关的现金项目反映企业收到的罚款收入、捐赠收入、经营租赁收到的租金等其他与经营活动有关的现金流入金额,金额较大的应当单独列示。

此项目具有不稳定性,数额不应过多且具有一定的偶然性,在分析时不应过多关注。如果该项目金额较大,还应观察剔除该项目后企业经营活动净现金流量的情况。

4. 购买商品、接受劳务支付的现金

购买商品、接受劳务支付的现金项目反映企业本期购买商品、接受劳务实际支付的现金(包括增值税进项税额),以及本期支付前期购买商品、接受劳务的未付款项和本期预付款项,减去本期发生的购货退回收到的现金。

此项目应是企业现金流出的主要方向,通常具有数额大、所占比重大等特点,在未来的持续性较强。将其与利润表中的营业成本对比,可以判断企业购买商品销售付现率的情况,借此了解企业资金的紧张程度或企业的商业信用情况,从而更加清楚地认识企业目前所面临的财务状况。

5. 支付给职工及为职工支付的现金

支付给职工及为职工支付的现金项目反映企业本期实际支付给职工的工资、奖金、各种津贴和补贴等职工薪酬,但应由在建工程、无形资产负担的职工薪酬及支付的离退休人员的职工薪酬除外,两者分别在"购建固定资产、无形资产和其他长期资产支付的现金"和"支付其他与经营活动有关的现金"项目反映。

此项目也是企业现金流出的主要方向,金额波动不大。在分析该项目内容时,应关注企业是否将不应纳入其中的部分计算在内。同时该项目可以在一定程度上反映企业生产经营规模的变化。

6. 支付的各项税费

支付的各项税费项目反映企业本期发生并支付的、本期支付以前各期发生的及预交的教育费附加、矿产资源补偿费、印花税、房产税、土地增值税、车船税等税费。计入固定资产价值、实际支付的耕地占用税、本期退回的增值税和所得税等税费除外。

此项目会随着企业销售规模的变动而变动。通过分析该项目,可以得到企业真实的税负状况。

7. 支付的其他与经营活动有关的现金

支付的其他与经营活动有关的现金项目反映企业的罚款支出、支付的差旅费、业务招待费、保险费、经营租赁支付的现金等其他与经营活动有关的现金流出,金额较大的应当单独列示。

此项目具有不稳定性,数额不应过多。

经营活动与现金流入、现金流出的对应关系如表4-4所示。

表 4-4　　　　　　　经营活动与现金流入、现金流出的对应关系

经营活动	现金流入	现金流出
购销	销售商品、提供劳务收到的现金及增值税销项税额	购买商品、接受劳务支付的现金及增值税进项税额
工资		支付给职工及为职工支付的现金
租赁	收到的租金	经营租赁支付的租金
所得税		支付的所得税
其他税	收到的除增值税外的其他税费返还	支付的除增值税、所得税外的其他税费
其他	收到的其他与经营活动有关的现金	支付的其他与经营活动有关的现金

(二) 投资活动现金流量项目分析

投资活动是指企业长期资产的购建和不包括在现金等价物范围内的投资及其处置活动。需要注意的是,这里所讲的"投资活动",既包括实物资产投资,又包括金融资产投资,它与会计准则所讲的"投资"是两个不同的概念。购建固定资产不是"投资",但属于投资活动。

这里之所以将"包括在现金等价物范围内的投资"排除在外,是因为已经将包括在现金等价物范围内的投资视同现金。

投资活动产生的现金流入项目主要包括收回投资收到的现金,取得投资收益收到的现金,处置固定资产、无形资产和其他长期资产收回的现金净额,处置子公司及其他营业单位收到的现金净额,收到其他与投资活动有关的现金;投资活动产生的现金流出项目主要包括购建固定资产、无形资产和其他长期资产支付的现金,投资支付的现金,取得子公司及其他营业单位支付的现金净额,支付其他与投资活动有关的现金。

1. 收回投资收到的现金

收回投资收到的现金项目反映企业出售、转让或到期收回除现金等价物以外的交易性金融资产、长期股权投资而收到的现金,以及收回长期债权资本而收到的现金,但长期债权投资收回的利息除外。

此项目不能绝对地追求数额较大。分析时应当注意企业是否将原本划分为持有至到期的投资在其未到期之前出售,如果存在此种情况,应注意企业是否存在资金紧张等问题。此外,如果企业处置了长期股权投资,应确定处置的意图到底是被投资企业的收益下滑,还是企业调整了未来期间的战略。

2. 取得投资收益收到的现金

取得投资收益收到的现金项目反映企业因股权性投资而分得的现金股利,从子公司、联营企业或合营企业分回利润而收到的现金,以及因债权性投资而取得的现金利息收入,但股票股利除外。

此项目表明企业进入投资回收期,通过分析可以了解投资回报率的高低。

3. 处置固定资产、无形资产和其他长期资产收回的现金净额

处置固定资产、无形资产和其他长期资产收回的现金净额项目反映企业出售、报废固定资产、无形资产和其他长期资产所取得的现金(包括因资产毁损而收到的保险赔偿收入),减

去为处置这些资产而支付的有关费用后的净额,但现金净额为负数的除外。

此项目一般是偶发事件,在未来不具有可持续性,其金额一般也不大。但如果数额较大,表明企业的产业、产品结构将有所调整,或表明企业未来的生产能力将受到严重的影响,已经陷于深度债务危机之中,靠出售设备来维持经营。如果是后者,应引起企业的高度警惕。

4. 处置子公司及其他营业单位收到的现金净额

处置子公司及其他营业单位收到的现金净额项目反映企业处置子公司及其他营业单位取得的现金减去相关处置费用后的净额。分析时应关注企业处置子公司的目的,并确定这种行为对企业的长远影响。

5. 购建固定资产、无形资产和其他长期资产支付的现金

购建固定资产、无形资产和其他长期资产支付的现金项目反映企业购建固定资产、取得无形资产和其他长期资产所支付的现金及增值税款,支付的应由在建工程和无形资产负担的职工薪酬现金支出,但为购建固定资产而发生的借款利息资本化部分、融资租入固定资产所支付的租赁费除外。

此项目表明企业扩大再生产能力的强弱,可以了解企业未来的经营方向和获利能力,揭示企业未来经营方式和经营战略的变化。此外,处于不同经营周期的企业在该项目上发生的金额也不同:一般处于初创期和成长期的企业投资较多,该项目发生金额较大;而处在衰退期的企业很少投资,甚至会卖出长期资产,降低经营规模。

6. 投资支付的现金

投资支付的现金项目反映企业取得的除现金等价物以外的权益性投资和债权性投资所支付的现金及支付的佣金、手续费等附加费用。

此项目表明企业参与资本市场运作、实施股权及债权投资能力的强弱,可分析投资方向与企业的战略目标是否一致。分析时应当关注企业在本部分的支出金额是否来自闲置资金,以及是否存在挪用主营业务资金进行投资的行为。

7. 取得子公司及其他营业单位支付的现金净额

取得子公司及其他营业单位支付的现金净额项目反映企业购买子公司及其他营业单位出价中以现金支付的部分,减去子公司及其他营业单位持有的现金和现金等价物后的净额。

8. 收到其他与投资活动有关的现金、支付其他与投资活动有关的现金

收到其他与投资活动有关的现金、支付其他与投资活动有关的现金这两个项目反映企业除上述1至7各项目外收到或支付的其他与投资活动有关的现金流入或流出,金额较大的应当单独列示。

投资活动与现金流入、现金流出的对应关系如表4-5所示。

表4-5　　　　　　　投资活动与现金流入、现金流出的对应关系

投资活动	现金流入	现金流出
购建、处置	处置固定资产、无形资产和其他长期资产收到的现金净额	购建固定资产、无形资产和其他长期资产支付的现金
	收回投资收到的现金	
权益性投资	分得股利或利润收到的现金	权益性投资支付的现金
债权投资	取得债券利息收入收到的现金	债权性投资支付的现金
其他	收到的其他与投资活动有关的现金	支付的其他与投资活动有关的现金

(三)筹资活动现金流量项目分析

筹资活动是指导致企业资本及债务规模和构成发生变化的活动。这里所说的资本,既包括实收资本(股本),也包括资本溢价(股本溢价);这里所说的债务,指对外举债,包括向银行借款、发行债券及偿还债务等。应付账款、应付票据等商业应付款等属于经营活动,不属于筹资活动。

筹资活动产生的现金流入项目主要包括吸收投资收到的现金,取得借款收到的现金,收到其他与筹资活动有关的现金;筹资活动产生的现金流出项目主要包括偿还债务支付的现金,分配股利、利润或偿付利息支付的现金,支付其他与筹资活动有关的现金。

1. 吸收投资收到的现金

吸收投资收到的现金项目反映企业以发行股票、债券等方式筹集资金实际收到的款项,减去直接支付给金融企业的佣金、手续费、宣传费、咨询费、印刷费等发行费用后的净额。

此项目表明企业通过资本市场筹资能力的强弱。该项目增加的现金流可以增加企业的信用能力,并有利于企业长期发展。

2. 取得借款收到的现金

取得借款收到的现金项目反映企业举借各种短期、长期借款而收到的现金。此项目数额的大小,表明企业通过银行筹集资金能力的强弱,在一定程度上代表了企业信用的高低。

3. 偿还债务支付的现金

偿还债务支付的现金项目反映企业以现金偿还债务的本金。将该项目与"取得借款收到的现金"结合起来,可以观察企业债务使用的方法,例如,是否存在借新债还旧债,并由此使用短期资金用于长期投资的行为。同时结合企业经营活动现金流量,可以观察企业日常经营所需流动资金是自己创造还是一直靠借款维持,如果是后者,则借入的现金质量不高。

4. 分配股利、利润或偿付利息支付的现金

分配股利、利润或偿付利息支付的现金项目反映企业实际支付的现金股利、支付给其他投资单位的利润或用现金支付的借款利息和债券利息。此项目可以反映企业现金的充裕程度。

5. 收到其他与筹资活动有关的现金、支付其他与筹资活动有关的现金

收到其他与筹资活动有关的现金、支付其他与筹资活动有关的现金这两个项目反映企业除上述1至4各项目外,收到或支付的其他与筹资活动有关的现金流入或流出,包括以发行股票、债券等方式筹集资金而由企业直接支付的审计和咨询费用、为购建固定资产而发生的借款利息资本化部分、融资租入固定资产所支付的租赁费、以分期付款方式购建固定资产以后各期支付的现金等。其数额一般较小,如果数额较大,应注意分析其合理性。

筹资活动与现金流入、现金流出的对应关系如表4-6所示。

表4-6　　　　　　　筹资活动与现金流入、现金流出的对应关系

筹资活动	现金流入	现金流出
权益性投资	吸收权益性投资收到的现金	减少注册资本支付的现金
投资		分配股利或利润所支付的现金
		筹资费用所支付的现金

（续表）

筹资活动	现金流入	现金流出
发债或借款	发行债券收到的现金	偿还利息支付的现金
	借款收到的现金	偿还债务支付的现金
		融资租赁支付的现金
其他	收到的其他与筹资活动有关的现金	支付的其他与筹资活动有关的现金

注：筹资费用既包括发行股票引起的费用，又包括发行债券引起的费用。偿付利息包括债券利息和借款利息。偿还债务包括借款本金和债券本金。

四、现金流量表比率分析

现金流量表比率分析主要是通过对现金流量表内不同项目之间进行比较，发现两类相同项目或不同项目之间的数量关系的过程。本教材主要从现金流量充足性比率指标、现金流量有效性比率指标和现金流量收益质量比率指标三个方面来进行介绍。

（一）现金流量充足性分析

现金流量充足性是指企业现时获得现金收入是否能够满足企业现时投资所需要投入的现金，是否能够满足日常产品生产所需资金，是否能够满足偿还债务所需资金，是否能够满足企业支付股利所需现金等。常见的现金流量充足性比率指标具体分析如表4-7所示。

表4-7　　　　　　　　　　常见现金流量充足性比率指标

指标名称	指标解读
现金流量满足率	该指标反映了企业利用经营活动产生的现金流量净流入满足企业的经营投资活动资金需求的能力。如果该指标值大于100%，则表明企业通过经营活动创造的现金收入净额能够满足企业投资活动的资金投入需求金额；如果该指标值小于100%，则表明企业仅通过经营活动获得的现金收入净额不能满足投资活动所需资金投入需求金额，必须通过其他渠道来进行融资
固定资产再投资率	该指标反映了企业在经营活动所获得的现金流入净额用于再投资固定资产的比率
债务保障率	该指标反映了企业的现时偿债能力，其数值越高，表明企业的现时偿债的保障能力越差；其数值越低，表明企业的现时偿债的保障能力越强
股利支付率	该指标反映了企业经营活动产生的现金流量净额用于支付股东股利的比例。该指标值越高，表明企业用经营活动产生的现金流量净额用于支付股东股利的比例越大；该指标值越低，表明企业用经营活动产生的现金流量净额用于支付股东股利的比例越小

（二）现金流量有效性分析

现金流量的有效性是指企业的现金流量为企业创造利润价值的能力。评价企业的现金流量是否有效可以从以下三个方面来进行分析。

（1）企业日常经营业务的含金量。即企业通过销售最终获得的现金比是否足够大。企业在销售收入增长较快、利润增长较快的情况下，如果不能同时获得相应的现金收入，那就说明企业经营的含金量是比较低的。具体指标包括销售收现率和盈余现金保障倍数等。

（2）企业现金流动的速度。现金流动的速度是指企业的资产转变成现金的速度，也可以说是企业营业周期的长短。企业在投入资金购买原材料，生产加工出产成品，然后通过销售，最终获得现金的这个过程中，从投入现金到再次获得现金的速度越快，表明企业的经营状况越好，企业的现金创造能力越强，资产的利用效率越高。具体指标包括现金周转次数和流动资产现金周转次数等。

（3）现金流动的获利能力。即现金流动是否带来了现金回报，使企业的经营实力增强。也就是说，企业的现金流动是否创造出了新的现金，从而改善了企业的财务状况。假如企业现金流动的过程中新增了现金，那么表明企业的经营业务是高质量的；假如现金流动的过程中不但没有新增现金，而且导致活动现金减少，那么就表明企业的经营业务是存在问题的。常见现金流量有效性指标具体分析如表4-8所示。

表4-8　　　　　　　　　　　　常见现金流量有效性指标

指标名称	指标解读
销售收现率	该指标的数值越大，表明企业的主营业务收入转换为现金的能力就越强，以应收账款形式存在的销售收入占比相对较小，企业销售收入的质量也就越高。当销售收现率指标大于100%时，表明企业本期的现金收入中有一部分现金来自收回上年度的销售收入或是企业预收的下一年度的销售收入的款项；当销售收现率指标小于100%时，说明企业本期的销售收入中有一部分未收回现金
盈余现金保障倍数	该指标反映了企业经营活动创造现金收入的能力，反映了企业当期每1元的净利润中有多少是属于现金利润的。该指标的数值越高，表明企业经营活动创造现金收入的能力越强，企业的经营活动的经营绩效越好
现金周转次数	该指标反映了企业现金流的周转速度
流动资产现金周转次数	该指标揭示了企业流动资产变现的速度，能够更加准确地揭示企业存货转化为现金的速度和能力
销售净现率	该指标反映了经营业务的收现能力或造血功能。销售净现率越高，说明企业销售的现金收益越高，盈利水平越高，从而企业的财务状况就会得到改善。与销售净利率或销售利润率指标相比，该指标是从现金角度反映企业经营业务的盈利能力，是对从利润角度所反映的企业盈利能力的一种补充或修正
资产现金报酬率	该指标从现金净收益的角度反映了企业资产的经营收现水平或资产的现金报酬率，从现金的角度出发计算资产收益能力，揭示了企业资产的综合管理水平和"造血"能力。一般来说，该指标数值越高，表明企业资产的利用效率越高，经营管理水平越好
资本现金收益率	该指标反映了投入企业资本的现金性的盈利能力，既不考虑企业非经常性损益的影响，也不考虑企业相互之间信用关系的影响，揭示了企业当期经营活动取得的现金收益的能力。该指标是对净资产收益率的有效补充。长期未收现的企业可以用资本现金收益率与净资产收益率进行对比，从而发现净资产收益率中的一些"水分"

（三）现金流量收益质量分析

收益质量是指实现利润的优劣程度，即报告利润与企业业绩之间的相关性。若利润能够如实反映企业业绩，则其收益质量较高，否则较低。从广义上讲，收益质量主要包括利润的真实性和收益的稳定性。现行的现金流量分析仅局限于对企业的盈利能力、偿债能力和支付能力等方面的分析，这不仅对企业利润质量的分析不够系统、全面，而且也远远满足不了新经济的发展需求。本教材认为，只有在现金流量表、利润表和资产负债表之间进行比率分析和对现金流量表进行表内的结构分析，才能消除现行相关利润质量指标评价体系的弊端。

1. 收益真实性的分析

利润的真实性是企业利润质量的基础。利润质量分析应以利润的真实程度分析为前提，其主要指标为收益现金比率。正常情况下的每股现金流量应高于每股收益，即收益现金比率通常应该大于1。因此，判断企业是否具备投资价值不仅要看其账面盈利，还要看其能创造多少实实在在的现金流量。另外，需要特别注意的是，要进一步明确利润的真实水平，还应当考虑企业的销售方式（是否存在大规模分期收款发出商品等）、相关的信用政策（是否存在重大政策事项的调整等）以及所属行业的具体特征（是否属于房地产等一次投资分期回收现金的行业），才能得出比较正确的结论。

2. 收益稳定性的分析

一些企业管理层可以通过造假、隐匿等手段来粉饰财务报表，选择披露较高的收益，却很难在长时期内保持这一较高的收益水平。因此，在评价企业的收益质量时，必须考察其利润的发生或增长是否具有稳定性与可持续性。考察的主要指标为现金流入量结构比率。该指标可用于评价企业自身经营创造现金的能力。该比率较高，说明企业的财务基础稳固，经营及获利的持续稳定性程度较高，利润质量较高；反之，则说明企业的现金获得在很大程度上依赖投资和筹资活动，财务基础和获利能力的持续稳定性程度较低，利润质量较低。

五、现金流量表与其他财务报表比较分析

（一）现金流量表与资产负债表比较分析

资产负债表是反映企业期末资产和负债状况的报表。运用现金流量表的有关指标与资产负债表有关指标比较，可以更为客观地评价企业的偿债能力、盈利能力及支付能力。

1. 偿债能力分析

流动比率是流动资产与流动负债之比。流动资产体现的是能在1年内或1个营业周期内变现的资产，包括许多流动性不强的项目，如果滞的存货、有可能收不回的应收账款、本质上属于费用的待摊费用、待处理流动资产损失和预付账款等。它们虽然具有资产的性质，但事实上却不能再转变为现金，不再具有偿付债务的能力。而且不同企业的流动资产结构差异较大，资产质量各不相同，因此，仅用流动比率等指标来分析企业的偿债能力，往往失之偏颇。可运用经营活动现金净流量与资产负债表相关指标进行对比分析，作为流动比率等指标的补充，具体内容如下：

（1）经营活动现金净流量与流动负债之比。这个指标可以反映企业经营活动获得现金

偿还短期债务的能力,比率越大,说明偿债能力越强。

（2）经营活动现金净流量与全部债务之比。该比率可以反映企业用经营活动中所获现金偿还全部债务的能力,这个比率越大,说明企业承担债务的能力越强。

（3）现金(含现金等价物)期末余额与流动负债之比。这一比率反映企业直接支付债务的能力,比率越高,说明企业偿债能力越强。但由于现金收益性差,这一比率也并非越大越好。

2. 盈利能力及支付能力分析

利润指标存在缺陷,因此,可运用现金净流量与资产负债表相关指标进行对比分析,作为每股收益、净资产收益率等盈利指标的补充。

（1）每股经营活动现金净流量与总股本之比。这一比率反映每股资本获取现金净流量的能力,比率越高,说明企业支付股利的能力越强。

（2）经营活动现金净流量与净资产之比。这一比率反映投资者投入资本创造现金的能力,比率越高,说明企业创现能力越强；若一致,则净利润指标应剔除投资收益和筹资费用。

（二）现金流量表与利润表比较分析

利润表是反映企业一定期间经营成果的重要报表,它揭示了企业利润的计算和形成过程。利润被看作是评价企业经营业绩及盈利能力的重要指标,却存在一定的缺陷。利润是收入减去费用的差额,而收入费用的确认与计量是以权责发生制为基础,广泛地运用收入实现原则、费用配比原则、划分资本性支出和收益性支出原则等来进行的,其中包括太多的会计估计。尽管会计人员在进行估计时要遵循会计准则,并有一定的客观依据,但不可避免地要运用主观判断。而且由于收入与费用是按其归属来确认的,而不管实际是否收到或付出现金,故以此计算的利润常常使一个企业的盈利水平与其真实的财务状况不符。有的企业账面利润很大,看似业绩可观,现金却入不敷出,举步维艰；而有的企业虽然巨额亏损,却现金充足,周转自如。所以,仅以利润来评价企业的经营业绩和盈利能力失之偏颇。如能结合现金流量表所提供的现金流量信息,特别是经营活动现金净流量的信息进行分析,则较为客观全面。其实,利润和现金净流量是两个从不同角度反映企业业绩的指标,前者可称为应计制利润,后者可称为现金制利润。两者的关系可通过现金流量表的补充资料揭示出来。具体分析时,可将现金流量表的有关指标与利润表的相关指标进行对比,以评价企业利润的质量。

1. 经营活动现金净流量与净利润比较

经营活动现金净流量与净利润比较,能在一定程度上反映企业利润的质量。也就是说,企业每实现1元的账面利润中,实际有多少现金支撑,该比率越高,利润质量越高。但其只有在企业经营正常,既能创造利润又能赢得现金净流量时才可比。为了与经营活动现金净流量计算口径一致,净利润指标应剔除投资收益和筹资费用。

2. 销售商品、提供劳务收到的现金与主营业务收入比较

销售商品、提供劳务收到的现金与主营业务收入比较,可以大致说明企业销售回收现金的情况及企业销售的质量。收现数所占比重大,说明销售收入实现后所增加的资产转换现金速度快、质量高。

3. 分得股利或利润及取得债券利息收入所得到的现金与投资收益比较

分得股利或利润及取得债券利息收入所得到的现金与投资收益比较,可大致反映企业

账面投资收益的质量。

六、现金流量质量分析

现金流量的质量是指企业的现金流量能够按照企业的预期目标进行运转的质量。具有较高质量的现金流量应当具有以下特征：第一，企业现金流量的状态体现了企业的发展战略的要求；第二，在稳定发展阶段，企业经营活动的现金流量应当与企业经营活动所对应的利润有一定的对应关系，并能为企业扩张提供现金流量的支持。

（一）经营活动产生现金流量质量分析

1. 经营活动产生的现金流量小于0

这意味着企业通过正常的商品购、产、销所带来的现金流入量，不足以支付上述经营活动所引起的货币流出。企业正常经营活动所需的现金支付，则通过以下几种方式解决：

（1）消耗企业现存的货币积累。

（2）挤占本来可以用于投资活动的现金，推迟投资活动的进行。

（3）在不能挤占本来可以用于投资活动的现金的条件下，进行额外贷款融资，以支持经营活动的现金需要。

（4）在没有贷款融资渠道的条件下，只能通过拖延债务支付或扩大经营活动所引起的负债规模来解决。

从企业的成长过程来分析，在企业开始从事经营活动的初期，由于其生产阶段的各个环节都处于"磨合"状态，设备、人力资源的利用率相对较低，材料的消耗量相对较高，故企业的成本消耗相对较高。同时，为了开拓市场，企业有可能投入较大资金，采用各种手段将自己的产品推向市场（包括采用渗透法定价、加大广告支出、放宽收账期等），从而可能使企业在这一时期的经营活动现金流量表现为"入不敷出"的状态。

如果是上述原因导致的经营活动现金流量小于0，则应该认为这是企业在发展过程中不可避免的正常状态。但是，如果企业在正常生产经营期间仍然出现这种状态，我们应当认为企业经营活动现金流量的质量不高。

2. 经营活动产生的现金流量等于0

这意味着企业通过正常的商品购、产、销所带来的现金流入量，恰恰能够支付上述经营活动引起的货币流出。

在企业经营活动产生的现金流量等于0时，企业的经营活动现金流量处于"收支平衡"的状态。企业正常经营活动不需要额外补充流动资金，企业的经营活动也不能为企业的投资活动和融资活动贡献现金。

但是必须注意的是，在企业的成本消耗中，有相当一部分属于按照权责发生制原则的要求而确认的摊销成本（如无形资产、长期待摊费用摊销，固定资产折旧等）和应计成本（如预提费用的处理等）。下面我们把这两类成本统称为非现金消耗性成本。显然，在经营活动产生的现金流量等于0时，企业的经营活动现金流量不可能为这部分非现金消耗性成本的资源消耗提供货币补偿。因此，从长期来看，经营活动产生的现金流量等于0的状态，根本不可能维持企业经营活动的货币"简单再生产"。

总的来说，如果企业在正常生产经营期间持续出现这种状态，则企业经营活动现金流量的质量仍然不高。

3. 经营活动产生的现金流量大于0但不足以补偿当期的非现金消耗性成本

这意味着企业通过正常的商品购、产、销所带来的现金流入量,不仅能够支付经营活动引起的货币流出,而且有余力补偿一部分当期的非现金消耗性成本。

此时,企业虽然在现金流量的压力方面比前两种状态要小,但是从长期来看,如果这种状态持续,则企业经营活动产生的现金流量也不可能维持企业经营活动的货币"简单再生产"。

因此,我们认为,如果企业在正常生产经营期间持续出现这种状态,则企业经营活动现金流量的质量仍然不能得到较高评价。

4. 经营活动产生的现金流量大于0并恰能补偿当期的非现金消耗性成本

这意味着企业通过正常的商品购、产、销所带来的现金流入量,不但能够支付经营活动引起的货币流出,而且有余力补偿全部当期的非现金消耗性成本。

在这种状态下,企业已经解脱在经营活动方面现金流量的压力。从长期来看,如果这种状态持续,则企业经营活动产生的现金流量刚好能够维持企业经营活动的货币"简单再生产"。从总体上看,这种维持企业经营活动的货币"简单再生产"状态,仍然不能为企业扩大投资等发展提供货币支持。企业的经营活动为企业扩大投资等发展提供货币支持,只能依赖于企业经营活动产生的现金流量的规模继续扩大。

5. 经营活动产生现金流量大于0并在补偿当期的非现金消耗性成本后仍有剩余

这意味着企业通过正常的商品购、产、销所带来的现金流入量,不但能够支付经营活动引起的货币流出、补偿全部当期的非现金消耗性成本,而且有余力为企业的投资等活动提供现金流量的支持。

在这种状态下,企业经营活动产生的现金流量已经处于良好的运转状态。如果这种状态持续,则企业经营活动产生的现金流量将对企业经营活动的稳定与发展、企业投资规模的扩大起到重要的促进作用。

由此可知,企业经营活动产生的现金流量仅仅大于0是不够的。企业经营活动产生的现金流量要想对企业作出较大贡献,必须呈现第5种状态。

(二)投资活动产生现金流量质量分析

1. 投资活动产生的现金流量小于0

这意味着企业在购建固定资产、无形资产和其他长期资产、权益性投资以及债权性投资等方面所支付的现金之和,大于企业因收回投资,分得股利或利润,取得债券利息收入,处置固定资产、无形资产和其他长期资产而收到的现金净额之和。企业上述投资活动的现金流量,处于"入不敷出"的状态。企业投资活动所需资金的"缺口",主要通过以下几种方式解决:

(1)消耗企业现存的货币积累。

(2)挤占本来可以用于经营活动的现金,削减经营活动的现金消耗。

(3)利用经营活动积累的现金进行补充。

(4)在不能挤占本来可以用于经营活动的现金的条件下,进行额外贷款融资,以支持投资活动的现金需要。

（5）在没有贷款融资渠道的条件下，采用拖延债务支付或扩大投资活动所引起的负债规模来解决。

而从投资活动的目的分析，企业的投资活动主要有以下三个目的：

（1）为企业正常生产经营活动奠定基础，如购建固定资产、无形资产和其他长期资产等。

（2）为企业对外扩张和其他发展性目的的进行权益性投资和债权性投资。

（3）利用企业暂时不用的闲置货币资金进行短期投资，以求获得较高的投资收益。

在上述三个目的中，前两种投资一般都应与企业的长期规划和短期计划相一致。第三种则在很多情况下，是企业的一种短期理财安排。因此，面对投资活动现金流量小于0的企业，应当考虑的是：在企业的投资活动符合企业的长期规划和短期计划的条件下，这种现象表明了企业经营活动发展和企业扩张的内在需要，也反映了企业在扩张方面的努力与尝试。

2. 投资活动产生的现金流量大于或等于0

这意味着企业在投资活动方面的现金流入量大于流出量。这种情况的发生，或是由于企业在本会计期间的投资回收活动的规模大于投资支出的规模，或是由于企业在经营活动与筹资活动方面急需资金而不得不处理手中的长期资产以求变现等。因此，必须对企业投资活动的现金流量原因进行具体分析。

这里必须指出，企业投资活动的现金流出量，有的需要由经营活动的现金流入量来补偿。例如，企业的固定资产、无形资产购建支出，将由未来使用有关固定资产和无形资产会计期间的经营活动的现金流量来补偿。因此，即使在一定时期企业投资活动产生的现金流量小于0，我们也不能对企业投资活动产生的现金流量的质量简单作出否定的评价。

（三）筹资活动产生现金流量质量分析

1. 筹资活动产生的现金流量大于0

这意味着企业在吸收权益性投资、发行债券和借款等方面所收到的现金之和，大于企业在偿还债务、支付筹资费用、分配股利或利润、偿付利息、融资租赁以及减少注册资本等方面所支付的现金之和。在企业处于发展的起步阶段、投资需要大量资金、企业经营活动的现金流量小于0的条件下，企业的现金流量的需求，主要通过筹资活动来解决。因此，分析企业筹资活动产生的现金流量大于0是否正常，关键要看企业的筹资活动是否已经纳入企业的发展规划，是企业管理层以扩大投资和经营活动为目标的主动行为还是企业因投资活动和经营活动的现金流出失控不得已而为之的被动行为。

2. 筹资活动产生的现金流量小于0

这意味着企业在吸收权益性投资、发行债券和借款等方面所收到的现金之和，小于企业在偿还债务、支付筹资费用、分配股利或利润、偿付利息、融资租赁以及减少注册资本等方面所支付的现金之和。这种情况的出现，或是由于企业在本会计期间集中发生偿还债务、支付筹资费用、分配股利或利润、偿付利息、融资租赁等业务，或是因为企业经营活动与投资活动在现金流量方面运转较好，有能力完成上述各项支付。此外，企业筹资活动产生的现金流量小于0，也可能是企业在投资和扩张方面没有更多作为的一种表现。

处于正常生产经营期间的企业，经营活动对企业现金流量的贡献应占较大比重，这是因为处于正常生产经营期间的企业，其购、产、销等活动均应协调发展，实现良性循环。其购、产、销活动应为其引起现金流量的主要原因。

投资活动与筹资活动属于企业的理财活动。在任何期间,企业均有可能因这些方面的活动而引起现金流量的变化。不过,处于开业初期的企业,其理财活动引起的现金流量变化较大,占企业现金流量变化的比重也较大。

　　同时,理财活动意味着企业存在相应的财务风险。例如,企业对外发行债券,就必须承担定期支付利息、到期还本的责任。如果企业不能履行偿债责任,有关方面就会对企业采取法律措施。另外,企业购买股票,就可能存在股票跌价损失的风险。因此,企业的理财活动越多,其财务风险也可能越大。

知识巩固与能力提升实训

一、单项选择题

1. 我国确定现金流量表为对外财务报告的主表之一的时间是（　　）年。
   A. 1992　　　　　　B. 1993　　　　　　C. 1998　　　　　　D. 1999
2. 编制现金流量表的主要目的是（　　）。
   A. 反映企业某一时日的财务状况
   B. 反映企业的经营成果
   C. 全面评价企业的经营业绩
   D. 提供企业在一定时间内的现金和现金等价物流入和流出的信息
3. 用现金偿还债券，对现金的影响是（　　）。
   A. 增加
   B. 减少
   C. 不增不减
   D. 属非现金事项
4. 反映净收益质量的主要标志是（　　）。
   A. 经营活动现金流量
   B. 投资活动现金流量
   C. 筹资活动现金流量
   D. 现金及现金等价物净增加额
5. 现金流量表编制方法中的"直接法"和"间接法"是用来反映（　　）。
   A. 投资活动的现金流量
   B. 经营活动的现金流量
   C. 筹资活动的现金流量
   D. 上述三种活动的现金流量
6. 下列业务中，不影响现金流量的是（　　）。
   A. 收回以前年度核销的坏账
   B. 商业汇票贴现
   C. 预提银行借款利息
   D. 收到银行存款利息
7. 下列业务中，不影响现金流量的是（　　）。
   A. 以固定资产对外投资
   B. 分得现金股利或利润
   C. 吸收权益性投资收到现金
   D. 支付融资租入设备款
8. 企业处于高速成长阶段时，投资活动现金流量往往是（　　）。
   A. 流入量大于流出量
   B. 流出量大于流入量
   C. 流入量等于流出量
   D. 不一定

二、多项选择题

1. 下列各项中，属于筹资活动产生的现金流量的有（　　）。
   A. 融资租赁固定资产支付的租金
   B. 分配股利或利润支付的租金
   C. 购建固定资产而发生的借款利息
   D. 减少注册资本所支付的现金
   E. 经营租赁固定资产支付的租金

2. 下列各项中,属于投资活动产生的现金流量的有( )。
   A. 固定资产的购建与处置　　　　　　B. 无形资产的购建与处置
   C. 债权性投资的利息收入　　　　　　D. 以现金形式收回的资本金
   E. 收到联营企业分回的利润

3. 下列事项中,不影响现金流量变动的有( )。
   A. 接受投资转入固定资产　　　　　　B. 收回对外投出的固定资产
   C. 用现金收购本企业股票实现减值　　D. 在建工程完工转入固定资产
   E. 用银行存款偿还到期短期借款

4. 现金等价物应具备的特点有( )。
   A. 期限短　　　　　　　　　　　　　B. 流动性高
   C. 易于转化为已知金额的现金　　　　D. 价值变动风险很小
   E. 可上市交易

5. 我国的现金流量表将现金流量分为( )。
   A. 经营活动产生的现金流量　　　　　B. 税项
   C. 投资活动产生的现金流量　　　　　D. 非常性项目产生的现金流量
   E. 筹资活动产生的现金流量

6. 与现金流量相关的财务比率中,评价偿债能力的有( )。
   A. 每股收益　　　　　　　　　　　　B. 速动比率
   C. 现金比率　　　　　　　　　　　　D. 现金支付股利比率
   E. 偿还到期债务比率

7. 下列各项中,会使现金增加的有( )。
   A. 以固定资产进行投资　　　　　　　B. 销售商品收入货款和增值税款
   C. 处置固定资产收入小于净值　　　　D. 以存款偿还债务
   E. 分得股利

8. 关心净收益质量比率的个人或单位主要有( )。
   A. 投资人　　　　　　　　　　　　　B. 债权人
   C. 税务部门　　　　　　　　　　　　D. 证券监管部门
   E. 企业本身

9. 下列活动中,属于经营活动产生的现金流量的有( )。
   A. 销售商品收到的现金　　　　　　　B. 分配股利支出的现金
   C. 提供劳务收到的现金　　　　　　　D. 出售设备收到的现金
   E. 缴纳税款支出的银行存款

10. 属于筹资活动现金流量的项目的有( )。
    A. 短期借款的增加　　　　　　　　　B. 支付给职工的现金
    C. 或有收益　　　　　　　　　　　　D. 分配股利所支付的现金
    E. 取得债券利息收入

三、判断题

1. 在现金流量表上,应在本期利润的基础上加上折旧费用,因而折旧费用是一项现金来源。
   ( )

2. 在现金流量表中,固定资产购建过程中发生的增值税,应在经营活动中的"支付的各项税费"中反映。（　　）
3. 现金流量表对于不涉及现金收支的投资活动和筹资活动均不予以反映。（　　）
4. 如果发现有的企业账面利润很高,而经营活动的现金流量不充足,甚至出现负数,则应格外谨慎地判断企业的经营成果。（　　）
5. 现金流动负债比越大,说明企业短期偿债能力越差。（　　）
6. 在现金流量表中,利息收入和利息支出反映为投资活动的现金流量,股利收入和股利支出反映为筹资活动的现金流量。（　　）
7. 是否作为现金等价物,主要标志是从购入日至到期日在3个月或更短时间内转化为已知现金的投资。（　　）
8. 现金流量表中的经营活动是指企业投资活动和筹资活动以外的交易和事项,销售商品或提供劳务、处置固定资产、分配利润等产生的现金流量均包括在经营活动产生的现金流量中。（　　）
9. 经营活动产生的现金流量大于0,说明企业盈利。（　　）
10. 利息支出将对筹资活动和投资活动现金流量产生影响。（　　）

四、综合计算及案例分析题

资料：明光公司的现金流量表如表4-9所示。

表4-9　　　　　　　　　　明光公司现金流量表
1月1日—12月31日　　　　　　　　　　单位：元

项目	2023年	2022年
一、经营活动产生的现金流量：		
现金流入小计	16 192 142.00	12 151 028.00
现金流出小计	15 953 556.00	12 046 528.00
经营活动产生的现金流量净额	238 586.00	104 500.00
二、投资活动产生的现金流量：		
现金流入小计	339 171.00	420 075.00
现金流出小计	5 434 477.00	2 765 432.00
其中：购建固定资产支付的现金	5 213 580.00	2 078 328.00
投资活动产生的现金流量净额	−5 095 306.00	−2 345 457.00
三、筹资活动产生的现金流量：		
现金流入小计	16 840 000.00	10 420 750.00
其中：借款收到的现金	16 840 000.00	10 420 750.00
现金流出小计	13 567 469.00	5 456 428.00

(续表)

项目	2023年	2022年
其中：偿还债务支付的现金	12 758 000.00	5 072 450.00
偿付利息支付的现金	809 469.00	383 978.00
筹资活动产生的现金流量净额	3 272 531.00	4 964 322.00
四、汇率变动对现金的影响额	0	0
五、现金及现金等价物净增加额	−1 584 189.00	2 723 365.00

要求：

请从银行信贷的角度对明光公司2022—2023年的经营活动、投资活动和筹资活动产生的现金流量及这两个年度现金流量的增减变动情况作出评价。

五、思考题

1. 现金流量表中现金的范围与日常所指的现金的范围有什么区别？
2. 现金流量如何分类？
3. 现金流量信息有哪些作用？
4. 如何评价收益质量？
5. 如何对现金流量进行结构分析？
6. 企业为什么会经常出现"有利润而没钱"的情况？

项目五
财务指标单项分析

学习目标

素养目标

1. 遵守《银行从业人员的职业操守和行业准则》的规定,严纪律、守底线
2. 树立银行信贷人员的风险防范意识,在作分析时,能够有效识别并防范信贷风险,提升社会责任感
3. 能够识别客户资料中反常的财务信息

知识目标

1. 理解指标的内涵及其反映形式,明确指标分析的目的
2. 掌握偿债能力、营运能力、盈利能力和发展能力的指标构成
3. 熟悉偿债能力、营运能力、盈利能力和发展能力各指标的含义、计算公式和具体分析要点

能力目标

1. 能够熟练运用短期和长期偿债能力指标对企业偿债能力进行分析和评价
2. 能够在资产营运能力指标对比分析和因素分析的基础上,对总资产营运能力、流动资产营运能力、应收账款营运能力、存货营运能力和固定资产营运能力作出综合评价,并结合盈利能力分析对企业的整体营运能力作出全面评价
3. 通过学习盈利能力分析的内容和方法,能够针对具体的案例,分析其收入、成本费用、资产和资本盈利能力,并进行同行业比较分析
4. 掌握并运用增长率指标分析企业发展能力,能够运用企业整体发展能力分析框架对企业的增长能力作出合理的评价

思维导图

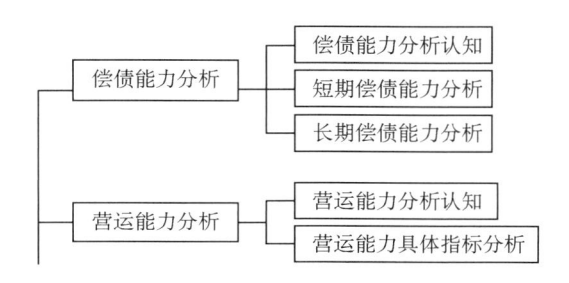

```
                    ┌── 偿债能力分析认知
        偿债能力分析 ├── 短期偿债能力分析
                    └── 长期偿债能力分析

                    ┌── 营运能力分析认知
        营运能力分析 ┤
                    └── 营运能力具体指标分析
```

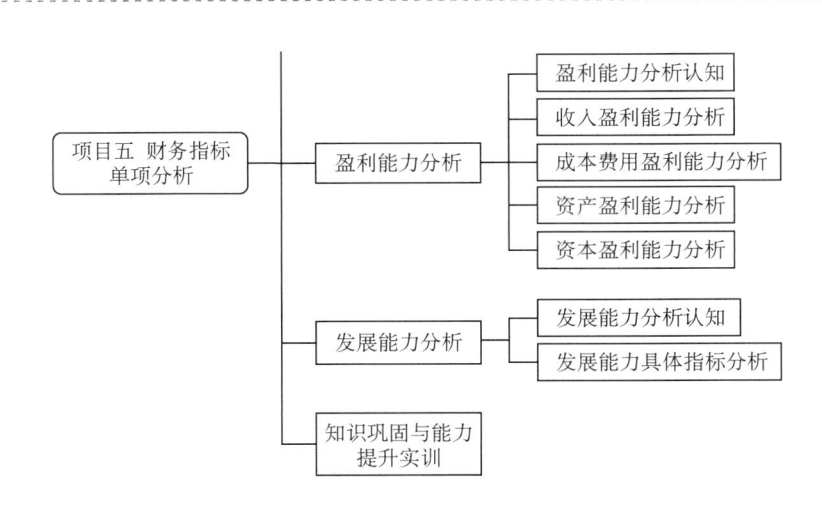

```
项目五 财务指标单项分析
├── 盈利能力分析
│   ├── 盈利能力分析认知
│   ├── 收入盈利能力分析
│   ├── 成本费用盈利能力分析
│   ├── 资产盈利能力分析
│   └── 资本盈利能力分析
├── 发展能力分析
│   ├── 发展能力分析认知
│   └── 发展能力具体指标分析
└── 知识巩固与能力提升实训
```

中国企业500强财务指标能力分析

财富中文网于北京时间2023年7月25日发布了2023年《财富》中国500强排行榜。500家上榜的中国公司在2022年的总营业收入达到15万亿美元,净利润达到7 171亿美元。

国家电网有限公司以5 300亿美元的营收位居榜首,中国石油和中国石化分列榜单第2位和第3位,位列第4位的是中国建筑集团。苹果最大代工企业鸿海精密位列第5位,是排名最高的中国台湾地区公司。中国平安保险(集团)股份有限公司是榜单前10位内唯一的大陆民营企业,位列第9位。总部位于中国香港、屈臣氏的母公司长江和记实业有限公司位列第129位。新能源领域的两家头部公司营收相较2021年增长巨大。宁德时代营收达到488亿美元,较2021年增长141%。比亚迪营收增长92%,达到630亿美元,归母净利润同比增长更是超过4倍,达到24亿美元。金属产品行业共有56家公司上榜,是2023年上榜公司数量最多的行业,上榜公司收入总额达1.4万亿美元。

在盈利能力方面,最赚钱的10家上榜公司中,除5家商业银行和中石油、中海油、中移动外,2家私营企业也进入了前10位,其中台积公司以333亿美元的净利润排在利润榜第5位,腾讯的净利润比2021年下降了19%,但仍以超过279亿美元的净利润排在利润榜第6位。这10家公司在去年的总利润约为3 087亿美元,约占上榜公司利润总和的43%。

净利润率方面,排位最高的5家公司中,有3家是锂电池相关行业,分别是天齐锂业、青海盐湖工业和江西赣锋锂业集团,其中天齐锂业的净利润率高达59%,位列利润率榜第2位。利润率榜榜首是九安医疗,凭借核酸检测试剂在2021年的强劲销量,该公司的利润率超过60%。中国台湾地区的长荣海运以53%的利润率排在利润率榜第3位。

此次,《财富》中国500强中共计有64家上榜公司未能盈利。亏损榜前10家公司中,共有3家航空公司、4家房地产公司。

在所有上榜公司中,位居净资产收益率(ROE)榜榜首的是海丰国际,其ROE高达90%。分别位居ROE榜第2位和第3位的是九安医疗和青海盐湖工业。由于国际运费持续高位运行,同样为海运公司的长荣海运,也以62%的ROE位居第4位。ROE榜的前10位中,锂电池行业有4家公司,分别是青海盐湖工业、湖南裕能新能源电池材料、天齐锂业、赣锋锂业。光伏行业的通威集团以超过42%的ROE位列第9位。

值得一提的是，中国的3家互联网代表企业，除京东的营收有约5%的增长外，阿里巴巴和腾讯的营收与2021年相比均有所下降。拼多多营收同比增长约39%，净利润增长近3倍，盈利超过46亿美元。

从中国企业500强排行榜可以看出，盈利能力是评价企业实力的重要依据。那么，应当如何对企业的盈利能力进行全方面深入的分析？作为单项指标分析，除盈利能力外，偿债能力、营运能力和发展能力等分析指标同样重要，如何分析和判断这些指标，与同行业企业的指标进行对比？对此，我们需要了解并掌握四类指标能力分析的过程和方法。

银行信贷部门对企业的财务指标的分析，不仅是为了评估企业的偿债能力和盈利能力，更是为了预测企业的资金需求，估算借款偿还的可能性，判断信贷违约风险的大小，并最终通过防范和控制授信风险来保障借款的安全性。这一过程需要对企业的财务报表进行深入解读和分析，通过有效的财务指标分析，信贷部门能够为企业提供合理的信贷支持，以促进企业的发展，同时为银行自身的稳定发展和风险控制提供坚实的基础。

本项目信贷人员根据企业提供的财务数据进行单项财务指标分析。企业财务报表中有大量的数据信息，可以用于计算与公司有关的财务比率。以前面项目给定的宏达公司的财务报表数据为例，解读金融财务分析一系列财务指标单项分析的计算和分析方法。宏达公司2023年的资产负债表、利润表和现金流量表见附录（宏达公司财务报表汇总）。

任务一 偿债能力分析

学习目标

素养目标
1. 具备风险意识，明确资金链断裂对企业的危害
2. 理解资金运动，依据企业实际情况灵活运用不同的筹资方式
3. 具备诚实守信职业精神，理解按时偿还债务对企业的积极意义

知识目标
1. 理解偿债能力分析的目的和具体的分析内容
2. 理解短期偿债能力与长期偿债能力的区别与联系
3. 理解短期偿债能力指标的构成与含义
4. 理解长期偿债能力指标的构成与含义
5. 理解影响长期偿债能力的其他因素

能力目标
1. 能够快速识别和理解偿债能力指标的构成
2. 掌握短期偿债能力指标中营运资金、流动比率、速动比率和现金比率的含义、计算公式、分析要点和结果评估

3. 掌握长期偿债能力指标中资产负债率、产权比率、有形净值债务率、已获利息倍数和全部债务现金流量比率的含义、计算公式、分析要点和结果评估

一、偿债能力分析认知

(一) 偿债能力分析的目的

偿债能力是指企业偿还各种债务的能力。企业的负债按偿还期的长短,可以分为流动负债和非流动负债两大类。其中,反映企业偿付流动负债能力的是短期偿债能力;反映企业偿付非流动负债能力的是长期偿债能力。

偿债能力分析是金融财务分析的重要组成部分,也是企业经营者、投资人、银行信贷等债权人都十分关心的重要问题。站在不同的角度,分析的目的也存在差异。

银行信贷部门对企业偿债能力分析的目的在于进行正确的借贷决策,保证银行借贷资金安全。偿债能力对银行等债权人的利益有着直接的影响,因为偿债能力的强弱直接决定着银行等债权人信贷资金及其利息是否能收回的问题。通过对企业资金的主要来源和用途及资本结构的分析,加上对企业过去盈利能力的分析和对未来盈利能力的预测,可以判断企业的偿债能力。

商品和劳务供应商主要是指赊销商品或劳务给企业的单位和个人,他们最关心的是能否尽快安全地收回资金。因此,他们必须判断企业能否及时支付商品和劳务的价款。从这个角度来说,商品和劳务供应商对企业偿债能力的分析与债权人类似。

综上所述,对企业偿债能力分析的目的如下:

(1) 了解企业的财务状况。从企业财务状况这一定义来看,企业偿债能力强弱是反映企业财务状况的重要标志。投资者和经营者对小规模企业的财务状况可以做到了如指掌,而银行和其他债权人则需要通过分析企业的财务资料,了解企业的偿债能力,判断企业的财务状况。大企业由于经营业务繁杂多样,对其进行偿债能力分析的重要性就更加突显。

(2) 揭示企业所承担的财务风险程度。企业所承担的财务风险与负债筹资直接相关,负债必须到期归还,而且要支付利息,不管企业盈亏与否,其偿债义务必须履行。这就是说,当企业举债时,就可能出现债务到期不能按时偿付的可能,这也是财务风险的实质。而且企业的负债比率越高,到期不能按时偿付的可能性越大,企业所承担的财务风险越大。如果企业有足够的现金或可以随时变现的流动资产,即企业偿债能力强时,其财务风险就相对较低;反之,则其财务风险就相对较高。

(3) 预测企业筹资前景。当企业偿债能力较强时,企业财务状况较好,信誉较高,债权人便愿意将资金借给企业。否则,债权人便不愿意将资金借给企业。当企业偿债能力较弱时,企业筹资前景不容乐观,除非企业愿意付出较高的代价,才有可能举借到生产经营所需的资金,然而,这样做会使企业承担的财务风险更高。

(4) 为企业进行各种理财活动提供重要参考。企业在理财活动中何时取得资金、需要多少资金,取决于生产经营活动的需要,这里也包括偿还债务的需要。如果企业偿债能力不强,特别是近期内有需要偿付的债务,企业就必须及早地筹措资金,以便在债务到期时能够偿付,使企业信誉得以维护。如果企业偿债能力较强,企业就可以利用暂时闲置的资金进行其他投资活动,以提高资产的利用效果。

（二）偿债能力分析的内容

一般地说，偿债能力分析通常分为短期偿债能力分析和长期偿债能力分析。

1. 短期偿债能力分析

短期偿债能力是指企业偿还流动负债的能力，或者说是指企业在短期债务到期时可以变现为现金用于偿还流动负债的能力。因此，短期偿债能力分析也称为企业流动性分析。进行短期偿债能力分析首先要明确影响短期偿债能力的因素，在此基础上，通过对一系列反映短期偿债能力的指标进行计算与分析，反映企业短期偿债能力状况及其原因。

2. 长期偿债能力分析

长期偿债能力是指企业偿还长期负债的能力，或者说是在企业长期债务到期时，企业盈利或资产可用于偿还长期负债的能力。要结合长期负债的特点对企业长期偿债能力进行分析，在明确影响长期偿债能力因素的基础上，从企业盈利能力和资产规模两方面对企业偿还长期负债的能力进行分析和评价。

3. 短期偿债能力与长期偿债能力的关系

企业短期偿债能力与长期偿债能力通称为企业的偿债能力，它们共同构成企业对各种债务的偿还能力。两种偿债能力既相互统一，又有显著的区别；既有共同性，又各具特殊性。

1）短期偿债能力与长期偿债能力的区别

第一，短期偿债能力反映企业对偿还期在1年或超过1年的一个营业周期以内的短期债务的偿付能力；而长期偿债能力反映企业保证未来到期债务（一般为1年以上）有效偿付的能力。

第二，短期偿债能力所涉及的债务偿付一般是企业的流动性支出，这些流动性支出具有较大的波动性，从而使企业短期偿债能力也呈现较大的波动性；而长期偿债能力所涉及的债务偿付一般为企业的固定性支出，只要企业的资本结构与盈利能力不发生显著的变化，企业的长期偿债能力会出现相对稳定的特点。

第三，短期偿债能力所涉及的债务偿付一般动用企业目前所拥有的流动资产，因此，短期偿债能力的分析主要关注流动资产对流动负债的保障程度，即着重进行静态分析；而长期偿债能力所涉及的债务偿付保证一般为未来所产生的现金流入，因此，企业资产和负债结构及盈利能力是长期偿债能力的决定因素。

2）短期偿债能力与长期偿债能力的联系

第一，不管是短期偿债能力还是长期偿债能力，都可保障企业债务及时有效偿付。但提高偿债能力和降低企业偿债风险，并不是企业财务运作的唯一目的，短期偿债能力与长期偿债能力都并非越高越好。企业应在股东财富最大化目标的框架下，合理安排企业债务水平与资产结构，实现风险与收益的权衡。

第二，长期负债在一定期限内将逐步转化为短期负债，因此，长期负债得以偿还的前提是企业具有较强的短期偿债能力，短期偿债能力是长期偿债能力的基础。

二、短期偿债能力分析

短期偿债能力是指企业用其流动资产偿付流动负债的能力，它反映企业偿付日常到期债务的实力。

企业能否及时偿付到期的流动负债是反映企业财务状况好坏的重要标志。对于债权人来说,企业要具有充分的偿还能力,才能保证其债权的安全,按期取得利息,到期收回本金;对于投资者来说,企业短期偿债能力的强弱意味着企业盈利能力的高低和投资机会的多少,企业短期偿债能力下降通常是其盈利水平降低和投资机会减少的先兆,意味着资本投资的流失;对于企业管理者来说,企业短期偿债能力的强弱意味着企业承受财务风险能力的大小;对于企业的供应商和消费者来说,企业短期偿债能力的强弱意味着企业履行合同能力的强弱。

当企业短期偿债能力下降时,企业将无力履行合同,供应商和消费者的利益将受到损害。有时一个效益不错的企业会由于资金周转不灵、不能偿还短期债务而破产。银行信贷部门对短期偿债能力的分析应主要侧重于研究企业流动资产与流动负债的关系,以及资产变现速度的快慢。因为大多数情况下,短期债务需要用货币资金来偿还,各种资产的变现速度也直接影响企业的短期偿债能力。总之,短期偿债能力分析是报表分析的一项重要内容。

反映企业短期偿债能力的指标主要有营运资金、流动比率、速动比率、现金比率等。通过对这些指标的计算分析,可以评价企业短期偿债能力的强弱程度及对企业生产经营的适应情况。

(一) 营运资金

1. 营运资金的含义及计算

流动资产和流动负债是短期偿债能力分析的两个要素。将流动资产和流动负债进行对比,可以看出企业的短期偿债能力。营运资金是企业流动资产减去流动负债的差额,也称净营运资本。它是反映企业短期偿债能力的绝对数指标,计算公式如下:

$$营运资金 = 流动资产 - 流动负债$$

营运资金是表示流动资产超过流动负债的部分。当营运资金为正值时,表明企业有能力偿还全部短期债务;当营运资金为零或负值时,表明企业已无力偿还全部短期债务,企业现有资金无法周转。

2. 营运资金的分析要点

正是为了便于分析短期偿债能力,才要求财务报表将"流动资产"和"流动负债"分别列示,并按流动性排序。营运资金是用于计量企业短期偿债能力的绝对指标。企业能否偿还短期债务,要看有多少债务,以及有多少可以变现偿债的流动资产。当流动资产大于流动负债时,营运资金为正,说明营运资金出现溢余。此时,与营运资金对应的流动资产是以一定数额的长期负债或所有者权益作为资金来源的。营运资金数额越大,说明不能偿债的风险越小;反之,当流动资产小于流动负债时,营运资金为负,说明营运资金出现短缺。此时,企业部分长期资产以流动负债作为资金来源,企业不能偿债的风险很大。

我们分析营运资金,还需分析营运资金的合理性。营运资金的合理性是指营运资金的数量以多少为宜。短期债权人希望营运资金越多越好,这样就可以减少贷款风险。因为营运资金的短缺会迫使企业为了维持正常的经营和信用,在不适合的时机和按不利的利率进行借款,从而影响利息和股利的支付能力。但是过多地持有营运资金也不是什么好事。高营运资金意味着企业流动资产多而流动负债少。流动资产与长期资产相比,流动性强、风险小,但获利性差,过多的流动资产不利于企业提高盈利能力。除短期借款外的流动负债通常不需要支付利息,流动负债过少说明企业利用无息负债扩大经营规模的能力较差。因此,企业应保持适当的营运资金规模。

【例5.1】 宏达公司有关资料及营运资金的计算如表5-1所示。

表5-1　　　　　　　宏达公司有关资料及营运资金的计算　　　　　　　单位:万元

项目	2023年	2022年
流动资产	763 427.34	761 553.69
流动负债	741 584.01	792 349.11
营运资金	21 843.33	-30 795.42

从以上计算结果可看出,2023年公司的营运资金状况比2022年要好许多,营运资金增幅大大提高。公司的短期偿债能力增强,可用于日常经营需要的资金增加。

实务中,没有一个统一的标准用来衡量营运资金保持多少是合理的。不同行业的营运资金规模有很大差别。一般说来,零售商的营运资金较多,因为它们除流动资产外没有什么可以偿债的资产;而信誉好的餐饮企业营运资金很少,有时甚至是一个负数,因为其稳定的收入可以偿还同样稳定的流动负债。制造业一般营运资金为正,但数额差别很大。因为营运资金与经营规模存在联系,所以同一行业不同企业之间的营运资金也缺乏可比性。

【例5.2】 A公司和B公司的营运资金相同,但偿债能力显然不同。A公司和B公司的偿债能力比较如表5-2所示。

表5-2　　　　　　　A公司和B公司的偿债能力比较　　　　　　　单位:万元

项目	A公司	B公司
流动资产	300	1 200
流动负债	100	1 000
营运资金	200	200

营运资金是一个绝对数,不便于不同企业间的比较,因此在实务中很少直接使用营运资金作为偿债能力的指标。营运资金的合理性主要通过流动资产与流动负债的相对比较即流动比率来评价。

(二)流动比率

1. 流动比率的含义及计算

流动比率是流动资产与流动负债的比率,表示每1元流动负债有多少流动资产作为还款的保障,同时表明当企业遇到突发性现金流出,如发生意外损失时的支付能力。流动比率是个相对数,排除企业规模不同的影响,更适合企业之间及本企业不同历史时期的比较,计算公式如下:

$$流动比率 = \frac{流动资产}{流动负债}$$

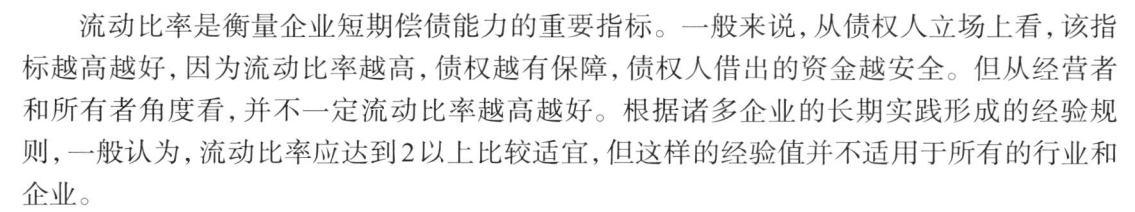

流动比率是衡量企业短期偿债能力的重要指标。一般来说,从债权人立场上看,该指标越高越好,因为流动比率越高,债权越有保障,债权人借出的资金越安全。但从经营者和所有者角度看,并不一定流动比率越高越好。根据诸多企业的长期实践形成的经验规则,一般认为,流动比率应达到2以上比较适宜,但这样的经验值并不适用于所有的行业和企业。

2. 流动比率的分析要点

因为流动比率不可避免地存在一些问题,所以在运用该指标进行企业短期偿债能力分析时,要注意以下几个问题:

(1) 流动比率反映的是企业某一时点上可以动用的流动资产存量与流动负债的比率关系,而这种静止状态的资产与未来的现金流量并没有必然联系。流动负债是企业今后短时期内要偿还的债务,而企业现存的流动资产能否在较短时期内变成现金却难以确定。

(2) 企业应收账款规模的大小受企业销售政策和信用条件的影响,信用条件越是宽松,销售量越大,应收账款规模就越大,发生坏账损失的可能性也就越大。因此,不同的管理方法会影响应收账款的规模和变现程度,使指标计算的客观性受到损害,容易导致计算结果产生偏差。

(3) 存货资产在流动资产中所占比重较大,而企业又可以随意选择存货的计价方式,不同的计价方式对存货规模的影响也不同,也会使流动比率的计算带有主观色彩。此外,如果企业的存货积压,则反而会表现出较高的流动比率。

(4) 企业的债务并不全部反映在资产负债表上,只以资产负债表上的流动资产与流动负债相比较来判断企业的短期偿债能力是不全面的。

(5) 对企业短期偿债能力的判断必须与其所在行业的平均标准相结合。不同行业因其资产、负债占用情况不同,流动比率会有较大区别。有些行业的流动比率达到1时就可能表明其有足够的偿债能力,而有些行业的流动比率达到或超过2时,也不一定表明其偿债能力很强。

(6) 要注意人为因素对流动比率指标的影响。流动比率是根据资产负债表的资料计算出来的,体现的仅仅是账面上的偿债能力。企业管理人员出于某种目的,可以运用各种方式进行调整,使以流动比率表现出来的偿债能力与实际偿债能力存在较大差异。例如,企业可以以本期末还贷、下期初再举债的方式调低期末流动负债余额,从而提高流动比率。分析时应注意联系流动资产和流动负债的变动情况及变动原因,对企业偿债能力的真实性作出判断。

【例5.3】 宏达公司有关资料及流动比率的计算如表5-3所示。

表5-3　　　　　　　　　宏达公司有关资料及流动比率的计算　　　　　　　金额单位:万元

项目	2023年	2022年
流动资产	763 427.34	761 553.69
流动负债	741 584.01	792 349.11
流动比率	1.03	0.96

该公司2022年和2023年的流动比率都低于一般公认标准,表明该公司短期债务的偿还能力较弱,短期债务的安全程度在降低。但2023年的流动比率比2022年稍有提高,表明该公司的短期偿债能力有所增强。

需要强调的是,随着时间的推移,影响企业经营的主客观因素会发生较大的变化。企业对资产的流动性及资产的利用效果更加重视,任何企业都不会牺牲资产的流动性和利用效果来维持较高的流动比率。因此,近年来企业流动比率已呈下降的趋势。此外,还需要结合行业竞争对手及行业标准,对企业的流动比率作进一步的分析。

(三)速动比率

1. 速动比率的含义及计算

速动比率是从流动资产中扣除存货部分,再除以流动负债的比值。它可用于衡量企业流动资产中可以立即用于偿还流动负债的能力,计算公式如下:

$$速动比率=\frac{速动资产}{流动负债}$$

速动资产是指几乎可以立即变现用来偿付流动负债的那些资产,一般包括货币资金、交易性金融资产、应收票据、应收账款、合同资产、其他应收款。计算速动资产之所以要排除存货和预付账款等因素,是因为存货是流动资产中变现速度最慢的资产,而且存货在销售时受到市场价格的影响,其变现价值带有很大的不确定性。至于预付账款,其本质上属于预付费用,只能减少企业未来时期的现金支出,流动性很低。速动资产的另一种简单表达方式是流动资产减存货。

2. 速动比率的分析要点

(1)速动比率代表了企业直接的偿债能力。与流动比率相比,其对短期偿债能力的分析考核更加稳妥可信。一般认为,速动比率等于或稍大于1比较理想。

(2)判断速动比率的标准不能绝对化。例如,零售企业大量采用现金结算,应收账款很少,因而允许保持低于1的速动比率。需对不同行业、不同企业进行具体分析。

(3)速动比率是一个静态指标,未考虑应收账款的可收回性和回收期限,这必然会减弱企业的短期偿债能力。

(4)过高的速动比率会影响企业的盈利能力。

【例5.4】 宏达公司有关资料及速动比率的计算如表5-4所示。

表5-4 　　　　　宏达公司有关资料及速动比率的计算　　　　　金额单位:万元

项目	2023年	2022年
流动资产	763 427.34	761 553.69
存货	199 788.81	195 402.72
速动资产	563 638.53	566 150.97
流动负债	741 584.01	792 349.11
速动比率	0.76	0.71

该公司2023年的速动比率比2022年增加了0.05,这说明该公司短期偿债能力在增强。

速动比率同流动比率一样,反映的是会计期末的情况,并不代表企业长期的财务状况。它有可能是企业为筹借资金人为粉饰财务状况的结果。债权人应进一步对企业整个会计期间和不同会计期间的速动资产、流动资产和流动负债情况进行分析。

(四)现金比率

1. 现金比率的含义及计算

现金比率是指企业的现金类资产与流动负债的比率。其中,现金类资产包括企业所拥有的货币资金和交易性金融资产。现金比率能反映企业的立即偿债能力,但没有考虑流动资产和流动负债的再生性。财务分析者可将现金比率看作是流动比率和速动比率的补充和延伸,是对企业短期资产的流动性、变现力及偿债能力更为严格的计量,是比流动比率和速动比率更加直接、更为严格的指标。现金比率的计算公式如下:

$$现金比率 = \frac{货币资金 + 交易性金融资产}{流动负债}$$

现金比率越高,表明企业可立即用于支付债务的现金类资产越多,对到期流动负债的偿还越有切实的保障。但对企业来说,现金比率的确定并不能仅考虑短期偿债能力的提高,应将风险与收益两方面的因素综合起来考虑。如果这一比率过高,则表明企业通过负债方式所筹集的流动资金没有得到充分的利用,所以并不鼓励企业保留更多的现金类资产。一般认为,现金比率应维持在20%左右,在这一水平上,企业的直接支付能力不会存在太大的问题。

2. 现金比率的分析要点

(1) 在评价企业短期偿债能力时,一般来说现金比率的重要性不强,因为不可能要求企业用现金类资产来偿付全部流动负债,企业也没有必要总是保持足够还债的现金类资产。但是,当发现企业的应收账款和存货的变现能力存在问题时,现金比率就显得很重要了。

(2) 现金比率高,说明企业即刻变现能力强。但过高的现金比率会带来较高的机会成本。

(3) 具有特殊用途的货币资金不能作为可偿债资产,如某些限定用途、不能随便动用的现金,银行限制性条款中规定的最低存款余额等。

【例5.5】 宏达公司有关资料及现金比率的计算如表5-5所示。

表5-5　　　　　　宏达公司有关资料及现金比率的计算　　　　　　金额单位:万元

项目	2023年	2022年
货币资金	105 943.68	134 604.84
流动负债	741 584.01	792 349.11
现金比率	0.14	0.17

计算结果表明,该公司期末现金比率比期初现金比率降低了0.03,这种变化表明企业的直接支付能力有所降低。

三、长期偿债能力分析

长期偿债能力是企业偿还长期债务的能力。企业的长期债务是指偿还期在1年或者超过1年的一个营业周期以上的负债,包括长期借款、应付债券、长期应付款等。

债权人可以通过长期偿债能力分析,判断债权的安全程度,即是否能按期收回本金及利息;企业经营者可以通过长期偿债能力分析,优化资本结构,降低财务风险;投资者可以通过长期偿债能力分析,判断其投资的安全性及盈利性;政府及相关管理部门可以通过长期偿债能力分析,了解企业经营的安全性;业务关联企业可以通过长期偿债能力分析,了解企业是否具有长期的支付能力,借以判断企业信用状况和未来业务能力,并作出是否与企业建立长期稳定的业务合作关系的决定。企业对一笔债务一般同时承担着偿还债务本金和支付债务利息两种任务,分析一个企业长期偿债能力,主要是为了确定该企业偿还债务本金和支付债务利息的能力。

长期偿债能力分析主要是通过财务报表中的有关数据来分析权益与资产之间的关系,及不同权益之间的内在关系,进而计算出一系列的比率,从而对企业的长期偿债能力、资本结构是否健全合理等作出客观评价。反映企业长期偿债能力的财务指标主要有资产负债率、产权比率、有形净值债务率、已获利息倍数和全部债务现金流量比率。

(一)资产负债率

1. 资产负债率的含义及计算

资产负债率是企业负债总额与资产总额的比率,它表明企业资产总额中,债权人提供资金所占的比重,以及企业资产对债权人权益的保障程度。资产负债率的计算公式如下:

$$资产负债率 = \frac{负债总额}{资产总额} \times 100\%$$

2. 资产负债率的分析要点

资产负债率的分析要点如下:

(1)从债权人的立场看,此指标应越低越好。该比率越低,即负债总额占全部资产的比例越小,表明企业对债权人保障程度越高,债权人投入资本的安全性越大。因此,债权人总是希望债务比例越低越好,这样企业偿债有保证,贷款也不会有太大的风险。

(2)从所有者的立场看,其关心的主要是投资收益率的高低。在企业投资收益率高于借款利息率时,该比率越大越好。如企业经营前景欠佳,预期投资收益率可能小于借款利率,那么借入资金的一部分利息要用所有者投入资本的利润来补偿,所有者权益会因此受到不良影响。所以,站在所有者的角度,在投资收益率高于借款利息率时,负债比例越大越好。

(3)从经营者的立场看,资产负债率越小,说明企业资金中来自债权人的部分越小,来自自有资金的部分越多,则还本付息的压力就越小,财务状况越稳定,企业发生债务危机的可能性越小。该比率的高低在很大程度上取决于经营者对企业前景的信心和对风险所持的态度。通常而言,资产负债率大表明企业较有活力,而且对前景充满信心;反之,则表明企业比较保守,或对其前景信心不足。然而,资产负债率并非越高越好,当经济处于衰退期时,负债比率高的企业有可能由于经济不景气、不能偿还到期债务而陷于困境。因此,企业财务前景乐观时,应适当加大资产负债率;若财务前景不佳,则应减少负债,以降低财务风险。企业应审时度势、权衡利害,把资产负债率控制在适当水平。

资产负债率是衡量企业负债水平及风险程度的重要标志。对于企业来说,负债一方面会增加企业的风险,借债越多,风险越大;另一方面,债务的成本低于权益资本的成本,增加债务可以改善企业获利能力。既然债务同时增加企业的利润和风险,企业管理者的任务就是在利润和风险之间取得平稳。一般来说,该指标在50%比较合适,有利于风险与利润的平衡;如果该指标大于100%,则表明企业已资不抵债,视为企业达到破产警戒线。但资产负债率并没有严格的评价标准,即便是对同一企业来说,其处于不同时期,对资产负债率的要求也不一样。当企业处于成长期或成熟期时,企业前景比较乐观,预期的现金流入较高,此时企业可适当增大资产负债率,以充分利用财务杠杆。当企业处于衰退期时,企业前景不甚乐观,预期的现金流入也有日趋减少的势头,此时企业应采取相对保守的财务政策,减少负债,降低资产负债率,以降低财务风险。所以,资产负债率具体需要根据企业的环境、经营状况和盈利能力等因素来进行评价。

【例5.6】 宏达公司有关资料及资产负债率的计算如表5-6所示。

表5-6　　　　　　　宏达公司有关资料及资产负债率的计算　　　　　　金额单位:万元

项目	2023年	2022年
资产总额	1 233 241.08	1 212 230.04
负债总额	796 820.04	799 643.82
资产负债率	64.61%	65.96%

从表5-6可看出,宏达公司2023年年末和2022年年末的负债占全部资产的比重超过一半,而且其负债比率是在下降的,说明公司的长期偿债能力在增强。

(二) 产权比率

1. 产权比率的含义及计算

产权比率是企业负债总额与所有者权益之间的比率,反映投资者对债权人的保障程度,产权比率的计算公式如下:

$$产权比率 = \frac{负债总额}{所有者权益} \times 100\%$$

2. 产权比率的分析要点

根据经验标准,产权比率可分为五类,如表5-7所示。

表5-7　　　　　　　　　　　　产权比率分类

类别	理想型	健全型	资金周转不灵	危险	关门清算
产权比率	100%	200%	500%	1 000%	3 000%

一般认为,该指标1:1最为理想。该项指标越低,表明企业的长期偿债能力越强,债权

人承担的风险越小，债权人也就愿意向企业增加借款；反之，则相反。产权比率高，则是高风险、高报酬的财务结构；产权比率低，则是低风险、低报酬的财务结构。当该指标过低时，表明企业不能充分发挥负债带来的财务杠杆作用；反之，当该指标过高时，表明企业过度运用财务杠杆，企业财务风险增加。评价该指标，必须与其他企业及行业平均水平进行对比。

【例5.7】 宏达公司有关资料及产权比率的计算如表5-8所示。

表5-8　　　　　　　　宏达公司有关资料及产权比率的计算　　　　　　　金额单位：万元

项目	2023年	2022年
负债总额	796 820.04	799 643.82
所有者权益	436 421.04	412 586.22
产权比率	182.58%	193.81%

通过计算可看出，宏达公司该项比率2023年比2022年略有下降，说明每元所有者权益要负担的负债有所降低，这表明该企业偿债能力略有加强。

（三）有形净值债务率

1. 有形净值债务率的含义及计算

有形净值债务率是企业负债总额与有形净值的百分比。有形净值是指将商标、专利权以及非专利技术等无形资产从净资产中扣除。这主要是由于无形资产的计量缺乏可靠的基础，不可能作为偿还债务的资源。有形净值债务率的计算公式如下：

$$有形净值债务率 = \frac{负债总额}{所有者权益 - 无形资产净值} \times 100\%$$

2. 有形净值债务率的分析要点

有形净值债务率指标实质上是产权比率指标的延伸，是评价企业长期偿债能力更为保守和稳健的一个财务比率。它将企业偿债安全性分析建立在更加切实可靠的物质保障基础之上，在企业陷入财务危机、面临破产等特别情况下，使用该指标衡量企业的长期偿债能力更有实际意义。从长期偿债能力来讲，该比率越低越好。

【例5.8】 宏达公司有关资料及有形净值债务率的计算如表5-9所示。

表5-9　　　　　　　宏达公司有关资料及有形净值债务率的计算　　　　　金额单位：万元

项目	2023年	2022年
负债总额	796 820.04	799 643.82
所有者权益	436 421.04	412 586.22
无形资产净值	34 511.25	35 732.88
有形净值	401 909.79	376 853.34
有形净值债务率	198.26%	212.19%

从以上计算可看出,2023年与2022年相比,有形净值债务率降低了,这说明公司的长期偿债能力在增强,债权人利益的受保障程度提高。

(四)已获利息倍数

1. 已获利息倍数的含义及计算

已获利息倍数又称为利息保障倍数,是指企业经营业务收益与利息费用的比率,用以衡量企业偿付借款利息的能力,已获利息倍数的计算公式如下:

$$已获利息倍数 = \frac{息税前利润}{利息费用}$$

公式中的分子"息税前利润"是指利润表中未扣除利息费用和所得税之前的利润,它可以用"利润总额加利息费用"来测算。因为我国现行利润表中利息费用没有单列,而是混在财务费用之中,所以外部报表使用人只好用"利润总额加财务费用"来估计。

公式中的分母"利息费用"是指本期发生的全部应付利息,不仅包括利润表中财务费用项目下的利息费用,而且应包括计入固定资产成本的资本化利息,已获利息倍数指标反映企业盈利与利息费用之间的特定关系。

2. 已获利息倍数的分析要点

一般而言,该指标越高,说明企业支付利息费用的能力越强,企业对到期债务偿还的保障程度也就越高,从长期来看,该比率至少应大于1;如果已获利息倍数过小,企业将面临亏损,其偿债的安全性和稳定性将面临下降的风险。对于已获利息倍数指标的衡量,没有绝对的标准。需要与其他企业特别是本行业平均水平进行比较,来分析决定本企业的指标水平。同时从谨慎性的角度出发,最好比较本企业连续几年的该项指标,并选择最低指标年度的数据作为标准。其原因在于,企业在经营好的年度要偿债,在经营不好的年度也要偿还大约同量的债务。某一个年度利润很高,已获利息倍数也会很高,但不能年年如此。采用指标最低年度的数据,可保证最低的偿债能力。如果利润表中的利息费用为负数,则表明它实质上是企业的利息收入,意味着该企业的银行存款大于银行借款。此时,已获利息倍数为负数,没有任何意义。

【例5.9】 宏达公司有关资料及已获利息倍数的计算如表5-10所示。

表5-10　　　　　宏达公司有关资料及已获利息倍数的计算　　　　　金额单位:万元

项目	2023年	2022年
利润总额	33 337.92	15 178.95
利息费用	19 627.95	18 150.00
息税前利润	52 965.87	33 328.95
已获利息倍数	2.70	1.84

表5-10的计算结果表明,该公司2023年比2022年利息倍数增加了0.86。应当指出,已获利息倍数这个指标,只是从一个侧面来分析公司支付利息费用的保证程度。这个指标较高也不一定意味着公司有足够的现金支付利息,而且利润表上所反映的本期利息费用也不

一定都需要在本期或近期内用现金支付。

(五) 全部债务现金流量比率

1. 全部债务现金流量比率的含义及计算

全部债务现金流量比率有许多名称,如总负债保障率、现金流量对负债总额比等,是经营活动产生的现金流量净额与负债总额之比。全部债务现金流量的计算公式如下:

$$全部债务现金流量比率 = \frac{经营活动产生的现金流量净额}{负债总额} \times 100\%$$

企业真正能用于偿还债务的是现金流量,通过经营活动产生的现金流量净额与负债总额的比较,可以更好地反映企业的长期偿债能力。

2. 全部债务现金流量比率的分析要点

该指标能够反映企业经营活动产生的现金流量净额对其全部负债的满足程度,说明企业偿债能力的强弱。该指标越高,说明企业偿还全部债务的能力越强。

【例 5.10】 宏达公司有关资料及全部债务现金流量比率的计算如表 5-11 所示。

表 5-11　　　宏达公司有关资料及全部债务现金流量比率的计算　　　金额单位:万元

项目	2023 年	2022 年
经营活动产生的现金流量净额	35 606.64	26 743.41
负债总额	796 820.04	799 643.82
全部债务现金流量比率	4.47%	3.34%

表 5-11 的计算结果表明,宏达公司 2023 年全部债务现金流量比率高于 2022 年,说明该公司的长期偿债能力在不断增强。

(六) 影响长期偿债能力的其他因素

在分析和评价企业的长期偿债能力时,除通过资产负债表和利润表中有关项目之间的内在联系计算各个指标外,还有一些因素也会影响企业的长期偿债能力,这些因素应同样引起报表使用者的注意。

1. 长期租赁

当企业急需某种设备或资产而又缺乏足够的资金时,可以通过租赁的方式解决。财产租赁有两种形式,即融资租赁和经营租赁。

融资租赁是由租赁公司垫付资金购买设备租给承租人使用,承租人按合同规定支付租金(包括设备买价、利息、手续费等)。一般情况下,在承租方付清最后一笔租金后,设备所有权归承租方所有,实际上属于变相的分期购买固定资产。因此,在融资租赁形式下,租入的固定资产作为企业的固定资产入账,进行管理,相应的租赁费用作为长期负债处理。这种资本化的租赁在分析长期偿债能力时,已经包括在债务比率指标计算之中。

经营租赁是一种短期租赁形式,旨在满足承租人临时或季节性使用资产的需要。其是大型生产企业的租赁部或专业租赁公司向用户出租本厂产品的一种租赁业务。这种租赁方式的核心在于提供一种灵活的资产使用权而无需承租人长期承担资产的所有权及其相关风险。经营租赁主要针对的是那些需要短期或临时使用某些资产的企业或个人。例如，企业可能需要某设备来满足季节性的高需求，但并不希望长期拥有此设备。在经营租赁中，出租人提供设备并负责其维护和保养，承租人则按约定支付租金。租赁期结束后，承租人可以选择退还设备或续租。

当企业的经营租赁量较大、期限较长或具有经常性时，则构成一种长期性筹资，这种长期性筹资虽然不包括在长期负债之内，但到期时必须支付租金，会对企业的偿债能力产生影响。因此，如果企业经常发生经营租赁业务，则应考虑租赁费用对企业偿债能力的影响。

2. 担保责任

担保责任是指债务人或担保人在主债务人不能履行时依法应履行的担保义务。这种机制减少了债权人的风险，增加了借款人获利信贷的可能性。例如，当企业或个人申请贷款时，银行或贷款机构通常会要求提供担保人或担保物来确保贷款的偿还。

担保项目的时间长短不一，有的涉及企业的长期负债，有的涉及企业的短期负债。在分析企业长期偿债能力时，应根据有关资料判断担保责任带来的潜在长期负债问题。

3. 或有项目

或有项目是指在未来某个或几个事件发生或不发生的情况下会带来收益或损失，但现在还无法肯定是否发生的项目。或有项目的特点是现存条件的最终结果不确定，对它的处理方法要取决于未来的发展。或有项目一旦发生，便会影响企业的财务状况，因此企业不得不对它们予以足够的重视，在评价企业长期偿债能力时，也要考虑它们的潜在影响。

4. 资产价值

资产负债表中有资产价值主要是以历史成本为基础确认计量的，这些资产的账面价值与实际价值往往有一定的差距，表现在以下两个方面：

（1）资产的账面价值可能被高估或低估。资产的账面价值是历史数据，而市场处在不断变化中，对于某些资产，其账面价值已不能反映实际价值。

（2）某些入账的资产毫无变现价值。这类项目包括长期待摊费用、人为制造的应收账款、存货等。前者已作为费用支出，只是因为会计中的配比原则才作为资产保留在账面上；而后者是"粉饰"的结果，这类资产的流动性为零，对于企业的偿债能力毫无意义。

任务二　营运能力分析

学习目标

素养目标

1. 具备先进管理理念，明确企业整体运行状况
2. 具有效率意识，有效提升资产运营效率
3. 能够推进目标管理，不断改进企业运行中存在的问题

知识目标

1. 理解营运能力分析的目的和具体的分析内容

2. 理解营运能力指标的构成与含义

能力目标

1. 能够快速识别和理解营运能力指标的构成
2. 掌握营运能力指标中总资产周转率、流动资产周转率、应收账款周转率、存货周转率和固定资产周转率的含义、计算公式、分析要点和结果评估
3. 掌握与周转率对应的各资产的周转天数的含义、计算过程与分析要点
4. 掌握营业周期的含义。

一、营运能力分析认知

（一）营运能力分析的目的

营运能力是指企业在经营过程使用资产获取回报的效率。企业的营运资产主体是流动资产和固定资产，尽管无形资产是企业资产的重要组成部分，且随着从工业经济时代向知识经济时代的转化，在企业资产中所占比重越来越高，在提高企业经济效益方面发挥巨大的作用，但无形资产的作用必须通过或依附于有形资产才能发挥出来。从这个意义上说，企业营运资产的营运状况，从根本上决定了企业的经营状况和经济效益。

进行企业营运能力分析的目的如下：

（1）评价企业资产的营运效率。营运资产的效率通常是指资产的周转速度，反映企业资金利用的效率，表明企业管理人员经营管理、运用资金的能力。资产在各种形态之间的转化速度越快，资产营运的效率也就越高。

（2）评价企业资产的营运效益。企业经营的根本目的在于获取收益。企业资产营运能力的实质，就是以尽可能少的资产占用和尽可能短的时间周转，生产出尽可能多的产品，从而实现收益最大化。当把前序周转过程中的获利投入后序周转，企业便扩大了经营规模，每次周转的获利水平得到提高，由此便可实现资产营运效益的增长。

（3）挖掘企业资产利用的潜力。企业营运能力的高低取决于多种因素，通过企业营运能力分析，可以了解企业资产利用方面存在哪些问题，尚有多大的潜力，进而采取有效措施，提高企业资产营运能力。

（二）营运能力分析的内容

1. **总资产营运能力分析**

通过对总资产收入率和总资产周转率的分析，揭示总资产周转速度和利用效率变动的原因，评价总资产营运能力。

2. **流动资产营运能力分析**

通过对流动资产周转率、存货周转率和应收账款周转率的分析，揭示流动资产周转速度变动的原因，评价流动资产的营运能力。

3. **固定资产营运能力分析**

通过对固定资产产值率和固定资产周转率的分析，揭示固定资产利用效率变动的原因，评价固定资产的营运能力。

二、营运能力具体指标分析

反映企业营运能力的财务指标主要有总资产周转率、流动资产周转率、应收账款周转率、存货周转率和固定资产周转率。

(一)总资产周转率

1. 总资产周转率的含义及计算

企业在一定的生产经营规模条件下,完成既定的任务所需要的资产,在某种程度上取决于资产的周转速度。资产周转的快慢与企业生产经营过程、资产管理、财务状况等方面相关。分析资产周转速度,可促使企业加强内部管理,提高工作质量,促进企业全面、健康地发展。

总资产周转率是指企业一定时期的主营业务收入与资产总额的比率,它说明企业的总资产在一定时期内(通常为1年)周转的次数。总资产周转率的计算公式如下:

$$总资产周转率 = \frac{营业收入}{总资产平均余额}$$

其中,

$$总资产平均余额 = (年初资产总额 + 年末资产总额) \div 2$$

总资产周转率也可通过总资产周转天数表示,其计算公式如下:

$$总资产周转天数 = \frac{计算期天数}{总资产周转率} = \frac{计算期天数 \times 总资产平均余额}{营业收入}$$

其中,计算期天数取决于主营业务收入所涵盖的时期长短。最常用的计算期为1年,会计上统一每年按360天计算。

2. 总资产周转率的分析要点

该项指标可用来分析企业全部资产的使用效率。如果企业总资产周转率较高,则说明企业利用其全部资产进行经营的成果好、效率高,企业具有较强的销售能力;反之,如果总资产周转率较低,则说明企业利用其全部资产进行经营的成果差、效率低,最终会影响企业的获利能力。如果企业的总资产周转率长期处于较低的状态,企业就应该采取措施提高销售收入或处置资产,以提高总资产利用率。

【例5.11】 宏达公司有关资料及总资产周转率的计算如表5-12所示。

表5-12　　　　宏达公司有关资料及总资产周转率的计算　　　　金额单位:万元

项目	2023年	2022年
营业收入	1 087 581.30	1 129 871.85
年初资产总额	1 212 230.04	1 216 250.46
年末资产总额	1 233 241.08	1 212 230.04
平均资产总额	1 222 735.56	1 214 240.25
总资产周转率(次)	0.89	0.93
总资产周转天数(天)	405	387

(二)流动资产周转率

1. 流动资产周转率的含义及计算

流动资产周转率是指企业一定时期的主营业务收入与流动资产平均余额的比率,即企业流动资产在一定时期内(通常为1年)周转的次数。其计算公式如下:

$$流动资产周转率 = \frac{营业收入}{流动资产平均余额}$$

其中,流动资产平均余额=(年初流动资产+年末流动资产)÷2

流动资产周转率也可通过流动资产周转天数表示,其计算公式如下:

$$流动资产周转天数 = \frac{计算期天数}{流动资产周转率} = \frac{计算期天数 \times 流动资产平均余额}{营业收入}$$

2. 流动资产周转率的分析要点

流动资产周转率反映流动资产的管理效率。该比率越高,意味着企业的流动资产周转速度越快,利用效果越好。周转速度越快,流动资产就会相对越节约,其意义相当于扩大流动资产投入,在某种程度上会增强企业的盈利能力。延缓周转速度则需要补充流动资产参加周转,形成资金浪费,降低企业盈利能力。

实务中,应分析研究影响流动资产周转的因素,查明周转加速或缓慢的原因,以揭示资金周转落后的环节,寻求改进周转情况的途径,达到促进资金有效使用的目的。

【例5.12】 宏达公司有关资料及流动资产周转率的计算如表5-13所示。

表5-13　　　宏达公司有关资料及流动资产周转率的计算　　　金额单位:万元

项目	2023年	2022年
营业收入	1 087 581.30	1 129 871.85
年初流动资产	761 553.69	776 651.01
年末流动资产	763 427.34	761 553.69
平均流动资产	762 490.52	769 102.35
流动资产周转率(次)	1.43	1.47
流动资产周转天数(天)	252	245

(三)应收账款周转率

当企业采取较宽松的信用政策和收账政策时,其应收账款占用比重较大,回收速度较慢。应收账款周转率和应收账款周转天数指标可以反映出应收账款转化为现金的速度。

1. 应收账款周转率的含义及计算

应收账款周转率是指年度内应收账款转化为现金的平均次数,它说明应收账款流动的速度。其计算公式如下:

$$应收账款周转率 = \frac{营业收入}{应收账款平均余额}$$

其中,公式中的"营业收入"数据来自利润表,是指扣除折扣和折让后的销售净额,"应收账款平均余额"是指未扣除坏账准备的应收账款金额,应收账款平均余额的计算公式如下:

$$应收账款平均余额 = (期初应收账款余额 + 期末应收账款余额) \div 2$$

有人认为,"销售净额"应扣除"现金销售"部分,即使用"赊销净额"来计算。从道理上看,这样可以保持比率计算分母和分子口径的一致性。但是,不仅财务报表的外部使用人无法取得这项数据,而且财务报表的内部使用人也未必容易取得该数据,因此,把"现金销售"视为收账时间为0的赊销也是可以的。只要保持历史的一贯性,使用销售净额来计算该指标一般不影响其分析和利用价值。因此,在实务中多采用"销售净额"来计算应收账款周转率。

分析者应注意应收账款在年初或年末可能由于各种原因与平常相比会出现过高或过低的情况。例如,在季节性较强的企业中,企业大量销售集中在年末,或年末时销售大幅下降。因此,应收账款平均余额最好是用全年各月应收账款的平均余额来计算。

2. 应收账款周转率的分析要点

一般认为,应收账款周转率越高越好。该指标越高,表明收款越迅速,企业在应收账款上占用的资金越少,坏账损失发生的可能性越小,企业经营就越好。该指标较高也表明资产的流动性较高,偿债能力较强;否则,资金过多地呆滞在应收账款上,从而影响企业正常的资金运转,降低资金运用效率。

3. 应收账款回收期的含义及计算

应收账款回收期表示应收账款周转一次所需要的天数,即企业自产品销售出去开始至应收账款收回为止所需的天数。其计算公式如下:

$$应收账款回收期 = \frac{计算期天数}{应收账款周转率} = \frac{计算期天数 \times 应收账款平均余额}{营业收入}$$

4. 应收账款回收期的分析要点

该指标越低,说明应收账款回收越快,企业资金被外单位占用的时间越短,管理工作的效率越高。

通过对应收账款回收速度的分析,可以考核企业销售收入的质量、现金的流量和潜在的亏损情况,促使企业尽快回收账款,加速资金周转,使坏账损失降到最低。

【例5.13】 宏达公司有关资料及应收账款周转率的计算如表5-14所示。

表5-14　　　　宏达公司有关资料及应收账款周转率的计算　　　　金额单位:万元

项目	2023年	2022年
营业收入	1 087 581.30	1 129 871.85
期初应收账款	372 246.33	379 821.69
期末应收账款	377 892.30	372 246.33

(续表)

项目	2023年	2022年
平均应收账款	375 069.32	376 034.01
应收账款周转率（次）	2.90	3.00
应收账款周转天数（天）	124	120

计算表明，宏达公司的应收账款周转率较高，但其2023年的应收账款周转率比2022年降低了0.10次，应收账款的平均收取时间则增加了4天。这说明宏达公司应收账款的变现速度减慢，利用效率降低，发生坏账损失和坏账费用可能性增大。

在分析评价一个单位应收账款的收取效率时，还应考虑单位所给的赊欠条件。例如，如果上例该公司通常给予客户80天的赊欠时间，则上述分析表明公司应收账款收现迟缓；若赊欠期间长达130天，则表明收现工作提前完成。

评价企业应收账款周转率的优劣，很难掌握一个具体的标准。一个企业的应收账款周转率是好是坏，要视企业的经营特点，并参照同行业情况进行评价。如果企业应收账款周转率高于行业平均水平，则通常说明企业与同行相比可以更少地被下游客户占用资金；如果企业的应收账款周转率不断提高，通常说明企业对下游客户的谈判能力不断增强。

（四）存货周转率

企业可以通过存货周转率、存货周转天数、营业周期三个指标对存货进行流动性分析，即从不同的角度和环节上找出存货管理中的问题，使存货管理在保证生产经营连续性的同时，尽可能少占用经营资金，提高资金的使用效率，增强企业短期偿债能力，提高企业管理水平。

1. 存货周转率的含义及计算

存货周转率有两种计算方式：一是以成本为基础的存货周转率，即存货周转率是企业一定时期主营业务成本与存货平均余额的比率，它主要用于流动性分析；二是以收入为基础的存货周转率，即存货周转率是企业一定时期的主营业务收入与存货平均余额的比率，它主要用于获利能力分析。存货周转率的计算公式如下：

$$成本基础的存货周转率 = \frac{营业成本}{存货平均余额}$$

$$收入基础的存货周转率 = \frac{营业收入}{存货平均余额}$$

其中，存货平均余额＝（期初存货＋期末存货）÷2

在计算存货平均余额时应注意：如果企业的营业具有较强的季节性，则根据期初和期末存货简单平均容易造成假象（有可能期末、期初存货偏低或偏高），其解决方法是采用各月月末的数字进行平均。这对于企业内部分析研究者来说容易做到，而对于外部分析者来说则很难做到。

2. 存货周转率的分析要点

存货周转率是衡量和评价企业从购入存货、投入生产到销售收回等各环节管理状况的

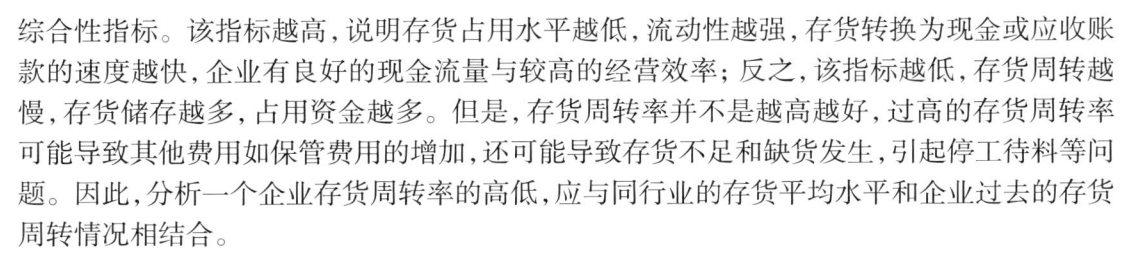

综合性指标。该指标越高,说明存货占用水平越低,流动性越强,存货转换为现金或应收账款的速度越快,企业有良好的现金流量与较高的经营效率;反之,该指标越低,存货周转越慢,存货储存越多,占用资金越多。但是,存货周转率并不是越高越好,过高的存货周转率可能导致其他费用如保管费用的增加,还可能导致存货不足和缺货发生,引起停工待料等问题。因此,分析一个企业存货周转率的高低,应与同行业的存货平均水平和企业过去的存货周转情况相结合。

3. 存货周转天数的含义及计算

存货周转天数是指存货周转一次所需要的天数,即存货转换为货币资金或应收账款所需要的天数。其计算公式如下:

$$存货周转天数 = \frac{计算期天数}{存货周转率}$$

以成本为基础和以收入为基础的存货周转天数的计算公式如下:

$$成本基础的存货周转天数 = \frac{计算期天数 \times 存货平均余额}{营业成本}$$

$$收入基础的存货周转天数 = \frac{计算期天数 \times 存货平均余额}{营业收入}$$

4. 存货周转天数的分析要点

该指标越小,存货周转速度越快。一般情况下,存货周转率越快,说明企业投入存货的资金从投入到完成销售的时间越短,资金的回收速度越快,在企业资金利润率较高的情况下,企业就越能获得更高的利润。若存货周转率较小,则反映出企业的存货可能适销不对路,存在过多的呆滞存货,影响资金的及时回笼。

【例5.14】 宏达公司有关资料及存货周转率的计算如表5-15所示。

表5-15　　　　　宏达公司有关资料及存货周转率的计算　　　　　金额单位:万元

项目	2023年	2022年
营业成本	872 261.79	915 339.66
期初存货	195 402.72	217 451.43
期末存货	199 788.81	195 402.72
平均存货	197 595.77	206 427.08
存货周转率(次)	4.41	4.43
存货周转天数(天)	82	81

分析结果所显示的存货周转速度是平稳的。该公司2023年的存货周转天数与2022年几乎一样,仅相差1天。

在不同行业,由于企业的经营性质不同,用以判断存货周转率的好坏标准也存在差异。要衡量存货的周转速度快慢,可以将企业实际周转率与行业标准的水平加以比较,也可以与过去几个年度的存货周转率进行对比。

5. 营业周期

营业周期是指从取得存货开始到销售存货并收回现金为止的这段时间,其计算公式如下:

$$营业周期 = 存货周转天数 + 应收账款周转天数$$

营业周期的长短取决于存货周转天数和应收账款周转天数。营业周期短,说明资金周转速度快;营业周期长,说明资金周转速度慢。

(五)固定资产周转率

1. 固定资产周转率的含义及计算

固定资产周转率是企业主营业务收入与固定资产平均净值之间的比率,它反映固定资产的周转情况。其计算公式如下:

$$固定资产周转率 = \frac{营业收入}{固定资产平均净值}$$

其中,固定资产平均净值 = (期初固定资产净值 + 期末固定资产净值) ÷ 2

固定资产周转率也可通过固定资产周转天数表示,其计算公式如下:

$$固定资产周期天数 = \frac{计算期天数}{固定资产周转率} = \frac{计算期天数 \times 固定资产平均净值}{营业收入}$$

2. 固定资产周转率的分析要点

固定资产周转率越高,表明企业固定资产周转速度越快,利用效率越高,即固定资产投资得当,结构分布合理,营运能力较强;反之,固定资产周转率低,表明固定资产周转速度慢,利用效率低,即拥有固定资产数量过多,设备没有被充分利用。企业在进行固定资产周转率分析时,应以企业历史最好水平和同行业平均水平作标准,从中找出差距,努力提高固定资产周转速度。

【例5.15】 宏达公司有关资料及固定资产周转率的计算如表5-16所示。

表5-16　　　宏达公司有关资料及固定资产周转率的计算　　　金额单位:万元

项目	2023年	2022年
营业收入	1 087 581.30	1 129 871.85
年初固定资产	235 368.27	237 527.88
年末固定资产	285 458.19	235 368.27
平均固定资产	260 413.23	236 448.08
固定资产周转率(次)	4.18	4.78
固定资产周转天数(天)	86	75

任务三 盈利能力分析

学习目标

素养目标
1. 具有正确的投资意识,能够有效平衡收益和风险的关系
2. 具备增值观念,能够践行企业价值最大化目标
3. 具有质量意识,能够有效提升收益质量

知识目标
1. 理解盈利能力分析的目的和具体的分析内容
2. 理解盈利能力指标的构成与含义

能力目标
1. 能够快速识别和理解盈利能力指标的构成
2. 掌握收入盈利能力分析中销售毛利率、营业利润率、销售利润率、销售净利率的含义、计算公式、分析要点和结果评估
3. 掌握成本费用盈利能力分析中成本费用利润率、营业成本利润率的含义、计算公式、分析要点和结果评估
4. 掌握资产盈利能力分析中总资产报酬率、资产净利率的含义、计算公式、分析要点和结果评估
5. 掌握资本盈利能力分析中净资产收益率、资本金利润率的含义、计算公式、分析要点和结果评估

一、盈利能力分析认知

(一)盈利能力分析的目的

盈利能力又称获利能力,是指企业在一定时期内获取利润的能力,它是企业持续经营和发展的保证。企业的盈利能力越强,其所获取的利润就越多。利润是企业投资者取得投资收益、债权人收取债务本息、国家取得财政税收、企业职工取得劳动收入和福利保障的集中体现,企业的盈利能力分析对企业的所有利益相关者来说都很重要。然而,由于报表使用者的分析目的不同,被分析企业的情况也存在差别,故不同盈利能力分析的侧重点有所差异。

(1)从企业的角度来看,企业持续稳定地经营和发展是获取利润的基础,而最大限度地获取利润又是企业持续稳定发展的目标和保证。因此,盈利能力是企业经营者最重要的业绩衡量标准,也是发现问题、改进企业管理的突破口。

(2)对于债权人来说,企业的短期债权人主要关心企业本期的盈利能力及盈利情况下的现金支付能力;企业的长期债权人则关心企业是否有高水平、稳定持久的盈利能力基础,以预计长期债务本息足额收回的可靠性。由此可见,偿债能力的强弱最终取决于企业的盈利能力。因此,对债权人而言,分析企业的盈利能力是非常重要的。

（3）企业投资者（或股东）比其他利益相关者更关心企业的盈利能力分析，他们的直接目的就是获得更多的利润。企业所有者应仔细分析企业盈利能力的大小、盈利能力的稳定持久性及企业未来的发展趋势。

当然，应该注意到的是，盈利能力是一个相对概念。不能仅凭企业获得利润的多少来判断其盈利能力的大小，因为企业利润水平还受到企业规模、行业水平等诸多因素的影响，不同资源投入、不同收入情况下的盈利能力一般不具有可比性。这就要求我们用一个更加灵活的视角来分析企业的盈利能力。第一，应该用利润率这个比率指标而非利润的绝对数量来衡量盈利能力，唯有如此才能摒除企业规模因素的影响；第二，应将计算出来的利润率与行业平均水平作比较，如石油行业与纺织行业的利润率显然有着巨大差异，简单地把分别属于两个不同行业的企业的利润率放在一起比较，是很难对两者盈利能力的大小作出准确判断的。

（二）盈利能力分析的内容

盈利能力分析是金融财务分析的重点。信贷人员进行财务结构分析、偿债能力分析等的根本目的是通过分析及时发现问题，了解企业财务结构，掌握企业的偿债能力和经营能力，知悉企业的盈利能力，为最终放贷作好准备。对企业盈利能力的分析不能仅进行利润额分析，还要对利润率进行分析。

本项目对企业盈利能力的分析，分别从收入成本、资本经营、资产经营等方面进行。

1. 收入成本盈利能力分析

收入成本盈利能力分析，即利用利润表资料进行利润率分析，包括收入利润率分析和成本利润率分析两个方面。

2. 资本经营盈利能力分析

资本经营盈利能力分析主要对资本收益率指标进行分析和评价。

3. 资产经营盈利能力分析

资产经营盈利能力分析主要是对总资产报酬率和净资产收益率两个指标进行分析和评价。

二、收入盈利能力分析

反映收入盈利能力的指标主要包括销售毛利率、营业利润率、销售利润率、销售净利率。

（一）销售毛利率

1. 销售毛利率的含义及计算

销售毛利率是指销售毛利额占营业收入的比率，其中销售毛利是营业收入与营业成本的差。其计算公式如下：

$$销售毛利率 = \frac{销售毛利}{营业收入} \times 100\% = \frac{营业收入-营业成本}{营业收入} \times 100\%$$

2. 销售毛利率的分析要点

销售毛利率表示每百元销售收入扣除销售成本后，有多少钱可以用于各项期间费用和形成盈利。销售毛利率是企业销售净利率的最初基础，没有足够大的毛利率便不能盈利。

销售毛利率指标有明显的行业特点。一般来说，营业周期短、固定费用低的行业毛利率水平较低，如商业零售行业；而营业周期长、固定费用高的行业则要求有较高的毛利率，以弥补巨大的固定成本，如工业。因此，在分析企业的毛利率时，必须与企业的目标毛利率、同行业平均水平及先进水平企业的毛利率加以比较，以正确评价本企业的盈利能力，并分析差距及其产生的原因，寻找提高企业盈利能力的途径。

【例5.16】 宏达公司有关资料及销售毛利率的计算如表5-17所示。

表5-17　　　　　宏达公司有关资料及销售毛利率的计算　　　　　金额单位：万元

项目	2023年	2022年
营业收入	1 087 581.30	1 129 871.85
营业成本	872 261.79	915 339.66
销售毛利	215 319.51	214 532.19
销售毛利率	19.80%	18.99%

计算表明，宏达公司2023年的销售毛利率比2022年增加了0.81%，表明企业的盈利能力略有增强。

（二）营业利润率

1. 营业利润率的含义及计算

营业利润率是企业的营业利润与营业收入的比率，反映企业每百元营业收入所实现的营业利润额，说明企业在增加收入、提高效益方面的管理绩效。其计算公式如下：

$$营业利润率 = \frac{营业利润}{营业收入} \times 100\%$$

2. 营业利润率的分析要点

营业利润率反映企业营业收入扣除成本费用后的盈利能力，该比率对企业盈利能力的考察更趋全面。其原因在于期间费用中大部分是维持企业一定时期生产经营能力所必须发生的费用，只有将这部分费用从企业的当期收入中扣除，剩余的部分才能构成企业稳定可靠的盈利能力。该比率越高，表明企业盈利能力越强；反之，则说明企业的盈利能力越弱。

【例5.17】 宏达公司有关资料及营业利润率的计算如表5-18所示。

表5-18　　　　　宏达公司有关资料及营业利润率的计算　　　　　金额单位：万元

项目	2023年	2022年
营业利润	28 974.99	11 068.20
营业收入	1 087 581.30	1 129 871.85
营业利润率	2.66%	0.98%

计算表明，宏达公司2023年营业利润率比2022年增加了1.68%，这意味着该公司的营业业务盈利水平有所提高。

对连续几年的营业利润率加以分析,就能了解企业营业利润率变动的趋势,从而对企业盈利能力的变动趋势作出评价。当然,在具体评价一个企业的营业利润率高低时,应将该企业的营业利润率和其他类似企业同期水平或同行业平均水平进行对比,这样才能形成一个正确的评价。

(三) 销售利润率

1. 销售利润率的含义及计算

销售利润率是指企业一定期间内利润总额与营业收入的比率,它表明每百元营业收入所带来的利润。其计算公式如下:

$$销售利润率 = \frac{利润总额}{营业收入} \times 100\%$$

2. 销售利润率的分析要点

销售利润率指标越高,说明企业销售获利能力越强,企业经营的效益越好,对投资者和债权人越有利。在采取该指标考核企业盈利能力时,不能简单地将不同企业销售利润率指标的高低作为评价标准,而应结合企业的特点、以前年度的指标及行业平均指标等,对企业生产经营效率作出比较公正的评价。

【例5.18】 宏达公司有关资料及销售利润率的计算如表5-19所示。

表5-19　　　　宏达公司有关资料及销售利润率的计算　　　　金额单位:万元

项目	2023年	2022年
利润总额	33 337.92	15 178.95
营业收入	1 087 581.30	1 129 871.85
销售利润率	3.07%	1.34%

计算表明,宏达公司2023年销售利润率比2022年增加了1.73%,该增幅也比营业利润率的增幅提高了0.05%。其主要原因在于营业外收入高于营业外支出,公司销售获利能力增强。

利润总额不仅包括公司的营业利润,还包括投资收益、营业外收支的影响及公司除所得税以外所有的收支因素,故销售利润率比营业利润率能更好地揭示出企业在一定时期总的获利水平。但由于利润总额包含不稳定和不持久的非营业收支因素,所以销售利润率难以揭示获利的持久性和稳定性。

(四) 销售净利率

1. 销售净利率的含义及计算

销售净利率是指企业净利润与营业收入的百分比,它反映每百元营业收入中所赚取的净利润的数额。其计算公式如下:

$$销售净利率 = \frac{净利润}{营业收入} \times 100\%$$

2. 销售净利率的分析要点

销售净利率指标表示企业营业收入的收益水平。从销售净利率的公式中可以看出,企业的净利润与销售净利率成正比关系,而营业收入额与销售净利率呈反比关系。企业在增加营业收入额的同时,必须相应地获得更多的净利润,才能使销售净利率保持不变或有所提高。通过分析销售净利率的升降变动,可以促使企业在扩大销售的同时,注意改进经营管理,提高盈利水平。

【例5.19】 宏达公司有关资料及销售净利率的计算如表5-20所示。

表5-20　　　　　　宏达公司有关资料及销售净利率的计算　　　　　　金额单位:万元

项目	2023年	2022年
净利润	30 265.41	12 106.23
营业收入	1 087 581.30	1 129 871.85
销售净利率	2.78%	1.07%

计算表明,宏达公司2023年销售净利率比2022年增加了1.71%,公司当年营业收入获利能力明显提高。

三、成本费用盈利能力分析

反映成本费用盈利能力的指标主要包括成本费用利润率和营业成本利润率。

(一)成本费用利润率

1. 成本费用利润率的含义及计算

成本费用利润率是企业的营业利润与成本费用总额的比率,它反映企业成本费用与营业利润之间的关系,是从总耗费的角度考核获利情况的指标。其计算公式如下:

$$成本费用利润率 = \frac{营业利润}{成本费用总额} \times 100\%$$

成本费用总额=营业成本+税金及附加+销售费用+管理费用+财务费用

2. 成本费用利润率的分析要点

成本费用利润率越大意味着同样的成本费用能取得的利润越多,即取得同样的利润只需花费更少的成本费用,这表明企业的盈利能力更强。

【例5.20】 宏达公司有关资料及成本费用利润率的计算如表5-21所示。

表5-21　　　　　　宏达公司有关资料及成本费用利润率的计算　　　　　　金额单位:万元

项目	2023年	2022年
营业利润	28 974.99	11 068.20
营业成本	872 261.79	915 339.66
税金及附加	3 634.11	4 347.99

（续表）

项目	2023年	2022年
销售费用	70 385.79	79 922.28
管理费用	95 074.23	100 438.59
财务费用	19 627.95	18 150.00
成本费用总额	1 060 983.87	1 118 198.52
成本费用利润率	2.73%	0.99%

计算结果表明，该公司2023年的成本费用利润率比2022年提高了1.74%，说明企业耗费一定成本费用所得的收益有所增加。

成本费用利润率指标是所得与所费的直接比较，它能直接反映企业增收节支、增产节约的效益。通过分析该指标可以促使企业努力降低成本费用水平，增强盈利能力。

（二）营业成本利润率

1. 营业成本利润率的含义及计算

企业为了选择经营品种，有时需要测量每一个品种的经营效益，因而在企业的管理工作中，还有使用成本利润率指标测算盈利能力的做法。

营业成本利润率是企业营业利润与营业成本的比率，其计算公式如下：

$$营业成本利润率 = \frac{营业利润}{营业成本} \times 100\%$$

2. 营业成本利润率的分析要点

营业成本利润率越高，说明企业商品销售额提供的营业利润越多，企业盈利能力越强；反之，此指标越低，说明企业盈利能力越弱。

【例5.21】 宏达公司有关资料及成本利润率的计算如表5-22所示。

表5-22　　　　　宏达公司有关资料及成本利润率的计算　　　　金额单位：万元

项目	2023年	2022年
营业利润	28 974.99	11 068.20
营业成本	872 261.79	915 339.66
成本利润率	3.32%	1.21%

计算结果表明，该公司2023年的营业成本利润率比2022年提高了2.11%，说明企业成本控制能力有所提高。

四、资产盈利能力分析

反映资产盈利能力的指标主要是总资产报酬率和资产净利率。

（一）总资产报酬率

1. 总资产报酬率的含义及计算

总资产报酬率是企业息税前利润与平均资产总额的比率，它反映企业资产利用的综合效果，其计算公式如下：

$$总资产报酬率 = \frac{息税前利润}{平均资产总额} \times 100\%$$

通俗地说，息税前利润就是不扣除利息也不扣除所得税的利润，也就是在不考虑利息的情况下在交所得税前的利润，也可以称为息前税前利润。息税前利润，顾名思义，是指支付利息和所得税之前的利润。其计算公式如下：

息税前利润＝净利润＋支付的利息费用＋支付的所得税
　　　　　＝利润总额＋支付的利息费用
平均资产总额＝（期初资产总额＋期末资产总额）÷2

2. 总资产报酬率的分析要点

总资产报酬率指标越高，表明资产利用的效益越好，利用资产创造的利润越多，整个企业的盈利能力越强，经营管理水平越高。企业经营管理水平高，通常表现为资产运用得当，费用控制严格，利润水平高。通过资产净利率的分析，能够考察各部门、各生产环节、各经营环节的工作效率和质量，有利于分清内部各有关部门的责任，从而调动各方面进行生产经营和提高经济效益的积极性。

【例5.22】 宏达公司有关资料及总资产报酬率的计算如表5-23所示。

表5-23　　　　　宏达公司有关资料及总资产报酬率的计算　　　　金额单位：万元

项目	2023年	2022年
利润总额	33 337.92	15 178.95
利息费用	19 627.95	18 150.00
息税前利润	52 965.87	33 328.95
期初资产总额	1 212 230.04	1 216 250.46
期末资产总额	1 233 241.08	1 212 230.04
平均资产总额	1 222 735.56	1 214 240.25
总资产报酬率	4.33%	2.74%

计算表明，该公司2023年的净资产收益率比上年增加了1.59%，说明公司2023年对资产的利用效率提高，企业的盈利能力增强。

利润总额是企业各项生产经营活动的收益总计，它既不与投入的全部资产相关，也不与所有者投入的净资产相关。企业总资产的资金来源包括所有者权益和负债。所有者的投资报酬体现为利润，债权人的报酬体现为利息。在衡量投资报酬时，不能直接采用利润总额，而应采用息税前利润总额。再者，资产经营的目标决定了总资产报酬率的分子应使用息税前利润而不是息税后利润,因为资产经营的目标不仅是企业资本所有者利益,还是企业所有利益相关者的利益,用税前利润而不是税后利润,有利于全面反映企业总资产的贡献能力,包括其对国家或社会的贡献能力。

(二)资产净利率

1. 资产净利率的含义及计算

资产净利率(return on assets,ROA)又称投资报酬率、资产收益率,是企业净利润与平均资产总额的比率,它反映企业资产获利能力的综合效果。其计算公式如下:

$$总资产报酬率 = \frac{净利润}{平均资产总额} \times 100\%$$

$$平均资产总额 = (期初资产总额 + 期末资产总额) \div 2$$

2. 资产净利率的分析要点

资产净利率指标反映的是公司运用全部资产所获得利润的水平,即公司每占用百元的资产平均能获得多少元的利润。该指标越高,表明公司投入产出水平越高,资产运营越有效,成本费用的控制水平越高。资产净利润率作为衡量所有者权益利润率大小的主要指标,综合性较强,同时资产净利润率还依赖于销售净利润率与资产周转率。

【例5.23】 宏达公司有关资料及资产净利率的计算如表5-24所示。

表5-24　　　　宏达公司有关资料及资产净利率的计算　　　　金额单位:万元

项目	2023年	2022年
净利润	30 265.41	12 106.23
期初资产总额	1 212 230.04	1 216 250.46
期末资产总额	1 233 241.08	1 212 230.04
平均资产总额	1 222 735.56	1 214 240.25
资产净利率	2.48%	1.00%

计算表明,该公司2023年的资产净利率比2022年增加了1.48%,说明公司2023年与2022年相比对资产的运营效果提高,对成本费用的控制有效,企业的盈利能力增强。

五、资本盈利能力分析

反映资本盈利能力的指标主要包括净资产收益率、资本金利润率。

(一)净资产收益率

1. 净资产收益率的含义及计算

净资产收益率(return on equity,ROE)又称权益净利率,是企业净利润与平均净资产的比率,它反映所有者权益所获报酬的水平。其计算公式如下:

$$净资产收益率 = \frac{净利润}{平均净资产} \times 100\%$$

平均净资产＝（年初净资产＋年末净资产）÷2

净资产＝所有者权益＝资产总额－负债总额

＝实收资本＋资本公积＋盈余公积＋未分配利润

2. 净资产收益率的分析要点

净资产收益率是最具综合性的评价指标。该指标不受行业和公司规模的限制，适用范围较广，从投资者的角度来考核其投资报酬，反映资本的增值能力及投资者投资报酬的实现程度，因而它是最被投资者关注的指标。净资产收益率指标还影响着企业的筹资方式和筹资规模，进而影响企业的未来发展战略。该指标值越大，说明企业的获利能力越强。该指标可以与社会平均利润率、行业平均利润率或资金成本相比较。

【例5.24】 宏达公司有关资料及净资产收益率的计算如表5-25所示。

表5-25　　　　　宏达公司有关资料及净资产收益率的计算　　　　　金额单位：万元

项目	2023年	2022年
净利润	30 265.41	12 106.23
期初所有者权益	412 586.22	399 237.81
期末所有者权益	436 421.04	412 586.22
平均净资产	424 503.63	405 912.02
净资产收益率	7.13%	2.98%

计算表明，该公司2023年的净资产收益率比2022年增加了4.15%，说明公司获利能力增强。该指标是企业获利能力的重要标志，关系投资者对公司现状及其前景的判断。净资产收益率是否令人满意，要综合考虑同行业的平均状况、经济景气状况、投资者承受的风险程度和预期收益率等因素。

（二）资本金利润率

1. 资本金利润率的含义及计算

资本金利润率是企业净利润与平均资本金的比率，用于衡量投资者投入企业资本金的盈利能力。其计算公式如下：

$$资本金利润率 = \frac{净利润}{平均资本金} \times 100\%$$

平均资本金＝（期初实收资本＋期末实收资本）÷2

2. 资本金利润率的分析要点

资本金利润率指标是站在所有者立场来衡量企业盈利能力的，它直接反映所有者投资的效益好坏，是所有者考核其投入企业的资本保值增值程度的基本方式。该指标越大，说明投资人投入资本的获利能力越强，对投资者越具有吸引力。

【例5.25】 宏达公司有关资料及资本金利润率的计算如表5-26所示。

表5-26　　　　　　宏达公司有关资料及资本金利润率的计算　　　　　金额单位：万元

项目	2023年	2022年
净利润	30 265.41	12 106.23
期初实收资本	116 785.08	116 785.08
期末实收资本	116 785.08	116 785.08
平均资本金	116 785.08	116 785.08
资本金利润率	25.92%	10.37%

计算表明，该公司2023年的资本金利润率比2022年增加了15.55%，说明投资人投入资本获利能力增强。该指标关系投资者对公司现状及其前景的判断。

任务四　发展能力分析

学习目标

素养目标

1. 具备战略思维，理解企业长远发展规划
2. 注重品牌创建，能够有效提升企业内涵建设
3. 具有系统性思维，能够践行可持续发展理念

知识目标

1. 理解发展能力分析的目的和具体的分析内容
2. 理解发展能力指标的构成与含义

能力目标

1. 能够快速识别和理解发展能力指标的构成
2. 掌握发展能力分析中销售增长率、营业利润增长率、净利润增长率、资产增长率的含义、计算公式、分析要点和结果评估

一、发展能力分析认知

（一）发展能力分析的目的

企业发展能力又称成长能力，是指企业未来生产经营活动的发展趋势和发展潜能。企业应该追求健康的、可持续的增长，这需要企业管理者利用股东和债权人的资本进行有效运营，合理控制成本，增加收入，获得利润，在补偿了债务资本成本之后实现股东财富增加，进而提高企业价值。这种增长的潜力就是企业的发展能力，对这种能力进行分析能对企业的未来成长性进行预测，从而评估企业价值。由此可见，企业发展能力分析具有重要意义。

通过对企业发展能力分析，可以实现以下目的。

1. 补充和完善传统财务报表分析

一方面,传统的财务报表分析侧重于回顾过去,而企业发展能力分析是展望未来,这种对企业未来发展的预期满足了报表使用者的需求;另一方面,传统财务报表分析从静态角度分析盈利能力、营运能力和偿债能力,而发展能力分析则是从动态角度分析这三种能力。

2. 为预测分析和价值评估作铺垫

企业发展能力分析并不是对报表项目逐一进行分析,而是根据收入、利润、所有者权益和资产之间的联系使这些财务数据相互贯通,从而衡量企业的增长。而从企业发展能力分析中得出的增长率数据将是后续一系列预测分析和价值评估工作的基础数据来源,对以预测分析为基础的价值评估而言十分重要。

3. 满足利益相关者的决策需求

股东可以通过发展能力分析衡量企业创造股东价值的程度,从而为其采取下一步战略行动提供依据;潜在的投资者可以通过发展能力分析来评价企业的成长性,从而选择合适的目标,作出正确的投资决策;经营者可以通过发展能力分析发现影响企业未来发展的关键因素,从而采取正确的经营策略和财务策略来促进企业可持续发展;债权人可以通过发展能力分析来判断企业未来的盈利能力,从而作出正确的信贷决策。

（二）发展能力分析的内容

企业发展能力的大小是一个相对概念。对企业发展能力进行分析时,仅仅利用增长额只能说明企业某一方面的增减额度,无法反映企业在某一方面的增减幅度,这既不利于不同规模企业之间的横向对比,也不能准确反映企业的发展能力。因此,在实践中通常是使用增长率来进行企业发展能力分析。企业不同方面的增长率相互作用、相互影响,只有将各方面的增长率进行交叉比较分析,才能全面分析企业的整体发展能力。

企业价值要获得增长,就必须依赖于所有者权益、利润、收入和资产等方面的不断增长。企业发展能力分析就是通过计算和分析资本积累率、利润增长率、销售（营业）增长率、总资产增长率等指标,分别衡量企业在所有者权益、利润、收入和资产等方面所具有的发展能力,并对所有者权益、利润、收入和资产等方面所具有的发展趋势进行评估。

思政知识

按照党中央、国务院决策部署,国家发展改革委组织编制的《中华人民共和国国民经济和社会发展第十四个五年规划和2035年远景目标纲要（草案）》（以下简称《纲要》）,已经十三届全国人大四次会议审查批准。2021年第6期《求是》杂志刊发国家发展改革委的文章对《纲要》进行了深入解读,深刻阐释了"十四五"时期的指导方针和主要目标。

《纲要》提出的指导方针进一步明确了"十四五"时期经济社会发展的大政方略:

为推动"十四五"时期高质量发展,更好地体现"三个新"的核心要义,指导思想突出强调了一系列新要求。

一是要坚定不移贯彻新发展理念。新发展理念是一个系统的理论体系,回答了新发展阶段的发展目的、动力、方式、路径等一系列理论和实践问题,必须把新发展理念贯穿发展全过程和各领域。

二是要坚持以推动高质量发展为主题,以深化供给侧结构性改革为主线。当前,我国发展中的矛盾和问题集中体现在发展质量上,必须把高质量发展的要求贯穿到经济、社会、文化、生态文明等各领域。持续深化供给侧结构性改革,着力提高供给体系质量,促进供需高水平动态均衡。

三是要坚持以改革创新为根本动力。改革开放和创新驱动是推动高质量发展、建设现代化经济体系的两个车轮,必须坚持用改革创新的办法,破解发展难题,应对外部挑战,跨越常规性的长期性关口。

四是要以满足人民日益增长的美好生活需要为根本目的。这充分体现了以人民为中心的发展思想,必须坚持发展为了人民、发展依靠人民、发展成果由人民共享,努力办好各种民生实事。

五是要加快构建以国内大循环为主体、国内国际双循环相互促进的新发展格局。这是党中央根据我国发展阶段、环境、条件变化,审时度势作出的重大决策,必须从统筹国内国际两个大局、办好发展安全两件大事的高度抓好各项工作落实,确保我国社会主义现代化新征程开好局、起好步。

二、发展能力具体指标分析

反映企业发展能力的财务指标主要包括销售增长率、营业利润增长率、净利润增长率和资产增长率。

(一)销售增长率

1. 销售增长率的含义及计算

销售增长率是指企业报告期的营业收入增长额与基期营业收入额的比率,它反映企业在销售方面的成长能力。其计算公式如下:

$$销售增长率 = \frac{报告期营业收入增长率}{基期营业收入总额} \times 100\%$$

$$= \frac{报告期营业收入 - 基期营业收入}{基期营业收入总额} \times 100\%$$

2. 销售增长率的分析要点

销售增长率越高,说明企业产品销售增长得越快,销售情况越好,企业盈利增长趋势也就越好,企业生存和发展能力的提高也就越快;反之,该指标越低,则说明企业产品销售增长得越慢,销售情况越差,企业盈利的增长后劲不足,企业的盈利趋势不容乐观。这是总的营业收入增长所反映出来的情况。

从个别产品或劳务的销售增长率指标上,还可以观察企业产品或经营结构情况,进而观察企业的成长性。产品寿命周期理论认为,任何一种产品的寿命周期均可以划分为四个阶段:第一阶段为试销期,产品开发成功投入正常生产,该阶段销售规模较小,且增长还不太快;第二阶段为成长期,产品市场空间被打开,大规模生产和销售,该阶段产品销售较快扩展和增长；第三阶段为成熟期，销售较为稳定，增长不会太快；第四阶段为衰退期，产品销售开始萎缩。根据这个原理，借助产品销售增长率指标，大致可以看出企业生产经营的产品所处的寿命周期阶段，据此也可以判断企业的成长性。

【例5.26】 宏达公司有关资料及销售增长率的计算如表5-27所示。

表5-27　　　　　　　宏达公司有关资料及销售增长率的计算　　　　　　金额单位：万元

项目	2023年	2022年
报告期营业收入	1 087 581.30	1 129 871.85
基期营业收入	1 129 871.85	1 200 908.73
报告期营业收入增长额	−42 290.55	−71 036.88
销售增长率	−3.74%	−5.92%

要全面、正确地分析和判断一个企业销售收入的增长趋势和增长水平，必须将一个企业不同时期的销售增长率加以比较和分析。其原因在于，若仅对某个年度的销售增长率进行分析，则其可能会受到一些偶然的和非正常的因素影响，而无法反映出企业实际的销售增长能力。

（二）营业利润增长率

1. 营业利润增长率的含义及计算

营业利润增长率是指企业报告期的营业利润变动额与基期营业利润额的比率。其计算公式如下：

$$营业利润增长率=\frac{报告期营业利润-基期营业利润}{基期营业利润}\times100\%$$

2. 营业利润增长率的分析要点

营业利润增长率越高，说明企业的生产规模扩张越迅速，生产销售增长的可能性越大；当该指标处于一种停滞的发展状态时，企业的销售规模往往会受到生产能力的限制，而难以保证盈利能力的增长速度。

【例5.27】 宏达公司有关资料及营业利润增长率的计算如表5-28所示。

表5-28　　　　　宏达公司有关资料及营业利润增长率的计算　　　　　金额单位：万元

项目	2023年	2022年
报告期营业利润	28 974.99	11 068.20
基期营业利润	11 068.20	7 272.52
报告期营业利润增长额	17 906.79	3 795.68
营业利润增长率	161.79%	52.19%

应结合企业销售增长率来分析营业利润增长率。如果企业的营业利润增长率高于企业

的销售增长率,则说明企业的产品正处于成长期,经营业务不断拓展,企业的盈利能力不断增强;反之,如果企业的营业利润增长率低于销售增长率,则说明企业营业成本、税金及附加等成本的上升超过营业收入的增长,企业的营业业务盈利能力并不强,企业的发展潜力值得怀疑。

(三)净利润增长率

1.净利润增长率的含义及计算

净利润增长率是指企业报告期的净利润变动额与基期净利润额的比率。其计算公式如下:

$$净利润增长率 = \frac{报告期净利润总额 - 基期净利润总额}{基期净利润总额} \times 100\%$$

2.净利润增长率的分析要点

净利润增长率越大,说明企业收益增长得越多,也表明企业经营业绩突出,市场竞争能力较强;该指标越小,说明企业收益增长得越少,也表明企业经营业绩不佳,市场竞争能力较弱。

分析企业的净利润增长率,还需结合企业的销售增长率一起来分析。如果企业的净利润增长率高于销售增长率,则表明企业产品获利能力在不断提高,企业正处于高速成长阶段,具有良好的增长能力;如果企业的净利润增长率低于销售增长率特别是营业利润增长率,则反映企业成本费用的上升超过销售的增长,企业的增长能力并不强。

全面分析企业的净利润增长率时,仅仅计算和分析企业某一年度的净利润增长率是不够的,其无法反映出企业净利润增长的真实趋势。正确分析企业净利润增长趋势的方法是将企业连续多年的净利润增长率指标进行对比分析。如果企业的净利润增长率连续3年增长,则说明企业的净利润增长能力比较稳定,具有良好的增长趋势;如果企业的净利润增长率连续3年大幅下降或2年无增长,则说明企业的盈利能力不稳定,不具备良好的增长势头。

【例5.28】 宏达公司有关资料及净利润增长率的计算如表5-29所示。

表5-29　　　　宏达公司有关资料及净利润增长率的计算　　　　金额单位:万元

项目	2023年	2022年
报告期净利润总额	30 265.41	12 106.23
基期净利润总额	12 106.23	11 122.77
报告期净利润增长额	18 159.18	983.46
净利润增长率	150.00%	8.84%

上述增长率指标从不同角度来考察企业的增长能力。在实际运用时,应该把这几个指标相互联系起来,以正确评价企业的增长能力。一般来说,如果一个企业的销售增长率、主营业务利润增长率、营业利润增长率、净利润增长率能够持续保持同步增长,且不低于行业平均水平,则基本可以认为这个企业具有良好的增长能力。

(四)资产增长率

资产是企业用于取得收入的资源,也是企业偿还债务的保障。资产增长是企业发展的一个重要方面,发展潜力高的企业一般都会保持资产的稳定增长。资产增长率主要包括两个指标,分别是总资产增长率和净资产增长率。

1. 资产增长率的含义及计算

总资产增长率是企业年末总资产的增长额与年初资产总额之比,它是分析企业当年资本积累能力和发展能力的主要指标。净资产增长率是指企业年末净资产增长额与年初净资产总额的比率。净资产增长率反映了股东拥有资本的扩张速度,是衡量企业净资产规模变动和成长状况的重要指标。两者的计算公式如下:

$$总资产增长率 = \frac{年末资产总额 - 年初资产总额}{年初资产总额} \times 100\%$$

$$净资产增长率 = \frac{年末净资产总额 - 年初净资产总额}{年初净资产总额} \times 100\%$$

2. 资产增长率的分析要点

资产增长率越高,表明企业一定时期内资产经营规模扩张的速度越快。但在分析时,需要关注资产规模扩张的质和量的关系,以及企业的后续发展能力,避免盲目扩张。3年平均资产增长率指标消除了资产短期波动的影响,反映了企业较长时期内的资产增长情况。评价一个企业的资产规模增长是否适当,应与销售增长、利润增长等情况结合起来进行分析。只有在一个企业的销售增长、利润增长超过资产规模增长的情况下,这种资产规模增长才属于效益型增长,才是适当的、正常的。如果一个企业资产的增长完全依赖于负债的增长,而所有者权益项目在年度里没有发生变动或变动不大,则说明企业不具备良好的发展潜力。从企业自身的角度来看,企业资产的增加应该主要取决于企业盈利的增加。当然,盈利的增加能带来多大程度的资产增加,还要视企业实行的股利政策而定。

【例5.29】 宏达公司有关资料及资产增长率的计算如表5-30所示。

表5-30　　　　宏达公司有关资料及资产增长率的计算　　　　金额单位:万元

项目	2023年	2022年
年末资产总额	1 233 241.08	1 212 230.04
年初资产总额	1 212 230.04	1 216 250.46
资产增长额	21 011.04	-4 020.42
总资产增长率	1.73%	-0.33%
年末净资产总额	436 421.04	412 586.22
年初净资产总额	412 586.22	399 237.81
净资产增长额	23 834.82	13 348.41
净资产增长率	5.78%	3.34%

公司2023年的总资产增长率和净资产增长率都高于2022年,说明公司资本积累能力提高,资本扩张速度增强。同时通过比较可以看到公司2023年度净资产增长率高于总资产增

长率,这说明净资产的增长超过总资产的增长,分析确认其原因是公司的未分配利润本年出现增长,而流动负债中短期借款和应付账款本年偿还比率较高。

  为全面认识企业资产规模的增长趋势和增长水平,我们应将企业不同时期的资产增长率加以比较,同时,需要剖析企业资产增长的结构,即流动资产还是非流动资产、资产的流动性等,并将上述分析结果与销售和利润的增长综合置于行业内部进行横向评价。

知识巩固与能力提升实训

一、单项选择题

1. 某企业现在的流动比率为2，下列经济业务中会引起该比率降低的是（　　）。
   A. 用银行存款偿还应付账款　　　　　　B. 发行股票收到银行存款
   C. 收回应收账款　　　　　　　　　　　D. 开出短期票据借款

2. 若企业税后利润为75万元，所得税税率为25%，利息费用为50万元，则该企业的已获利息倍数为（　　）。
   A. 2.78　　　　　B. 3　　　　　C. 1.9　　　　　D. 0.78

3. 在企业各种收入利润率中，（　　）通常是其他利润率的基础。
   A. 营业收入毛利率　　　　　　　　　　B. 总收入利润率
   C. 营业收入利润率　　　　　　　　　　D. 销售净利润率

4. 某企业年初资产总额为100万元，年末资产总额为140万元，当年利润总额为24万元，所得税额为8万元，利息支出为4万元。则该企业总资产报酬率为（　　）。
   A. 20%　　　　　B. 13.33%　　　　　C. 23.33%　　　　　D. 30%

5. 某企业2023年营业收入为36 000万元，流动资产平均余额为4 000万元，固定资产平均余额为8 000万元。假定没有其他资产，则该企业2022年的总资产周转率为（　　）次。
   A. 3.0　　　　　B. 3.4　　　　　C. 2.9　　　　　D. 3.2

6. 假设企业的应收账款周转天数为80天，存货周转天数为120天，则其营业周期为（　　）天。
   A. 40　　　　　B. 80　　　　　C. 120　　　　　D. 200

7. 下列指标中，不属于企业发展能力分析的指标是（　　）。
   A. 总资产报酬率　　　　　　　　　　　B. 销售（营业）增长率
   C. 资本积累率　　　　　　　　　　　　D. 总资产增长率

二、多项选择题

1. 流动比率过高意味着企业存在的可能有（　　）。
   A. 存在闲置现金　　　　　　　　　　　B. 存在存货积压
   C. 应收账款周转缓慢　　　　　　　　　D. 短期偿债能力差

2. 下列各项中，能同时影响流动比率和速动比率的经济业务有（　　）。
   A. 以银行存款购买国债　　　　　　　　B. 偿还短期借款
   C. 采购原材料　　　　　　　　　　　　D. 以银行存款购买固定资产

3. 下列各项中，反映企业盈利能力的指标有（　　）。
   A. 总资产报酬率　　　　　　　　　　　B. 销售净利润率
   C. 资本收益率　　　　　　　　　　　　D. 资产负债率

4. 下列各项中,反映企业营运能力的指标有(　　)。
　　A. 流动资产周转率　　　　　　　　B. 总资产收入率
　　C. 应收账款周转率　　　　　　　　D. 存货周转率
5. 在其他条件不变的情况下,若缩短应收账款周转天数,则有利于(　　)。
　　A. 提高流动比率　　　　　　　　　B. 缩短现金周转期
　　C. 企业减少资金占用　　　　　　　D. 企业扩大销售规模

三、判断题

1. 正常情况下,一个企业的收入增长率应高于其资产增长率,只有这样才说明企业在销售方面具有良好的效益性。（　　）
2. 资产的周转期越长,说明资产的使用效率越高。（　　）
3. A公司的总资产周转率高于B公司,说明A公司的资产管理效率高于B公司。（　　）
4. 对企业盈利能力的分析主要指对利润额的分析。（　　）
5. 总资产报酬率越高,净资产收益率就越高。（　　）
6. 对债权人而言,企业的资产负债率越高越好。（　　）
7. 企业偿债能力的高低不仅看其偿付利息的能力,更重要的是看其偿还本金的能力。（　　）
8. 盈利能力强的企业,其长期偿债能力弱。（　　）

四、综合计算及案例分析题

1. 飞天公司2023年度的资产负债表(简表)如表5-31所示。

表5-31　　　　　　　　　　资产负债表(简表)
编制单位:飞天公司　　　　　2023年12月31日　　　　　　　　　　单位:万元

资产		负债和所有者权益(或股东权益)	
项目	金额	项目	金额
货币资金	50	应付账款	100
应收账款	①	长期负债	⑤
存货	②	实收资本	100
固定资产	③	留存收益	100
资产合计	④	负债和所有者权益(或股东权益)合计	⑥

其他有关财务指标如下:

长期负债与所有者权益之比为0.5,销售毛利率为10%,存货周转率(存货按年末数计算)为9次,平均收现期(应收账款按年末数计算,一年按360天计算)为18天,总资产周转率(总资产按年末数计算)为2.5次。

要求:利用资产负债表中已有的数据和以上已知资料计算表中空缺的项目金额。

2. 某公司2023年年度财务报表的主要资料如表5-32和表5-33所示。

表 5-32　　　　　　　　　　资产负债表（简表）

2023 年 12 月 31 日　　　　　　　　　　单位：千元

资产	金额	负债和所有者权益（或股东权益）	金额
货币资金（年初 764）	310	应付账款	516
应收账款（年初 1 156）	1 344	应付票据	336
存货（年初 700）	966	其他流动负债	468
流动资产合计	2 620	流动负债合计	1 320
固定资产净额（年初 1 170）	1 170	长期负债	1 026
		实收资本	1 444
总计（年初 3 790）	3 790	总计	3 790

表 5-33　　　　　　　　　　利润表

2023 年 12 月　　　　　　　　　　单位：千元

项目	金额
营业收入	6 430
营业成本	5 570
毛利（销售收入－销售成本）	860
管理费用	580
利息费用	98
税前利润	182
所得税	72
净利润	110

要求：

（1）计算填列表 5-34 所示的该公司财务比率（天数计算结果取整）。

（2）与行业平均财务比率比较，说明该公司经营管理可能存在的问题。

表 5-34　　　　　　　　　　公司财务比率

比率名称	本公司	行业平均数
流动比率		1.98
资产负债率		62.00%
利息保障倍数		3.80
存货周转率		6.00

(续表)

比率名称	本公司	行业平均数
应收账款周转天数（天）		35
固定资产周转率		13.00
总资产周转率		3.00
销售净利率		1.30%
资产净利率		3.40%

3. ABC公司2023年12月31日的资产负债表、利润表及现金流量表分别如表5-35、表5-36和表5-37所示。

表5-35　　　　　　　　　　　　　资产负债表　　　　　　　　　　　　　单位：元

项目	2023年	2022年
资产		
货币资金	50 000	280 000
应收账款净额	920 000	700 000
存货	1 300 000	850 000
预付账款	40 000	60 000
固定资产	2 000 000	400 000
累计折旧	(200 000)	(100 000)
资产总计	4 110 000	2 190 000
负债和所有者权益（或股东权益）		
应付账款	490 000	440 000
应付所得税	150 000	40 000
预提费用	60 000	50 000
应付债券	1 650 000	200 000
普通股股本	1 060 000	960 000
留存收益	700 000	500 000
负债和所有者权益（或股东权益）合计	4 110 000	2 190 000

表5-36　　　　　　　　　　　　　利润表
2023年度　　　　　　　　　　　　　　　　　　　　　　　　　　　　　单位：元

项目	金额
营业收入	5 000 000

(续表)

项目	金额
减费用：营业成本（包括折旧40 000）	3 100 000
销售和管理费用（包括折旧60 000）	800 000
利息费用（全部以现金支付）	110 000
费用合计	4 010 000
税前收益	990 000
所得税	300 000
净收益	690 000

注：2023年支付现金股利490 000万元。

表5-37 现金流量表
2023年度 单位：元

项目	金额
净利润	690 000
加：折旧费用	100 000
财务费用—利息费用	110 000
应付账款增加	50 000
应缴所得税增加	10 000
应计负债增加	10 000
预付账款减少	20 000
减：应收账款增加	220 000
存货增加	450 000
经营活动产生的现金流量净额	320 000
投资活动的现金流量	
购置固定资产	-1 600 000
投资活动的净现金流量	-1 600 000
筹资活动的现金流量	
吸收权益性投资所得到的现金	100 000
发行债券所收到的现金	1 550 000
偿付利息所支付的现金	-110 000
分配股利所支付的现金	-490 000
筹资活动现金流量	1 050 000
本期现金净增加额	-230 000

ABC公司总经理不能理解为什么公司在偿付当期债务方面存在困难,他注意到公司经营是不错的,因为其销售收入不止翻1番,而且公司2023年获得的利润为690 000元。

要求：

(1) 根据以上材料,对总经理作出一个合理的解释。

(2) 计算偿债能力指标、营运能力指标、盈利能力指标和发展能力指标。

(3) 对ABC公司财务状况发表你的意见。

(4) 从信贷人员的角度分析该公司的整体发展能力。

项目六
财务报表综合分析

学习目标

素养目标

1. 了解财务报表综合分析方法，掌握各种分析方法的具体应用，提高财务报表综合分析能力
2. 遵守财务会计基本职业道德，树立正确的价值导向，"诚信为本、操守为重、坚持原则、实事求是"
3. 遵守银行授信的基本原则，在坚守"三个办法、一个指引"的原则下，贯彻诚信审贷、全流程管理等信贷基本准则，提高金融职业素养

知识目标

1. 了解财务报表综合分析的含义和特点，提升对财务报表综合分析的认知
2. 了解杜邦财务分析法，熟悉杜邦财务分析法的体系及其具体分析流程，在此基础上理解杜邦财务分析法的优缺点
3. 了解沃尔评分法，熟悉沃尔评分法的基本思路及其具体分析步骤和方法，在此基础上理解沃尔评分法的优缺点

能力目标

1. 掌握杜邦财务分析法，能够按照杜邦分析法的要求对企业的财务状况作出具体的分析评价
2. 熟悉杜邦分析体系，能够根据杜邦分析体系的规则，对具体的企业按其财务报表数据作出具体的杜邦分析体系图
3. 掌握沃尔评分法，能够根据沃尔评分法的分析步骤要求，对企业的财务状况作出具体的分析评价

思维导图

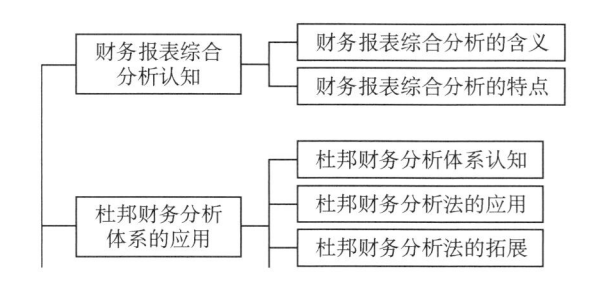

- 财务报表综合分析认知
  - 财务报表综合分析的含义
  - 财务报表综合分析的特点
- 杜邦财务分析体系的应用
  - 杜邦财务分析体系认知
  - 杜邦财务分析法的应用
  - 杜邦财务分析法的拓展

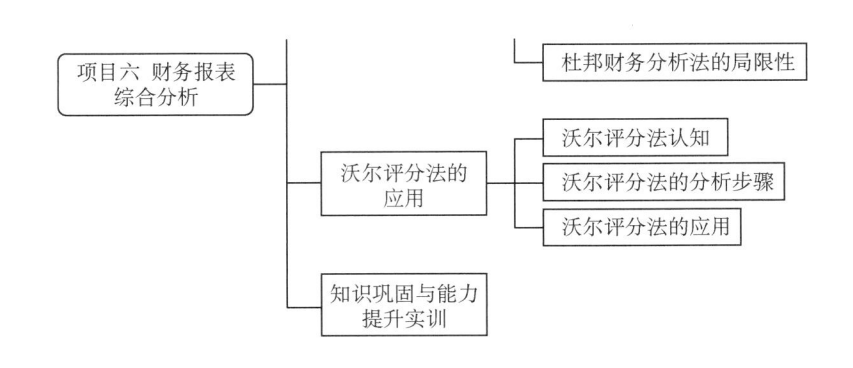

```
项目六 财务报表综合分析 ─┬─ 杜邦财务分析法的局限性
                      │
                      ├─ 沃尔评分法的应用 ─┬─ 沃尔评分法认知
                      │                  ├─ 沃尔评分法的分析步骤
                      │                  └─ 沃尔评分法的应用
                      │
                      └─ 知识巩固与能力提升实训
```

美的集团和格力电器投资回报差距缘何出现波动和变化？

美的集团成立于2000年，其前身是顺德市美托投资有限公司，2004年更名为美的集团有限公司。通过不断发展壮大，美的集团逐步成为整个家电行业的巨头公司，旗下有美的、小天鹅、威灵、华凌、安得、正力精工等十余个品牌，公司市值为4 550亿元（截至2024年6月6日）。格力电器成立于1991年，其前身为珠海市海利冷气工程股份有限公司，1994年更名为珠海格力电器股份有限公司，其最大股东为珠海市国资委，是典型的具有国企背景的企业。格力电器多年来专注空调行业，目前慢慢渗透到其他领域。其旗下品牌有格力、TOSOT、晶弘、凌达、新元等，公司市值为2 320亿元（截至2024年6月6日）。这两家紧紧相邻的广东公司，如今都属于家电行业中规模最大、竞争力最强的企业之一。

美的集团与格力电器基本财务比率指标对比如表6-1所示。从表中可以看出，2019年到2023年，美的集团的净资产收益率呈现波段式下降，从2019年的26%，下降到2020年及2021年的24%左右，而2022年和2023年其净资产收益率来到了22%左右。格力电器的净资产收益率则是先降后涨，尤其从2020年开始一路攀升。从2019年到2021年美的的净资产收益率要高于格力，而从2022年开始情况出现了反转，尤其是2023年格力电器净资产收益率已经高出美的集团约4.3个百分点，那么是什么原因导致两者投资回报出现这样的波动及变化？

表6-1　　　　　　　美的集团与格力电器基本财务比率指标对比

项目	净资产收益率		销售净利率		总资产周转率		权益乘数	
	美的集团	格力电器	美的集团	格力电器	美的集团	格力电器	美的集团	格力电器
2019年	26.43%	25.72%	9.09%	12.53%	0.99	0.10	3.06	3.72
2020年	24.95%	18.88%	9.68%	13.25%	0.86	0.26	3.02	3.73
2021年	24.09%	21.34%	8.50%	12.15%	0.92	0.42	3.09	3.54
2022年	22.21%	24.19%	8.67%	12.18%	0.85	0.57	3.03	3.39
2023年	22.23%	26.53%	9.07%	13.59%	0.82	0.10	2.97	3.14

首先，比较两者的销售净利率可以发现，2019—2023年，美的集团的销售净利率基本也

呈现出波段式的下降趋势,只有2020年和2023年的销售净利率同比略有上升;而格力电器的销售净利率则保持了相对稳定的状态,尤其是到了2023年两者差距已接近5个百分点,这对于销售收入达到如此级别的公司影响巨大,这也是格力电器在2022年和2023年能够与美的集团持续拉开差距的重要原因。其次,比较两者的权益乘数可以发现,虽然格力电器的权益乘数呈现缓慢下降趋势,但从2019年到2023年,格力电器的权益乘数一直高于美的集团。2023年美的集团的权益乘数达到了2.97,与格力电器的3.14存在一定的差距。最后,比较两者的总资产周转率可以发现,格力电器的总资产周转率显著低于美的集团。可见相比美的集团,格力电器在资产运行效率上存在明显不足,但不难看出,格力电器在努力提升资产效率。尽管美的集团的总资产周转率高于格力电器,从而抵消部分销售净利率和权益乘数对净资产收益率的影响,但仍然未能实现反超。

根据2023年年报,美的集团与格力电器在投资回报的差距进一步扩大:前者净资产收益率为22.23%,后者净资产收益率为26.53%。这种差距的扩大既有格力电器提升了业务获利能力的原因,也有美的集团自身的原因。2023年格力电器的销售净利率达到了近几年的最高值,为13.59%;而美的集团的销售净利率则仅为9.07%。美的集团的总资产周转率和权益乘数都在下降(前者下降了0.03,后者下降了0.06),虽然其销售净利率在2023年有所提升,但其总资产周转率和权益乘数的下降最终导致其净资产收益率与2022年基本持平。而2023年格力电器一方面提升了业务获利能力,销售净利率由2022年的12.18%提高到13.59%;另一方面其经营效率却出现了明显的疲态,且主动调整了杠杆,总资产周转率和权益乘数出现较大幅度的下降,仅为0.1和3.14,尤其是其总资产周转率已大大低于美的集团的总资产周转率。

从该案例中我们可以发现,各个财务指标之间并不是彼此独立、互不干涉的,而是相互联系、环环相扣的,因此我们需要了解财务报表的综合分析和业绩评价。

任务一 财务报表综合分析认知

学习目标

素养目标

1. 培养全面分析能力,坚持实事求是,灵活应用各种财务综合分析方法
2. 理论联系实际,提升财务分析的实操能力,提高金融职业素养
3. 树立以客户为中心的服务理念,努力提高客户的满意度

知识目标

1. 理解财务报表综合分析的含义
2. 理解财务报表综合分析的特点

能力目标

1. 能够快速识别和理解财务报表综合分析与单项分析的不同
2. 理解财务综合分析对银行信贷业务的重要性

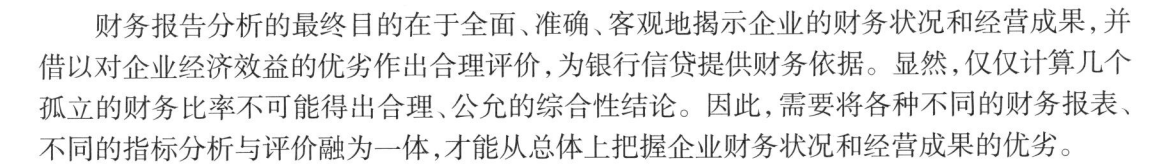

财务报告分析的最终目的在于全面、准确、客观地揭示企业的财务状况和经营成果，并借以对企业经济效益的优劣作出合理评价，为银行信贷提供财务依据。显然，仅仅计算几个孤立的财务比率不可能得出合理、公允的综合性结论。因此，需要将各种不同的财务报表、不同的指标分析与评价融为一体，才能从总体上把握企业财务状况和经营成果的优劣。

一、财务报表综合分析的含义

财务报表综合分析就是将有关财务指标按其内在联系结合起来，系统、全面、综合地对企业财务状况和经营成果进行剖析、解释和评价，说明企业整体的财务状况和经营成果的优劣。

每个企业的财务指标都有很多，而每个单项指标都只能说明问题的某一个方面，且不同财务指标之间可能会有一定的矛盾或不协调性。如偿债能力很强的企业，其盈利能力可能会很弱；偿债能力很强的企业，其营运能力可能较差。所以，只有将一系列的财务指标有机地联系起来作为一套完整的体系，加以系统评价，才能对企业经济活动的总体变化规律作出本质的描述，对企业的财务状况和经营成果作出总括性的分析。综合财务分析的意义也正在于此。

二、财务报表综合分析的特点

财务报表综合分析是对企业财务活动的全面评估，它通过对企业财务状况的深入剖析，为企业管理者、投资者、债权人及其他利益相关者提供关键的财务信息。这种分析方法具有以下特点：

（1）全面性。综合分析应尽可能涵盖企业的各个方面，包括资产、负债、所有者权益、收入、费用和利润等。评价指标要全面，以满足不同经济需求，如内部管理和外部投资决策。

（2）主辅指标功能匹配。明确企业分析指标的主辅地位，从不同侧面和层次反映企业财务状况，揭示企业经营业绩，通过主辅指标的匹配更全面地评价企业绩效。

（3）满足多方经济需求。指标评价体系既要满足企业内部管理者的决策需要，也要满足外部投资者和政府管理机构的需求。只有这样，才能有助于内部和外部利益相关者作出更加明智的决策。

（4）分析方法的不同。单项分析通常由一般到个别，把企业财务活动的总体分解为每个具体的部分，然后逐一加以考察分析；综合分析则是通过归纳综合，对个别财务现象从财务活动总体层面作出总结。因此，单项分析具有实务性和实证性；综合分析则具有高度的抽象性和概括性，着重从整体上概括财务状况的本质特征。

（5）分析重点和基准的不同。单项分析的重点和比较基准是财务计划和财务理论标准，而综合分析的重点和基准是企业整体发展趋势。因此，单项分析把每个分析的指标视为同等重要的地位来处理，它难以考虑各种指标之间的相互关系；而综合分析强调各种指标有主辅之分，应抓住主要指标。

（6）使用多种分析方法。可使用杜邦财务分析体系法和沃尔比重评分法等多种分析方法，以深入分析和比较企业经营业绩。这些方法提供了不同的分析视角，有助于揭示企业财务状况的多维度特征。

（7）科学预测与决策支持。综合分析不仅评价当前的财务状况，还可进行必要的科学预测，为企业的财务决策提供依据。它帮助企业识别潜在的风险和机会，指导其未来的财务规划。

总的来说，财务报表综合分析的特点体现为全面性、匹配性、满足多方需求、分析方法的差异、重点与基准的不同、多样的分析工具以及对未来预测的支持。这些特点使得财务报表综合分析成为企业管理和决策中不可或缺的工具。

财务状况综合分析方法有很多，这里主要介绍杜邦财务分析体系法和沃尔比重评分法。

思政知识

"默而成之，不言而信，存乎德行。"语出《周易·系辞上》，意思是说：在默然中做成一切，不用允诺而能致诚信，使之体现在德行之中。

《史记·吴太伯世家》载"季札挂剑"故事。春秋时期，季札出使时，曾北行造访过徐国国君。徐君喜欢季札所佩宝剑，又不好意思开口。季札心里也明白徐君之意，因为其还要出使中原其他国家，就没把宝剑献给徐君。季札出使回来又经过徐国，但徐君已死。于是季札解下宝剑，挂在徐君墓旁的树木之上才离去。随从人员问："徐君已死，那宝剑还赠给谁呀？"季札回答："不对。当初我内心已许诺赠剑徐君，怎么能因为徐君已死就违背自己的心愿呢？"古人常以"有诺必践""一诺千金"赞美君子守信，这则故事则告诉我们：古圣人季札虽未许诺什么，却能按照自己的心愿去践诺，其境界又高出一层。

诚信作为中华民族的传统美德和价值标准，自古就受到人们的高度重视。中华文化的大道之源《周易》就认为，诚信是做人的准则，其可分为递进的四个层次：首先是"行险而不失其信"，人可以行险，偶有出格，但切不可失去诚信，这是做人的底线；其次是"有其信者必行之"，做人一定要遵守诺言，有诺必践；再次是"忠信，所以进德也。修辞立其诚，所以居业也"，将诚信作为"进德""居业"的基础；最后是"默而成之，不言而信，存乎德行"，这被看作是做人守信的最高境界。千百年来，诚信文化影响着中华儿女精神品格的锻造，融入整个中华民族的道德意识之中，渗透到社会生活的诸多方面，成为中华优秀传统文化的精髓之一，为国家稳定、社会和谐发挥了极大作用。

诚信文化对于当今社会仍具有极其重要的时代价值。只要我们继承并弘扬诚信的中华优秀传统文化，坚守诚信底线，向古代圣人季札看齐，为官者做到奉公守节、取信于民，企业、商人做到童叟无欺、诚信经营，每个社会成员坚守诚信自律，就能建立一个诚信和谐的美好社会。

任务二 杜邦财务分析体系的应用

学习目标

素养目标

1. 熟悉《中央企业综合绩效评价实施细则》，了解中央企业对财务分析人员具备的能力

要求,树立职业理想,培养职业技能

2. 理解与金融财务分析相关的经济活动,关注现实经济问题,勇于社会实践,知行合一的全面发展

知识目标

1. 理解杜邦财务分析的含义与分析框架
2. 理解杜邦财务分析在企业中的具体应用过程
3. 了解杜邦财务分析的局限性

能力目标

1. 能够快速识别和理解杜邦财务分析指标体系图
2. 掌握杜邦财务分析在具体运用中的过程与分析建议
3. 掌握杜邦财务分析在实际业务中的拓展应用

一、杜邦财务分析体系认知

(一)杜邦财务分析体系的含义

杜邦财务分析法又称杜邦财务分析体系,是由美国杜邦公司于1910年首先设立并采用的。这种方法是利用一些主要的基本财务比率指标之间的内在数量关系,建立一套系列相关的财务指标的综合模型,经过层层指标分解,系统分析了解影响企业最终财务目标实现的各项因素影响作用的一种方法。

利用杜邦财务分析法进行综合分析,一般以财务管理的直接量化目标——净资产收益率为综合指标或分析的出发点进行层层分解,使基于内在联动关系的分解后的各个指标构成一个完整的指标体系。从数理逻辑上可以推出,各指标之间主要体现以下关系:

$$\begin{aligned}
净资产收益率 &= 净利润 \div 股东权益 \\
&= (净利润 \div 总资产) \times (总资产 \div 股东权益) \\
&= 资产净利率 \times 权益乘数 \\
资产净利率 &= 净利润 \div 总资产 \\
&= (净利润 \div 销售收入) \times (销售收入 \div 总资产) \\
&= 销售净利率 \times 总资产周转率 \\
权益乘数 &= 总资产 \div 股东权益 \\
&= 1 \div (1 - 资产负债率)
\end{aligned}$$

综合上述公式可得:

$$净资产收益率 = 销售净利率 \times 总资产周转率 \times 权益乘数$$

这表明影响净资产收益率的因素有三个:一是企业商品销售活动的直接创利水平,即销售净利率;二是对企业全部资产的利用效率与利用效果,即表现为总资产周转率指标所反映的内容;三是企业的举债经营程度,即权益乘数指标所体现的企业财务杠杆效应的发挥程度。

为了更深入地分析净资产收益率变化的详细原因,我们还可以在前述分析的基础上,对

销售净利率和总资产周转率作进一步分解。

销售净利率可以分解为：

净利润＝营业收入净额－成本费用总额＋其他项目损益与收支净额－所得税费用
成本费用总额＝营业成本＋税金及附加＋期间费用＋资产减值损失
其他项目损益与收支净额＝公允价值变动损益＋投资收益＋营业外收入－营业外支出

总资产周转率可以分解为：

总资产＝流动资产＋非流动资产
流动资产＝货币资金＋交易性金融资产＋应收款项（含应收票据与其他应收款）＋
　　　　　存货（含预付款）等
非流动资产＝可供出售金融资产＋持有至到期的金融资产＋长期股权投资＋固定资产＋
　　　　　　投资性房地产＋无形资产＋其他资产

（二）杜邦财务分析指标体系图

根据以上的分析过程，我们可以得出杜邦财务分析的基本框架。杜邦财务分析指标体系图是根据净资产收益率这一核心指标与各项分解指标之间的内在联系，以及所涉及的各项会计要素，按照一定的规律有序排列的指标体系图。杜邦分析体系习惯采用"杜邦分析图解"的方式，将有关指标按内在联系排列，如图6-1所示。

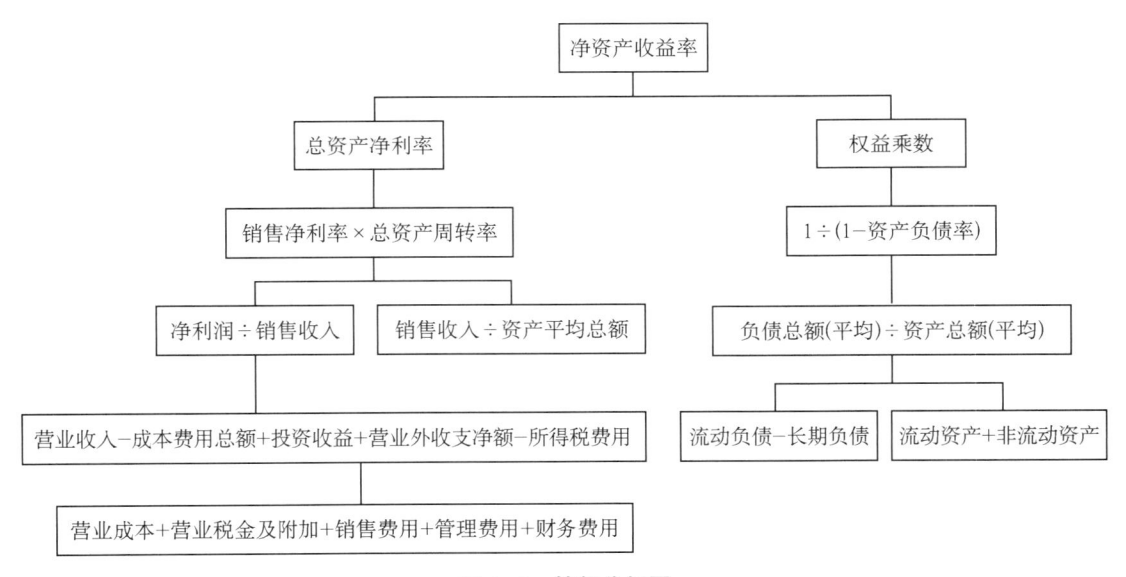

图6-1　杜邦分析图

杜邦财务分析体系为企业进行综合分析提供了极具价值的财务信息。

（1）净资产收益率是综合性最强的财务分析指标，是杜邦分析系统的核心。财务管理及会计核算的目标之一是股东财富最大化，净资产收益率反映企业所有者投入资本的获利能力，说明企业筹资、投资、资产营运等各项财务及其管理活动的效率，不断提高净资产收益率是所有者权益最大化的基本保证。所以，这一财务指标是企业所有者、经营者都十分关心的。决定净资产收益率高低的因素主要包括销售净利率、总资产周转率和权益乘数。这样分解后,就可以将净资产收益率这一综合指标发生升降变化的原因具体化,相比只用一项综合性指标更能说明问题。

（2）销售净利率反映企业净利润与销售收入的关系,它的高低取决于销售收入与成本总额的高低。要想提高销售净利率,一是要扩大销售收入,二是要降低成本费用。扩大销售收入既有利于提高销售净利率,又可以提高总资产周转率。降低成本费用是提高销售净利率的一个重要因素,从杜邦分析图可以看出成本费用的基本结构是否合理,从而找出降低成本费用的途径和加强成本费用控制的方法。如果企业财务费用支出过高,就要进一步分析其负债比率是否过高,若管理费用过高,就要进一步分析其资金周转情况。从图6-1中还可以看出,提高利润率还可以通过提高其他利润、适时适量地进行投资取得投资收益、降低营业外支出等途径实现。为了详细了解企业成本费用的发生情况,在具体列示成本总额时,还可以根据重要性原则,将那些影响较大的费用单独列示(如利息费用等),以便为寻求降低成本的途径提供依据。

（3）影响总资产周转率的一个重要因素是资产总额。它由流动资产与非流动资产组成,其结构合理与否将直接影响资产的周转速度。一般来说,流动资产直接体现企业的偿债能力和变现能力,非流动资产则体现该企业的经营规模和发展潜力,两者之间应保持一种合理的比率关系。如果发现某项资产比重过大,影响资金周转,就应深入分析原因。例如,企业持有的货币资金超过业务需要,就会影响企业的盈利能力;如果企业占有过多的存货和应收账款,则既会影响盈利能力,又会影响偿债能力。因此,还应进一步分析各项资产的占用数额和周转速度。

（4）权益乘数主要受资产负债率指标的影响。负债比率越大,权益乘数就越大,说明企业的负债程度较高,这会给企业带来较多的杠杆效益,同时会带来较大的财务风险。对权益乘数的分析要联系营业收入分析企业的资产使用是否合理,联系权益结构分析企业的偿债能力。在资产总额不变的条件下,开展合理的负债经营可以减少所有者权益所占的份额,从而达到提高净资产收益率的目的。

通过杜邦分析图可以看出,企业的盈利能力(净资产收益率)涉及经营活动、投资活动和理财活动等各个方面,具体表现为与经营项目、成本费用控制、多渠道开辟财源、筹资结构等合理配备,以增强企业的盈利能力。如果某一方面失调,就会影响企业目标的实现。

二、杜邦财务分析法的应用

【例6.1】 下面以2022—2023年宏达公司相关财务指标为例(表6-2),说明杜邦财务分析法的具体运用。

表6-2　　　　　　宏达公司相关的财务数据(2022—2023年)

项目	2022年	2023年	项目	2022年	2023年
资产负债率	65.96%	64.61%	总资产周转率	0.93	0.89
应收账款周转率	3	2.9	总资产周转天数(天)	387	405
应收账款周转天数(天)	120	124	销售毛利率	18.99%	19.80%

（续表）

项目	2022年	2023年	项目	2022年	2023年
存货周转率	4.43	4.41	销售净利率	1.07	2.78
存货周转天数（天）	81	82	总资产净利率	1.00	2.48

根据表中数据可作如下计算：

2022年权益乘数＝1÷（1－资产负债率）＝1÷（1－65.96%）＝2.94
2023年权益乘数＝1÷（1－资产负债率）＝1÷（1－64.61%）＝2.83
2022年净资产收益率＝权益乘数×总资产净利率＝2.94×1%＝3%
2023年净资产收益率＝权益乘数×总资产净利率＝2.83×2.48%＝7%

结合杜邦分析法中的技术路径，以及表6-2中数据和上述计算所得，对表6-2中所反映的宏达公司进行分析，具体如下：

（1）2023年宏达公司净资产收益率为7%，比2022年提高4个百分点，这说明企业净资产获利水平略有提高。净资产收益率的变动取决于资本结构（权益乘数）变动和资产利用效果（资产净利率）两个方面。企业权益乘数由2022年的2.94下降到2023年的2.83，下降0.11。总资产净利率则由2022年的1%上升到2023年的2.48%，增加1.48%。由此可见，就影响程度来讲，资产创利变动所产生的影响要大于举债经营所带来的杠杆收益。

（2）宏达公司的资产负债率由2022年的65.96%下降到2023年的64.61%，这说明企业的财务风险略有下降。虽然下降幅度并不太明显，但财务杠杆效应却明显减弱。

总体上来讲，企业权益乘数越大，意味着负债程度越高，财务风险程度也越高。但这个指标也同时反映财务杠杆对利润水平的影响。财务杠杆效应是一把双刃剑，具有正反两方面的作用：在收益较好的年度，它可以使股东获得的潜在报酬增加，即取得财务杠杆的正效应；在收益不好的年度，则可能会加大股东收益的下降程度，体现出财务杠杆的负效应。从投资者的角度而言，只要资产报酬率高于借贷资本的利息率，一般结果以财务杠杆正效应为主，此时出于获利的投资目的，负债比率越高越好；反之，则负债比率越低越好。企业经营管理者在实际制定融资策略决策时，还应审时度势，全面考虑、充分估计预期利润和增加的风险，在两者之间科学权衡，作出正确、适用的决策。

（3）企业总资产周转天数由2022年的387天上升到2023年的405天，其中应收账款周转天数由120天上升到124天，存货周转天数由81天上升到82天，这说明公司可能因为市场环境的变化，对应收账款的管理放松。通常情况下，宽松的信用政策会有利于企业吸引更多的客户，提高其商品的市场销售规模，从而进一步提高存货周转率。但宽松的信用政策往往会造成较高的坏账损失或较多的呆账现象，延长企业应收账款的回笼时间，使应收账款的周转天数相应延长。紧缩或严格的信用政策，会减少企业应收账款出现坏账的概率，缩短应收账款的回收期，提高应收账款周转率。然而，过度紧缩的信用政策也有可能使企业失去一些暂时存在资金困难的客户单位，影响企业存货的销售水平，造成存货周转率的下降和存货周转天数的同步延长。

杜邦分析体系提供的上述财务信息较好地解释指标变动的原因和趋势，有助于全面了解影响关键指标财务比率的内在结构关系,查明各项主要指标增减变动的影响因素及存在的问题,为银行信贷人员进一步了解企业经营结构和理财结构、偿债能力和经营效益提供思路。在具体运用时,应该注意的是,杜邦财务分析体系不是另外建立的一套新的财务指标,而是对原有主要财务指标进行层层分解的一种思路。它既可以通过对净资产收益率的分解来说明问题,又可以通过分解其他财务指标(如总资产报酬率)来说明问题。杜邦分析体系和其他体系过多应用净利润指标,这在经营环境简单、经营内容单一的时期,无疑是恰当的。但在多元化投资组合、资本运营与资产重组等活动日益增多的环境下,净利润数值将受到多种因素的共同作用,如公允价值变动损益、投资损益、债务重组损益等。当这些损益影响过大时,应考虑对杜邦财务分析体系的分解过程与分解指标作出必要的修正与调整。

三、杜邦财务分析法的拓展

根据净资产收益率与各项分解指标之间的内在联系,以及所涉及的各项会计要素,按照各会计要素的内在规律,可以把净资产收益率及其他各项指标分解到各个具体的会计科目,形成一个排列有序的指标体系图。这个指标体系图可以使杜邦分析法更直观、更清晰、更便于理解。杜邦财务分析指标体系图如图6-2所示。

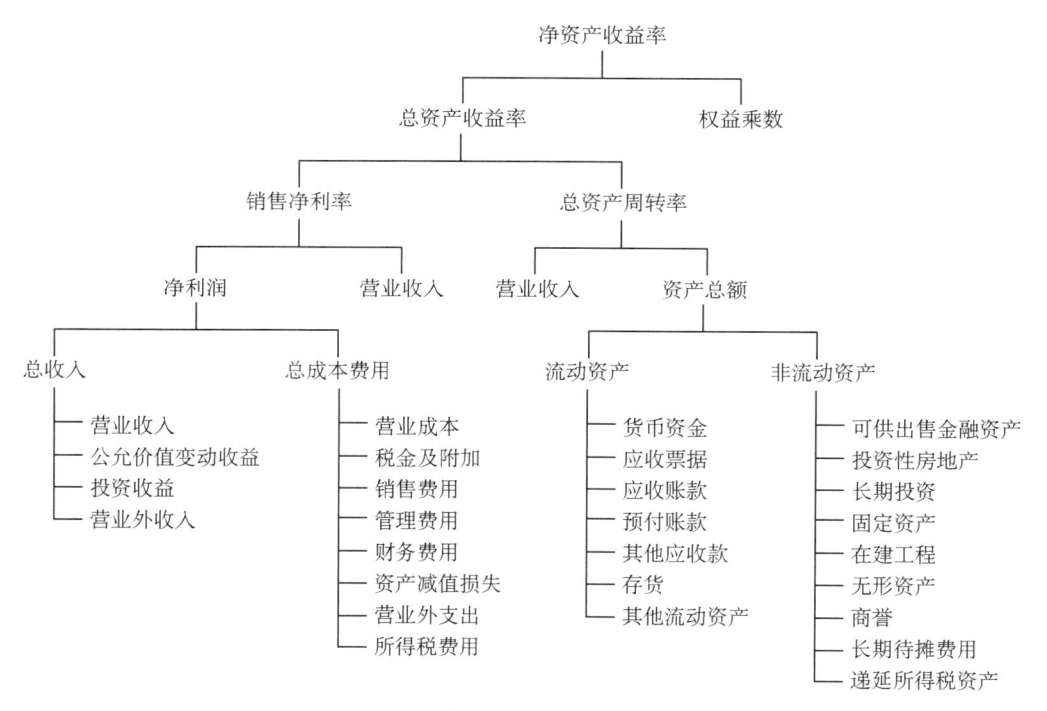

图6-2 杜邦财务分析指标体系图

根据宏达公司2023年度资产负债表和利润表的有关数据,可以绘制出该公司2023年度的杜邦财务分析指标体系图,如图6-3所示。

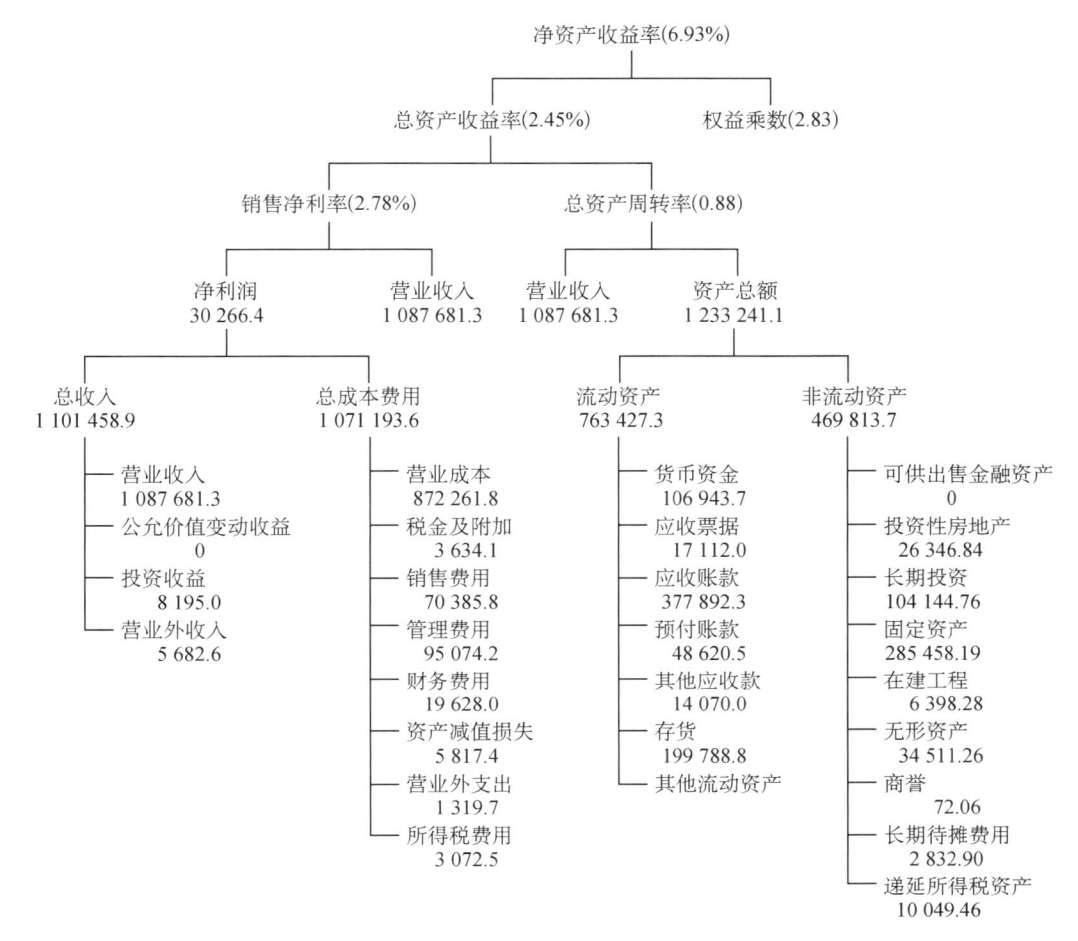

```
                        净资产收益率(6.93%)
                        ┌──────┴──────┐
                  总资产收益率(2.45%)    权益乘数(2.83)
                  ┌──────┴──────┐
           销售净利率(2.78%)    总资产周转率(0.88)
           ┌──────┴──────┐      ┌──────┴──────┐
         净利润       营业收入   营业收入      资产总额
        30 266.4    1 087 681.3 1 087 681.3  1 233 241.1
      ┌────┴────┐                        ┌────┴────┐
    总收入    总成本费用                 流动资产   非流动资产
   1 101 458.9  1 071 193.6              763 427.3  469 813.7
```

├─营业收入　　├─营业成本　　├─货币资金　　├─可供出售金融资产
│ 1 087 681.3 │ 872 261.8　 │ 106 943.7　 │ 0
├─公允价值变动收益├─税金及附加├─应收票据　├─投资性房地产
│ 0　　　　　 │ 3 634.1　　 │ 17 112.0　　│ 26 346.84
├─投资收益　　├─销售费用　　├─应收账款　　├─长期投资
│ 8 195.0　　 │ 70 385.8　　│ 377 892.3　 │ 104 144.76
└─营业外收入　├─管理费用　　├─预付账款　　├─固定资产
　 5 682.6　　│ 95 074.2　　│ 48 620.5　　│ 285 458.19
　　　　　　　├─财务费用　　├─其他应收款　├─在建工程
　　　　　　　│ 19 628.0　　│ 14 070.0　　│ 6 398.28
　　　　　　　├─资产减值损失├─存货　　　　├─无形资产
　　　　　　　│ 5 817.4　　 │ 199 788.8　 │ 34 511.26
　　　　　　　├─营业外支出　└─其他流动资产├─商誉
　　　　　　　│ 1 319.7　　　　　　　　　　│ 72.06
　　　　　　　└─所得税费用　　　　　　　　 ├─长期待摊费用
　　　　　　　　 3 072.5　　　　　　　　　　│ 2 832.90
　　　　　　　　　　　　　　　　　　　　　　└─递延所得税资产
　　　　　　　　　　　　　　　　　　　　　　　 10 049.46

图6-3　宏达公司2023年度杜邦财务分析指标体系图

通过对财务比率的杜邦分析，不仅能对宏达公司2023年度总体的财务情况有所了解，而且通过对具体的报表项目构成进行分析，特别是将公司不同时期的项目进行对比，可以看出企业资产、负债、成本费用的变化情况，从而在总体上把握公司重要的财务比率的变化原因及变化结果。

四、杜邦财务分析法的局限性

尽管杜邦财务分析体系是一种有效的财务综合分析方法，能全面、系统、综合地反映企业的财务状况，但是，随着信息使用者对财务信息质量要求的不断提高，该体系逐渐显现出一些不足和需要改进之处。

（一）没有进行企业发展能力的分析，不利于企业的可持续发展

一般而言，对企业财务能力的分析应包括企业的盈利能力、偿债能力、营运能力和发展能力，而杜邦财务分析体系只包括前三者。随着市场竞争的日益激烈，银行信贷人员在进行信贷调查时，越来越重视企业自身的发展潜力及可持续发展。因此，杜邦财务分析体系作

为一种综合财务分析体系,却没有包含反映企业发展能力的指标及其分解指标,显然不合时宜。

(二)忽视对现金流量的分析,降低财务分析结果的可信度

众所周知,资产负债表、利润表和现金流量表是企业进行财务报表分析的主要报表,它们分别反映企业的财务状况、经营成果和现金流量。在一个完善的财务分析体系中,三者缺一不可。而杜邦财务分析体系所使用的财务指标只来自资产负债表和利润表,没有考虑现金流量表。对现金流量的分析,可以减少人为操纵数据的可能性,增强财务分析结果的可信度,据此可以对企业经营资产的效率和创造现金利润的真正能力作出评价。

(三)未能充分利用管理会计数据,不利于全面掌握企业的财务状况

杜邦财务分析体系从财务会计的角度对各种指标进行构造和分解,没有充分利用管理会计系统的数据资料。例如,销售净利率的高低决定净资产收益率的高低,而提高销售净利率的根本途径是进行成本控制。管理会计就是在对成本进行有效分解的基础上发展起来的,能够为成本控制提供有用的数据资料。

(四)没有反映企业的风险,不能进行风险预警

在激烈的市场竞争中,企业的经营风险是不可避免的,且经营风险会导致财务风险。杜邦财务分析体系虽然以权益乘数来反映企业资本结构对净资产收益率的影响,但权益乘数只反映负债程度,不能直接体现企业的经营风险和财务风险。

任务三 沃尔评分法的应用

学习目标

素养目标

1. 遵守银行业务中的职业道德规范,确保使用沃尔评分法进行的财务分析公正且客观
2. 保护客户信息和个人隐私,对敏感数据保持高度保密
3. 银行信贷人员应主动更新自己的专业知识与能力提升,保持与时俱进,更好地为客户服务

知识目标

1. 理解沃尔评分法的含义与基本思路
2. 理解沃尔评分法的缺点
3. 理解沃尔评分法的分析步骤
4. 理解沃尔评分法在企业中的具体应用过程

能力目标

1. 掌握沃尔评分法的分析步骤
2. 掌握沃尔评分法的具体运用
3. 掌握在沃尔评分法运用中,在选择重要财务比率时应注意的问题

在进行财务报表分析时,普遍存在将财务比率计算出来后,无法判断其偏高还是偏低的问题。即使将其与本企业的历史数据进行比较,也只能看出企业自身的变化,难以评价企业在市场竞争中的优劣地位。沃尔评分法又称综合评分法,它通过对选定的多项财务比率进行评分,然后计算综合得分,据此评价企业综合的财务状况。

一、沃尔评分法认知

(一)沃尔评分法的含义

亚历山大·沃尔在20世纪初出版的《信用晴雨表研究》和《财务报表比率分析》中提出了信用能力指数的概念,他把若干个财务比率用线性关系结合起来,以此评价企业的信用水平。沃尔选择了7个财务比率,分别给定各个比率在100分的总分中所占的分数,即权重,然后确定各个比率的标准值,并用比率的实际值与标准值相除得到的相对值乘以权重,计算出各项比率的得分,最后将7个比率的得分加总得到总分,即信用能力指数,这就是沃尔评分法的雏形。

(二)沃尔评分法的基本思路

沃尔评分法的思路是通过线性关系结合多个财务比率,分别给定权重后与标准比率比较,从而得出企业财务状况的综合评价分数。

最基本的沃尔评分法如表6-3所示。

表6-3　　　　　　　　　　　　　沃尔评分法

财务比率	权重(1)	标准值(2)	实际值(3)	相对值(4)=(3)÷(2)	评分(5)=(1)×(4)
流动比率	25	2.00			
净资产/负债	25	1.50			
资产/固定资产	15	2.50			
销售成本/存货	10	9.00			
销售额/应收账款	10	6.00			
销售额/固定资产	10	4.00			
销售额/净资产	5	3.00			
合计	100	—		—	

沃尔评分法为综合评价企业的财务状况提供了一个重要的思路,即将分散的财务指标通过一个加权体系综合起来,使一个多维度的评价体系变成一个综合得分,这样就可以用综合得分对企业作出综合评价。

(三)沃尔评分法的缺点

沃尔评分法的缺点包括以下几个方面:

(1)理论依据不足。尽管沃尔评分法在实际操作中被广泛应用,但从理论上讲,它未能充分证明为何选择这7个财务比率,以及每个指标所占比重的合理性。这个问题至今仍然没有从理论上得到解决。

(2)技术问题。沃尔评分法在技术上存在一个问题,即当某一指标出现严重异常时,会对总评分产生不合逻辑的重大影响。这种问题是由财务比率与其权重相乘引起的,可能导致评分结果失真。

(3)实际应用局限。虽然沃尔评分法在实践中被广泛应用,但其存在较多问题,如某一指标严重异常时可能对总评分产生的不合逻辑的影响,提示需要对该方法进行改进,以更准确地反映企业的财务状况。例如,财务比率提高一倍,其评分增加100%;而该财务比率缩小一半,其评分只减少50%。

二、沃尔评分法的分析步骤

在不同的经济发展环境中,人们应用沃尔评分法时所选择的财务比率在不断变化,各个比率的权重在不断修正,各个比率的标准值在不断调整,评分方法也在不断改进,但是沃尔评分法的基本思路始终没有改变,其应用的步骤也没有发生大的变化。

(一)选择财务比率

在财务综合分析中,通常选择能够说明问题的重要财务比率指标。在选择具体指标时,应注意以下几点:第一,所选择的财务比率要具有全面性,即反映企业偿债能力、盈利能力、营运能力和发展能力的财务比率都应有所涉及,只有这样才能反映企业的综合财务状况;第二,所选择的财务比率要具有代表性,即在每个方面的众多财务比率中,要选择那些更能说明问题的重要的财务比率;第三,所选择的财务比率最好具有变化方向的一致性,即当财务比率增大时均表示财务状况的改善,当财务比率减小时均表示财务状况的恶化。例如,在选择反映偿债能力的财务比率时,最好选择权益比率而不选择资产负债率,因为通常认为在一定范围内,权益比率高说明企业的偿债能力强,而资产负债率高则说明企业的负债安全程度低。

(二)确定各项财务比率的权重

如何将100分的总分合理地分配给所选择的各个财务比率,是沃尔评分法中一个非常重要的环节。分配的标准是依据各个财务比率的重要程度,越重要的比率所分配的权重越高。对各个财务比率重要程度的判断,应结合企业的经营状况、管理要求、发展趋势及分析的目的等具体情况而定。

(三)确定各项财务比率的标准值

财务比率的标准值也就是判断财务比率高低的比较标准。只有有了标准,我们才能判断企业的某个财务比率是偏高还是偏低。这个比较的标准可以是企业的历史水平,可以是竞争企业的水平,也可以是同行业的平均水平等。其中,最常见的是选择同行业的平均水平作为财务比率的标准值。

(四)计算各个财务比率的实际值

利用企业给定的相关财务数据,计算各个财务比率的实际值。

（五）计算各个财务比率的得分

通过各个财务比率实际值与标准值的比较，得出对各个财务比率状况好坏的判断，再结合各个财务比率的权重，计算各个财务比率的得分。计算得分的方法有很多，其中最常见的是用比率的实际值除以标准值得到一个相对值，再用这个相对值乘以比率的权重得到该财务比率的得分。

为了避免个别财务比率异常对总分造成不合理的影响，还可以为每个比率的得分确定一个上限和下限，即每个财务比率的得分最高不能超过其上限，最低不能低于其下限。例如，我们可以确定每个比率的得分最高不能超过其权重分数的1.5倍，最低不能低于其权重分数的1/2。

（六）计算综合得分并形成评价结果

将各个财务比率的实际得分加总，得到企业的综合得分。企业的综合得分如果接近100分，则说明企业的综合财务状况接近行业的平均水平。企业的综合得分如果明显超过100分，则说明企业的综合财务状况优于行业的平均水平；相反，企业的综合得分如果远低于100分，则说明企业的综合财务状况较差，应当积极地采取措施加以改善。

在沃尔评分法的各个步骤中，最为关键也最为困难的是第2步和第3步，即各项财务比率的权重和标准值的确定。给各个财务比率分配合理的权重，并为每个财务比率确定恰当的标准值，需要综合考虑多方面的因素，并在长期的分析实践中不断修正。

三、沃尔评分法的应用

以宏达公司2023年的财务情况为例，分两步来说明沃尔评分法的具体应用。

（一）选择评价企业财务状况的财务比率并确定各个比率的权重

根据前述的财务单项指标，确定4个财务分析能力所对应的比率和权重，如表6-4所示。

表6-4　　　　　　　　　　财务比率指标及权重

财务比率指标	分配的权重
一、盈利能力指标	34
1.净资产收益率	20
2.总资产报酬率	14
二、偿债能力指标	22
1.速动比率	10
2.权益比率	12
三、营运能力指标	22
1.总资产周转率	10
2.流动资产周转率	12

(续表)

财务比率指标	分配的权重
四、发展能力指标	22
1. 销售增长率	12
2. 资本积累率	10
合计	100

（二）计算各个财务比率的综合得分并形成评价结果

根据宏达公司的财务数据，编制财务比率指标的实际值与得分，见表6-5。

表6-5　　　　　　　　　　宏达公司财务状况综合评价

财务比率指标	权重①	标准值②	实际值③	得分④=①×③÷②
一、盈利能力指标	34			
1. 净资产收益率	20	2.94%	6.93%	47.14
2. 总资产报酬率	14	1.00%	2.45%	34.30
二、偿债能力指标	22			
1. 速动比率	10	0.71	0.76	10.70
2. 权益比率	12	34.04%	35.39%	12.48
三、营运能力指标	22			
1. 总资产周转率	10	0.93	0.89	9.57
2. 流动资产周转率	12	1.97	1.91	11.63
四、发展能力指标	22			
1. 销售增长率	12	3.50%	−3.74%	−12.82
2. 资本积累率	10	4.50%	5.78%	12.84
综合得分	100			125.85

从上述的评分标准来看，该公司得分为125.85分，明显超过100分，说明企业的综合财务状况优于行业的平均水平。

需要说明的是，上面对宏达公司的综合评分，只是为了说明沃尔分析法运用的基本步骤，可能未必反映了这个公司的综合财务状况。这主要是因为对财务比率的选择、各财务比率的权重赋予以及各财务比率标准值的确定都是比较主观的，并未经过细致的推敲、考察和验证。

沃尔评分法在理论上是一种可以用来综合评价企业财务状况的方法，但该方法应用的正确性主要取决于有关财务比率指标选择的恰当性、标准值确定的科学性以及标准评分值的合理性。只有经过长期实践并不断修正，沃尔评分法才能取得较好的效果。值得注意的是，尽管沃尔评分法尚待理论上的证明和技术上的完善，但它在实际工作中已得到广泛应用。

知识巩固与能力提升实训

一、单项选择题

1. 杜邦财务分析体系的核心指标是（　　）。
   A. 净资产收益率
   B. 总资产净利率
   C. 总资产周转率
   D. 销售净利率

2. 从杜邦财务分析体系中可以看出，若要提高企业的经营业绩，应该（　　）。
   A. 降低资产负债率
   B. 降低资产周转率
   C. 提高销售净利率
   D. 提高销售费用的投入

3. 某企业2022年和2023年的营业净利率分别为7%和8%，总资产周转率分别为2和1.5，两年的资产负债率相同。与2022年相比，该企业2023年的净资产收益率变动趋势为（　　）。
   A. 上升
   B. 下降
   C. 不变
   D. 无法确定

4. 在下列各项指标中，其算式的分子、分母均使用本年数据的是（　　）。
   A. 资产保值增值率
   B. 技术投入比率
   C. 总资产增长率
   D. 资本积累率

5. 以下指标中，属于正指标的是（　　）。
   A. 资产负债率
   B. 流动资产周转天数
   C. 资本收益率
   D. 不良资产比率

二、多项选择题

1. 财务报表综合分析评价的目的包括（　　）。
   A. 明确企业财务活动与经营活动的相互关系
   B. 为投资决策提供参考
   C. 评价企业的财务状况及经营业绩
   D. 为完善企业管理提供依据

2. 根据杜邦财务分析体系，影响净资产收益率的因素有（　　）。
   A. 销售利润率
   B. 总资产周转率
   C. 总资产增长率
   D. 权益乘数

3. 杜邦财务分析体系的局限性包括（　　）。
   A. 涵盖信息不够全面
   B. 分析内容不够完善
   C. 未包含偿债能力分析
   D. 对企业风险分析不足

4. 下列分析方法中,属于财务报表综合分析方法的有(　　)。
   A. 趋势分析法　　　　　　　　　　B. 杜邦分析法
   C. 沃尔评分法　　　　　　　　　　D. 因素分析法
5. 原始意义上的沃尔评分法的缺点有(　　)。
   A. 不能对企业的信用水平作出评价
   B. 不能确定总体指标的比重
   C. 所选定的指标缺乏证明力
   D. 当某项指标严重异常时,会对总评分产生不合逻辑的影响

三、判断题

1. 在其他条件不变的情况下,权益乘数越大则财务杠杆作用就越大。（　　）
2. 最能体现企业经营目标的财务指标是净资产收益率。（　　）
3. 只要期末所有者权益大于期初所有者权益,就说明企业通过经营使资本增值了。（　　）
4. 某企业去年的营业净利率为5.73%,总资产周转率为2.17;今年的营业净利率为4.88%,总资产周转率为2.88。若两年的资产负债率相同,今年的净资产收益率比照去年的变化趋势为上升。（　　）
5. 流动资产周转率是反映企业资产质量状况的基本指标。（　　）

四、综合计算及案例分析题

1. 某企业2023年12月31日资产负债表(简表)如表6-6所示。

表6-6　　　　　　　　　　资产负债表(简表)　　　　　　　　　　单位:万元

资产	年末数	负债和所有者权益(或股东权益)	年末数
流动资产:		流动负债合计	300
货币资金	90	非流动负债合计	400
应收账款净额	180	负债合计	700
存货	360	所有者权益(或股东权益)合计	700
流动资产合计	630		
非流动资产合计	770		
总计	1 400	总计	1 400

该企业2023年度营业收入为840万元,税后净利润为117.6万元。已知该企业2022年销售净利率为16%,总资产周转率为0.5次,权益乘数为2.2,权益净利率为17.6%。

要求:

(1) 计算该企业2023年的销售净利率、总资产周转率、权益乘数和净资产收益率;

(2) 利用因素分析法分析销售净利率、总资产周转率和权益乘数变动对净资产收益率的影响(涉及资产负债表的数据均采用期末数)。

2. 某公司净资产收益率指标资料如表6-7所示。

表6-7　　　　　　　　　　　净资产收益资料　　　　　　　　　　　单位：万元

项目	2022年	2023年
平均总资产	46 780	49 120
平均净资产	25 729	25 051
营业收入	37 424	40 278
净利润	3 473	3 557

要求：根据上述资料，按照杜邦财务分析体系对净资产收益率变动原因进行分析。

3. 某公司2023年财务报表的有关资料如表6-8所示。

表6-8　　　　　　某公司2023年财务报表的有关资料　　　　　　单位：万元

资产负债表项目	2023年	2022年
流动资产	2 321 208	1 534 803
资产总额	3 047 727	2 037 983
流动负债	1 803 202	1 352 433
负债总额	2 101 415	1 598 427
所有者权益（或股东权益）总额	946 312	439 556
利润表项目	2023年	2022年
营业收入	1 787 615	1 174 155
财务费用	−31 548	−2 246
利润总额	431 358	179 643
净利润	353 156	155 251

要求：

（1）计算该公司下列财务比率指标的实际值（表6-9）。

表6-9　　　　　　　　　　　　财务比率指标

财务比率指标	2023年 公司实际值	2023年 行业平均水平
流动比率		1.10%
资产负债率		69.50%
流动资产周转率（次）		1.0

205

（续表）

财务比率指标	2023年	
	公司实际值	行业平均水平
总资产周转率（次）		0.6
总资产报酬率		5.00%
净资产收益率		9.00%
营业收入增长率		12.00%
资本积累率		11.00%

（2）结合行业平均值，运用沃尔评分法对该公司进行综合分析和评价。

项目七
金融财务案例综合分析

学习目标

素养目标

1. 了解金融财务分析的流程,掌握分析要点,培养财务全面分析的能力
2. 坚守财务分析的基本原则,遵守以事实为基础、以数据为基石、一切以企业客观经营实际为准的财务分析职业素养
3. 遵守银行授信的原则,培养全面分析意识,提升实操能力,提高金融职业素养

知识目标

1. 区分不同企业类型,全面了解金融财务分析的业务流程
2. 了解中小企业财务分析的基本要求、操作思路及分析攻略
3. 了解小微企业财务分析的基本要求、操作思路及分析攻略

能力目标

1. 掌握金融财务分析的业务流程,能区分不同企业类型,并熟练应用
2. 掌握中小企业金融财务分析的要点,能根据事实依据,对财务报表作出必要的调整及分析;结合银行授信的基本要求,对企业作出基本的授信评价
3. 掌握小微企业金融财务分析的要点,能根据企业业务场景作出基本的财务分析评价;结合银行授信的基本要求,对企业作出基本的授信评价

思维导图

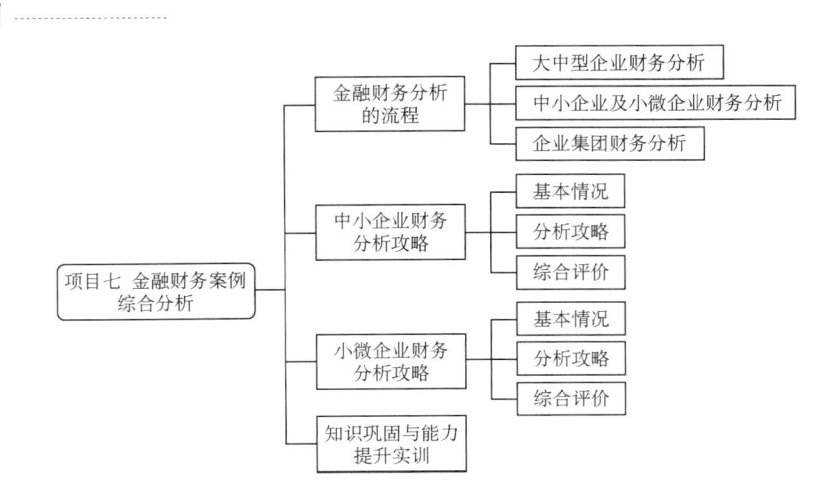

```
                                      ┌─ 大中型企业财务分析
                    ┌─ 金融财务分析 ──┼─ 中小企业及小微企业财务分析
                    │   的流程        └─ 企业集团财务分析
                    │
                    │                  ┌─ 基本情况
                    ├─ 中小企业财务 ──┼─ 分析攻略
                    │   分析攻略       └─ 综合评价
项目七 金融财务案例 ─┤
    综合分析        │                  ┌─ 基本情况
                    ├─ 小微企业财务 ──┼─ 分析攻略
                    │   分析攻略       └─ 综合评价
                    │
                    └─ 知识巩固与能力
                       提升实训
```

任务一　金融财务分析的流程

学习目标

素养目标

1. 培养信贷人员在面对复杂财务状况时的判断力和决策力
2. 学会识别财务报表中可能存在的异常数据或不合理的项目变化,并探索其背后的原因
3. 学习如何根据企业类型的特点和趋势来解读财务报表,关注行业发展动态

知识目标

1. 掌握大中型企业财务分析的流程
2. 掌握中小企业及小微企业财务分析的流程
3. 掌握企业集团财务分析的流程

能力目标

1. 能够识别不同类型企业的财务特点和财务分析的模式
2. 学习如何根据不同类型企业的特点和趋势来解读财务报表,增强对不同类型企业的理解和洞察力

在信贷实务中,由于企业规模大小不同、财务核算规范程度不同、企业所有制性质不同、提供财务报表类型不同等原因,信贷人员应结合财务报表及会计科目的一般性特点和科目异动所反映的企业经营实质,根据企业实际情况采取不同的分析攻略,以达到事半功倍的效果。

一、大中型企业财务分析

大中型企业或财务核算比较规范的企业,一般能提供比较完整的财务报表,其历史资料、同行业可比资料比较容易取得,信贷人员可根据实际情况采取以下分析程序:

（1）了解企业基本情况。

（2）获取企业财务报表及其他资料。

获取企业财务报表（包括资产负债表、利润表、现金流量表）,主要科目明细,以及与财务、经营相关的信息和资料。

（3）判断企业财务报表的类型,编制初审报表。

① 若是税务报表,应向企业确认是否存在未纳入报表的重要及大额的采购、销售、资产、负债等业务,若存在,则须将业务所涉及的主要科目进行调整,主要包括应收账款、应付账款、营业收入及成本、其他应收款、存货、固定资产、借款等科目,经调整后编制初审报表。

② 若是银行报表,应向企业确认是否存在多计入报表的重大的采购、销售、资产业务,少记入报表的负债业务,若存在,则须将业务所涉及的主要科目进行调整,主要包括应收账款、应付账款、营业收入及成本、其他应收款、存货、固定资产、借款等科目,经调整后编制初审报表。

（4）确定财务报表的调查重点。

以初审报表为基础,确定调查核实的重点科目:

① 资产负债表中期末余额与期初余额增减变化达到10%以上,或单项余额占资产总额10%以上的科目;

② 利润表、现金流量表中本期金额与上年同期金额增减变化在10%以上,或单项发生额占销售总额5%以上的科目;

③ 将资产负债率、毛利率、净资产收益率等重要财务指标与企业历史、同行业比率进行对比,出现异常的科目。

(5) 进一步分析。

根据各会计科目的特点及财务指标异常变化的规律,结合企业经营实际,对已确认的重点调查科目进一步综合分析,剔除虚假计入报表项目,补充应计入而未计入报表项目,经核实调整后,编制再审报表。

(6) 指标计算。

计算报表的资产负债率、毛利率、净资产收益率等重要财务指标,结合企业的经营实际,按历史成本法分析企业偿债能力、盈利能力、营运能力和发展能力等指标。

(7) 按市场价值调整报表。

对市场价格与历史成本价差异较大的项目,如固定资产、存货、交易性金融资产、投资性房地产等项目,按市场价格调整相应科目,再编制按市场价值反映的财务报表,测算资产负债比率,按市场价格分析企业偿债能力。

(8) 通过上述调查、分析,综合评价企业的偿债能力(分别按历史成本法和市场价格法)、盈利能力、营运能力和发展能力,评估授信风险水平,决定是否给予授信。

思政知识

金融安全是国家安全的重要组成部分,维护金融安全是关系我国经济社会发展全局的一件大事。习近平总书记强调,防范化解金融风险,特别是防止发生系统性金融风险,是金融工作的根本性任务,也是金融工作的永恒主题。在日常监管工作中,必须以习近平新时代中国特色社会主义思想为指导,继续按照稳定大局、统筹协调、分类施策、精准拆弹的基本方针,以自我革命精神处理风险隐患,敢于斗争、善于斗争,有力应对金融领域重大挑战,牢守不发生系统性金融风险的底线。

二、中小企业及小微企业财务分析

中小企业主营业务比较明显,财务核算涉及的科目较少,家庭开支、对外投资资金主要来源于企业经营所得,家庭资产与企业资产(如汽车、房地产)不能严格区分。中小企业财务报表的编制目的和方式与大中型企业大不相同,其财务报表通常不能直接利用,历史资料及信息一般也较难获取,可比性较差,因而中小企业财务分析的攻略也有所不同。信贷人员可根据实际情况采取以下分析程序:

(1) 了解企业基本情况。

(2) 获取基本信息及资料,确定需要重点调查核实的项目,一般包括存货、固定资产、应收账款、短期借款、应付账款、营业收入、毛利率等。

（3）实地观察企业存货、固定资产等实物资产,分析、确认其历史成本价。了解企业实际控制人的家庭资产,若不能提供其他资金来源的,视同企业资产的一部分。

（4）取得应收账款主要明细和货款周转期,并加以分析确认。货币资金、其他应收款等项目如果余额较小,或占资产总额比例较小,可按企业提供数确认;若余额大、变化幅度大,可详细核实。

（5）对照行业平均销售利润率,结合企业管理水平、人员结构等因素,评估产品销售利润率,推断企业历年经营积累。

（6）根据"负债＝资产－初始投入－历年经营积累"这一等式,测算企业负债总额。

（7）将测算得到的负债总额与企业提供的负债明细汇总额进行核对,差异不大的,可按企业提供明细确认负债项目;差异较大的（20%以上）,提请企业提供解释,若解释不合理,则视为企业漏报负债,并将测算负债总额合理推断为企业的最终负债。

（8）根据已确认的资产、所有者权益、负债,编制简易财务报表,评价企业的偿债能力和盈利能力。

三、企业集团财务分析

在银行信贷实务中,许多企业实际控制人同时控制着两家或两家以上的企业,这些企业之间可能在同一经营场地生产相同产品、类似产品或同一产业链下的上下游产品。实际控制人、借款企业及其实际控制的企业之间构成关联关系,形成企业集团。

要准确地把企业集团下各企业的实物资产、债权债务加以区分,并将其与财务报表各项目一一对应是很难的。因此,调查分析时,需要将企业集团所属关联企业、实际控制人的财务数据予以合并,形成企业集团合并财务报表,测算企业集团各项财务指标,评价企业集团的偿债能力和盈利能力。掌握企业集团财务状况后,再去评价各个企业的偿债能力和盈利能力就得心应手了。

信贷人员可根据实际情况,采取以下分析程序:

（1）了解企业基本情况。

（2）获取企业集团下主要关联企业及实际控制人的财务报表,主要科目明细,以及与财务、经营相关的其他信息和资料。

（3）分析各企业财务报表的类型（税务报表、银行报表）,提请企业将未入报表项目、虚入报表项目作调整。

（4）要求企业提供企业集团内部重大关联交易及其金额。主要包括应收账款与应付账款之间、其他应收款与其他应付款（借款）之间、营业收入与营业成本之间、投资与实收资本之间等重大关联交易。由于企业集团内部交易不会导致企业集团整体财务结构变化,应将重大关联交易科目及其金额予以合并抵销,合并抵销后形成初审集团财务报表。

（5）确定财务报表的调查重点。①资产负债表项目中期末余额与期初余额增减变化达到10%以上,或单项余额占资产总额10%以上的科目。②利调表、现金流量表中本期金额与上年同期金额增减变化在10%以上,或单项发生额占销售总额5%以上的科目。③将资产负债率、毛利率、净资产收益率等重要财务指标与企业历史、同行业比率进行对比,出现异常的科目。

（6）根据各会计科目的特点及财务指标异常变化的规律，结合企业经营实际，对已确认的重点调查科目进一步综合分析，剔除虚假计入报表项目，补充应计入而未计入报表项目，经核实调整后，编制再审集团报表。

（7）测算再调整后的集团财务报表相应的资产负债率、毛利率、净资产收益率等重要财务指标，结合企业的经营实际，按历史成本法分析和评价企业偿债能力、盈利能力、运营能力和发展能力。

（8）对市场价格与历史成本价差异较大的项目，如固定资产、存货、交易性金融资产、投资性房地产等项目，按市场价格调整相应的科目，再编制按市场价值反映的集团财务报表，测算资产负债比率，按市场价格评价企业集团偿债能力。

（9）通过上述调查、分析，根据企业集团的各方面财务指标，综合评价其偿债能力（分别按历史成本法和市场价格法）、盈利能力、运营能力和发展能力，评估授信风险水平，决定是否给予授信。

需要注意的是，在实务中，不同行业、不同企业，同一企业的不同历史时期，报表类型和用途不同，使企业提供给银行的报表复杂多样，财务经营信息虚虚实实、真假难辨。因此，信贷人员采用的分析方法、程序和策略也不是一成不变的，应根据实际情况随机应变。

在调查与被调查过程中，充分展现有利信息，尽量规避不利信息，争取获得贷款是企业的根本目标；而充分挖掘和披露企业财务经营信息（包括有利和不利信息），合理评价企业的偿债能力和盈利能力，降低信贷资产风险是信贷人员的根本目标。两者的矛盾直接导致了掌握企业财务经营信息的不对称性，决定了信贷人员从企业取得非常准确、完整的财务数据及信息是非常困难的。

同时，银行不是会计师事务所或税务部门，不必一定要掌握企业所有财务状况及相关信息。信贷人员可以借助企业提供的现有资料，结合企业经营的实际、会计报表及会计科目的一般规律，采取恰当的分析攻略，弃假存真、弃劣存优，测算出企业的主要财务数据和指标，合理评价企业主要财务状况偿债能力和盈利能力，以降低银行信贷资产风险。

任务二　中小企业财务分析攻略

学习目标

素养目标

1. 通过分析真实的财务案例，增强信贷人员将理论知识应用于实际问题解决的能力
2. 通过案例学习，提高信贷人员评估企业偿债能力和资本结构稳健性的能力
3. 提升信贷人员撰写分析报告的能力，使其能够清晰、准确地表达分析结果

知识目标

1. 掌握中小企业财务分析的基本要求、操作思路及其分析攻略

能力目标
1. 能够整合财务报表信息进行综合分析，包括但不限于资产负债表、利润表和现金流量表
2. 通过案例分析，提高对潜在财务风险的敏感度和掌握有效的应对策略
3. 面对复杂情况时能够迅速找到问题所在，并提出解决方案

一、基本情况

枫帆铝制品公司于2014年7月成立，股东由周某夫妻二人组成，注册资本为200万元，其中周某占10%，顾某占90%，主要经营铝制饮水瓶、铝制化妆品瓶、野营锅等户外旅游体育用品，拥有自营和代理货物及技术的进出口权。公司提出因新建厂房（供出租）占用流动资金，向银行申请授信500万元用于购买原材料，由非关联企业A公司提供授信担保。据调查确认，A公司实力较强，具备500万元的担保能力。

请结合企业提供的信息，分析500万元授信申请的可行性。

（一）企业提供的2022—2023年财务数据

企业提供的近两年财务数据如表7-1和表7-2所示。

表7-1　　　　　枫帆公司简易资产负债表（简表）　　　　　单位：万元

资产	2022年12月	2023年12月	负债和所有者权益（或股东权益）	2022年12月	2023年12月
货币资金	357	330	短期借款	567	1 260
应收账款	339	698	应付账款	115	65
其他应收款	44	189	应付票据	523	605
存货	815	1 040	其他负债	65	41
固定资产净值	285	300	负债合计	1 270	1 971
在建工程	0	145	实收资本	200	200
长期待摊费用	42	32	留存收益	434	691
其他资产	22	128	所有者权益（或股东权益）合计	634	891
资产合计	1 904	2 862	负债和所有者权益（或股东权益）合计	1 904	2 862

表7-2　　　　　　　枫帆公司简易利润表　　　　　　　金额单位：万元

项目	2022年	2023年
主营业务收入	3 759	4 035
毛利率	15.70%	19.16%
主营业务成本	3 169	3 262

(续表)

项目	2022年	2023年
业务税金及附加	11	10
主营业务利润	579	763
营业费用	100	138
管理费用	234	249
财务费用	55	81
营业利润	190	295
营业外收入	5	7
营业外支出	13	16
利润总额	182	286
所得税	8	33
净利润	174	253

（二）企业提供的主要会计科目说明及信贷人员初步调查情况

（1）信贷人员从银行的企业征信系统中查询到：企业在A银行的抵押贷款为900万元，开立银行承兑汇票573万元，保证金比例为50%；在B银行的担保贷款为300万元，企业均已确认。

（2）企业提供的2023年年末应收账款明细及周转期，如表7-3所示。

表7-3　　　　　　　　　2023年年末应收账款明细及周转期表　　　　　　　金额单位：万元

应收账款明细	金额	账期
泰国印氏企业	510	60～90天
泰国印师傅厨具公司	38	60～90天
泰国栋伦公司	16	60～90天
浙江某旅游用品有限公司	34	60～90天
浙江某进出口有限公司	38	60～90天
其他	62	
合计	698	

（3）其他应收款均为非关联企业借款，已确认属实。

（4）企业提供存货主要明细：原材料410万元（主要为铝锭，占比85%以上）、生产成本578万元、产成品52万元。

假设铝锭消耗20吨/月,均价1.7万元/吨,2023年度铝锭价格平稳。

企业提供的增值税纳税申报表显示2023年度增值税进项税额为241万元,增值税税率为13%,出口免税。

企业主要产品是铝制饮水瓶、铝制化妆品瓶,占比95%以上。铝制饮水瓶销售均价10元/只,月产11万只;铝制化妆品瓶销售均价5元/只,月产20万只。

（5）固定资产明细如下：冲床10台、四柱液压机5台、燃油加热炉、涂装设备、数控车床12台、数控缩口机、铝钎焊机、清洗机、送料机、空压机等,商务车等电子设备,购入原价473万元,净值300万元。

（6）在建工程系公司新建厂房初始投入。

（7）长期待摊费用系已列支应于未来摊销的费用。

（8）其他资产均为非重要资产项目。

（9）企业提供的短期借款均为银行借款。

（10）企业提供的应付账款明细及周转期,如表7-4所示。

表7-4　　　　　　　　　应付账款明细及周转期表　　　　　　　金额单位：万元

应付账款明细	金额	账期
A铝材料有限公司	12	30～60天
B塑业有限公司	13	30～60天
C电器厂	10	30～60天
其他	30	30～60天
合计	65	

（11）其他负债均为非重要负债项目。

（12）留存收益即盈余公积、未分配利润。

（13）企业确认：2023年开票销售2 100万元左右,开票销售占总销售的90%以上,外销（出口及代理出口）占总销售收入比例约为80%。

（14）企业其他信息：企业现有职工100余人,其中管理人员15人；企业经营稳定,实际控制人人品较好,有一定社会声誉。企业征信系统显示,企业无逾期等贷款不良历史记录,企业对外非关联方担保300万元。

（三）企业提供的周某夫妻的家庭财务状况

1. 总资产

总资产为920万元左右,主要如下：

（1）2015年建造别墅一幢,占地1.5亩,2层楼,面积为250平方米,原始造价为120万元,市场价值为400万元。

（2）个人住宅3套,面积为320多平方米,购置成本为400万元,均为近2年购置,与市价相当。

（3）轿车1辆,2018年年末购价为120万元,市场价格为120万元。

2. 家庭主要负债

家庭主要负债余额合计183万元,均为住房贷款。

(四)关联企业财务状况

关联企业枫帆金属制品公司仍由周某夫妻2人于2014年组建,注册资金为100万元,2019年以来已无实际经营,目前除了房地产外,其他资产负债已结清。公司拥有3份房地产,其中2份为同一地块,于2018年前购入,面积为18亩,购入价格为15万元/亩,计270万元,有证厂房面积为5 000平方米,建造成本为600元/平方米,计300万元,目前该厂房为铝制品公司所使用。第3份土地于2020年购入,面积为16亩,购入价格为25万元/亩,计400万元,无证厂房面积为3 000平方米,为近年建造,成本为800元/平方米,计240万元。该三块地相邻,目前市价平均为70万元/亩,部分已被枫帆铝制品公司抵押担保贷款。

二、分析攻略

(一)分析企业财务状况

1. 货币资金和应付票据

货币资金报表科目余额为330万元。根据已确认开立银行承兑汇票余额573万元及保证金比例50%,测算保证金余额约287万元,余43万元(推测为现金及银行存款)。根据企业规模状况,货币资金余额及应付票据可按报表数确认。

2. 应收账款与营业收入

(1)应收账款报表科目余额为698万元。根据银行报表的一般特点,应收账款不会低估。余额明细中,90%以上周转期为60~90天,平均周转期按75天,根据应收账款周转率公式推测企业营业收入约为2 490万元[(339+698)÷2×360÷75],全年的天数按360天计算。

(2)根据题意,增值税进项税额为241万元,增值税税率为13%,推测公司外购原材料及辅料存货年采购额约为1 854万元(241÷13%);经询问确认,该产品原材料及辅料占产品价值比约为88%,公司的毛利率约为15%,推测营业收入约为2 479万元(1 854÷88%÷85%)。

(3)根据应收账款明细结构(应外方及转出口商货款约为602万元,占比为86%),公司开票收入为2 100万元,出口(及转出口)占总销售比例约为80%,假设开票收入均为出口收入,推测总营业收入最多为2 625万元(2 100÷80%),与应收账款余额基本匹配。

(4)铝制饮水瓶销售均价为10元,月产11万只;铝制化妆品瓶销售均价为5元,月产20万只。据此推测月产值约为210万元,年产值约为2 520万元。

根据上述分析,企业全部销售收入应在2 625万元以内,应收账款可按698万元确认。企业对此进行确认。

企业提供报表反映的2023年度销售额为4 035万元,不予确认。

3. 其他应收款

非关联企业借款按报表提供金额确认。

4. 存货

公司每月消耗铝锭额约为34万元(20×1.7),年消耗额约为384万元(34×12),而企业提供原材料余额为410万元。在原材料波动不大的情况下,备料相当于企业1年的消耗量,与实际不符。

经与企业进一步沟通和现场抽盘,确认原材料备料约为135吨,计230万元;半成品、成品库存按企业提供额确认,存货约为860万元,企业已确认。

5. 固定资产

(1) 机器设备、办公及运输设备购入原价为473万元,净值为300万元。根据其成立年限,可确认。

(2) 根据题意,公司租用关联企业厂房,无房地产。

6. 在建工程

系公司新建厂房,初始投入为145万元,经场地观察后可确认。

7. 长期待摊费用

长期待摊费用余额为32万元,余额小,可按报表数确认(实际已列支,已不具备资产的实质,也可确认为0)。

8. 其他资产

其他资产均为非重要资产项目,可按报表数确认。

9. 留存收益

企业于2014年7月成立,2015年方投入生产销售,经询问、了解和分析,2015—2022年累计销售约7 900万元,平均利润率8%,估算公司历年利润积累632万元(7 900×8%)。

10. 负债

根据上述分析后,间接计算负债=资产总额-初始投入-历年经营积累,即"2 682-200-632",由此得出间接计算负债为1 850万元。

11. 企业提供负债项目分析

短期借款提供余额与企业征信系统查询一致,确认为1 260万元。

企业应付账款余额为65万元,若企业应付票据为关联企业间融资,则应付账款余额偏低,需结合其他分析后进行综合判断;若应付票据是为支付货款而开立,则应付账款余额,可确认。

其他负债均为非重要负债项目,可确认。

上述分析得出直接计算负债为1 971万元(1 260+65+605+41)。

12. 间接负债与直接负债差异分析

间接计算负债与直接计算负债相差121万元(1 971-1 850),差异占比为6.14%。其原因主要在于家庭资产、关联企业资产的资金主要来源于公司,而相应的资产和负债均未反映在公司报表中。间接计算负债余额相对合理,可按1 850万元确认。

13. 报表主要项目调查确认

根据以上分析确认主要资产、负债及所有者权益余额,如表7-5和表7-6所示。

表7-5　　　　　2023年年末枫帆公司报表主要项目调查确认　　　　　金额单位:万元

资产类	企业提供金额	调查确认金额
货币资金	330	330
应收账款	698	698
其他应收款	189	189

(续表)

资产类	企业提供金额	调查确认金额
存货	1 040	860
固定资产净值	300	300
在建工程	145	145
长期待摊费用	32	32
其他资产	128	128
资产合计	2 862	2 682
负债和所有者权益（或股东权益）		
短期借款	1 260	1 260
应付账款	65	65
应付票据	605	605
其他负债	41	41
未确认负债差异		－121
负债合计	1 971	1 850
实收资本	200	200
留存收益	691	632
所有者权益（或股东权益）合计	891	832
负债和所有者权益（或股东权益）合计	2 862	2 862
营业收入	4 035	2 625
销售利润率	6.27%	9.64%
净利润	253	253

表7-6　　　　　枫帆公司财务状况汇总简表　　　　　单位：万元

项目	企业提供金额		调查确认金额	
	原始价格	市场价格	原始价格	市场价格
资产合计	2 862	2 862	2 682	2 682
所有者权益（或股东权益）合计	891	891	832	832
负债合计	1 971	1 971	1 850	1 850
负债和所有者权益（或股东权益）合计	2 862	2 862	2 682	2 682

（二）分析家庭财务状况

（1）2015年以前建造别墅1幢，可视为所有者权益。

（2）个人住宅3套和轿车1辆均为近2年购置，合计520万元。目前已支付款项337万元，尚有住房贷款余额183万元。家庭财务状况如表7-7所示。

表7-7　家庭财务状况汇总简表　　　　　　　　　　　　　　　　　　　　　　单位：万元

项目	企业提供金额 原始价格	企业提供金额 市场价格	调查确认金额 原始价格	调查确认金额 市场价格
别墅	120	400	120	400
个人住宅	400	400	400	400
汽车	120	120	120	120
资产合计	640	920	640	920
所有者权益合计	640	737	120	400
负债		183	520	520

（三）分析关联企业财务状况

根据题意，关联企业枫帆金属制品公司目前仅有房地产，2018年前房地产可作为所有者权益的一部分，2020年购入房地产资金实际来源于公司。关联企业财务状况如表7-8所示。

表7-8　　　　　　　　　　　　　关联企业财务状况　　　　　　　　　　　　单位：万元

项目	企业提供金额 原始价格	企业提供金额 市场价格	调查确认金额 原始价格	调查确认金额 市场价格
2018年前购入土地	270	1 260	270	1 260
2018年前购入房产	300	300	300	300
2020年购入土地	400	1 120	400	1 120
无证厂房	240	240	240	240
资产合计	1 210	2 920	1 210	2 920
所有者权益合计	1 210	2 920	570	1 560
负债			640	1 360

根据表7-6、表7-7和表7-8，重新测算公司及企业集团的负债和负债比率，如表7-9所示。

表7-9　　　　　　　　　　　公司及企业集团负债及负债比率　　　　　　　金额单位：万元

项目	公司及关联方	企业提供金额 原始价格	企业提供金额 市场价格	调查确认金额 原始价格	调查确认金额 市场价格
资产	公司	2 862	2 862	2 682	2 682
资产	家庭	640	920	640	920
资产	关联企业	1 210	2 920	1 210	2 920

(续表)

项目	公司及关联方	企业提供金额 原始价格	企业提供金额 市场价格	调查确认金额 原始价格	调查确认金额 市场价格
资产	企业集团合计	4 712	6 702	4 532	6 522
所有者权益	公司	891	891	832	832
所有者权益	家庭	640	737	120	400
所有者权益	关联企业	1 210	2 920	570	1 560
所有者权益	企业集团合计	2 741	4 548	1 522	2 792
负债	公司负债	1 971	1 971	1 850	1 850
负债	公司负债比率	68.90%	68.90%	68.98%	68.98%
负债	企业集团负债	1 971	2 154	3 010	3 730
负债	企业集团负债比率	41.83%	32.14%	66.42%	57.19%

注：(1) 公司负债＝公司资产－公司所有者权益，企业集团负债＝企业集团资产－企业集团所有者权益；(2) 虽然将企业与关联方纳入企业集团范围考虑负债比率，但关联方枫帆金属制品公司已无实质经营，从企业的经营规模及财务报表反映结果看，其仍属于中小企业性质。

三、综合评价

调查确认枫帆铝制品公司自身资产为2 682万元，负债为1 850万元，负债比率达68.98%；若再贷款500万元，则负债比率将达到74%，风险较大。

但其关联企业枫帆金属制品公司资产较多，特别是土地增值幅度较大，企业集团负债比率按历史成本计价为66.42%，按市场价格计价为57.19%，若再贷款500万元，企业集团负债比率在60%左右（按市价）。因此，若将枫帆金属制品公司同时纳入担保范围，则风险应该可控。

此外，企业对外非关联方担保300万元，或有负债不多。

综上所述，枫帆铝制品公司实力较弱，但其企业集团偿债能力较强；企业经营稳定，虽产品销售额与负债水平不相匹配，但销售利润率尚可；实际控制人人品较好，有一定社会声誉，且无逾期贷款及其他不良历史记录；A公司担保能力强，若将枫帆金属制品公司同时纳入担保，则信贷风险可控，可考虑授信。

任务三　小微企业财务分析攻略

学习目标

素养目标

1. 学习如何将不同的财务比率和指标结合在一起，形成全面的企业财务状况评估

2. 培养信贷人员的职业道德和社会责任感,确保分析过程中的客观性和诚信性
3. 增强信贷人员的风险识别能力,使其能够在审查财务报表时识别潜在的财务风险

知识目标

1. 掌握小微企业财务分析的基本要求、操作思路及其分析攻略

能力目标

1. 通过案例学习,能够识别企业财务状况的变化趋势,并预测未来可能的发展方向
2. 有能力向非财务人员解释复杂的财务分析结论,包括使用图表和图形来辅助说明
3. 学会如何运用财务分析结果来制定有效的信贷策略和建议

一、基本情况

2017年,李某与朋友陈某合伙成立竹藤家具生产企业,李某将经营分红所得购置了房产和汽车。2019年年末,李某与陈某发生纠纷,退出合伙企业,退出前李某在经营中略欠债务。

2020年年初,李某与妻子共同组建好运来藤具公司,注册资金为150万元,租地9亩,继续从事藤具生产。产品通过外贸公司代理出口,货款回收期为45~90天,产品主销西欧市场。2022年企业销售收入为1 000万元,2023年销售收入为1 100万元,销售利润率约为15%。

2023年12月,企业接到两笔外贸大单,预计销售600万元,交货期3个月,现正值备货期。由于自身产能不足,部分产品委托外部加工,现已收回。

李某家庭有房产150万元,别克车1辆20万元,均为2018年前购入。企业征信系统查询结果显示:个人经营用贷款70万元,企业无银行贷款。

企业向银行调查人员提供的主要财务数据详见表7-10。

表7-10　　　　好运来公司主要财务数据　　　　金额单位:万元

项目	2024年1月	项目	2024年1月
货币资金	16.0	应付账款	200.0
应收账款	150.0	预收账款	4.8
其他应收款	1.6	其他应付款	70.0
预付账款	2.0	负债合计	274.8
存货	800.0	实收资本	150.0
固定资产	70.0	未分配利润	614.8
资产合计	1 039.6	所有者权益(或股东权益)合计	764.8
销售收入(2022年)	1 000.0		
销售收入(2023年)	1 100.0		
利润率	15%		

应收账款明细及账期如表7-11所示。

表 7-11　　　　　　　　　　应收账款明细及账期　　　　　　　　　单位：万元

应收账款明细	金额	账期
A公司	35	45～60天
B公司	45	60～90天
C进出口公司	60	60～90天
其他	10	
合计	150	

说明：(1) 货币资金系现金和银行存款。
(2) 应收账款系应收外贸公司转出口货款。
(3) 存货明细：原材料及辅料150万元，半成品400万元，成品250万元。
(4) 固定资产均为机器设备和办公设备，厂房租用。
(5) 应付账款为应付原材料款200万元。
(6) 其他应付款为向非关联个人借款70万元。

根据上述描述，请对好运来藤具公司的偿债能力进行分析，若企业向银行申请100万元授信，请评价其可行性。

二、分析攻略

信贷人员在对企业及实际控制人进行初步了解后，取得了财务及相关信息资料。

根据财务数据，可知应收账款及存货占资产比重较大，是调查核实的重点。企业主要财务指标中，负债比率为26.4%，销售利润率为15%，偿债能力和盈利能力都较好。然而这只是表面现象，实际情况如何，还须作进一步分析。

（一）资产

根据借款人所提供的信息，现在正值两大订单的备货期，存货占比最大。通过实地观察，对主要产品和半成品进行抽查，可知存货余额约为600万至800万元。

根据企业的销售情况，150万元的应收账款余额可能存在。

固定资产通过实地观察可大致确认。

其他资产金额小、比重少，暂可确认。

（二）负债

(1) 借款人提供的负债余额为274.8万元，通过询问的方式一般很难知悉借款人其他负债金额，故可利用间接测算法加以确认。

(2) 根据题意，李某家庭财产（汽车和房产）主要形成于2018年前。2019年年末借款人退股时尚有欠债，由此可判断借款人在2020年年初成立新公司时，基本没有原始经营积累。

根据企业提供的销售利润率判断，2022—2023年净利润最多为315万元（1 000×15%＋1 100×15%），即企业的原始积累最多为315万元，资产余额中超过原始积累和初始投入的部分资金来源即负债。由此判断企业的实际负债应为574.6万元（1 039.6－315－150）。

（3）企业提供的负债合计额为274.8万元，与分析结果相差299.8万元，根据企业的情况，判断企业存在如下可能：

企业的资产存在虚增，如应收账款，特别是存货实际余额不足800万元，可要求企业重新核实存货；

企业的实际负债比其所提供的要多，特别是最近的订单所需存货（原料）款可能尚未支付，应形成应付账款，企业少记应付贷款。

（4）经过信贷人员进一步调查核实，确认应收账款属实；借款人提供最近两订单的合同金额及出货、付款周期，存货金额基本可确认。同时由于企业自身产能不足，部分产品委托外部加工后收回，款项尚未支付，应形成应付账款，企业确实少记应付货款。

（5）因此，企业提供的负债应补记应付未付的货款，即公司最终负债约为574.6万元。

三、综合评价

根据上述分析，企业实际负债比率为55.3%（574.6÷1 039），高于企业提供的负债比率，但总体上负债比率比较适中，偿债能力中等。企业的销售收入和盈利能力（15%）尚可，有利于降低信贷风险；若实际控制人人品良好，则可以给予企业100万元以下的授信。

知识巩固与能力提升实训

思考题：

自行寻找一家中小型企业或小微企业，站在银行信贷人员的角度对其进行金融财务分析，并作出授信评估。

知识链接
三大报表之间的关系

在企业的财务报表体系中,资产负债表、利润表、现金流量表可被合称为企业的"三大财务报表"。这三张财务报表综合反映了企业的财务状况、经营成果和现金流量,为报表使用者作出决策提供了有力依据。现金流量表与资产负债表、利润表之间存在一定的联系。

(一)现金流量表与资产负债表、利润表的比较

随着我国财务报告体系逐渐与国际财务报告体系接轨,为了满足国际经济交流的需要,财政部在2006年2月发布的《企业会计准则》中正式定义了现金流量,明确规定了现金流量表的编制方法,从而奠定了现金流量表在企业财务报告体系中的重要地位。

1. 现金流量表与资产负债表、利润表的关系

现金流量表将企业的日常活动分为经营活动、投资活动、筹资活动,从不同角度反映了企业的现金收支情况。在现金流量表的填列中,各项活动的具体收支与资产负债表项目、利润表项目有着紧密联系。

(1)经营活动现金流量与资产负债表项目、利润表项目的关系。经营活动产生的现金流量通常与资产负债表、利润表的联系较为紧密。资产负债表中大部分流动资产与流动负债项目的变化,如"存货""应收账款""应付账款""预收款项""预付款项""应付职工薪酬""应交税费"等项目,均会影响经营活动现金流量的列示,而现金流量表中大部分经营活动现金收支都由利润表的收入、费用项目中以现金收支形式表现的部分形成。

但利润表与资产负债表中的下列项目不影响经营活动现金流量:属于融资活动的项目,如"财务费用"项目中的利息支出、资产负债表中的"短期借款""应付利息""应付股利"等项目;属于投资活动的项目,如"投资收益""应收利息""应收股利"等项目;不涉及现金流量的项目,如"资产减值损失""公允价值变动收益"等项目。

(2)投资活动现金流量与资产负债表项目、利润表项目的关系。投资活动产生的现金流量与资产负债表中的"长期股权投资""固定资产""在建工程""无形资产"等项目,以及利润表中的"投资收益"等项目存在一定的对应关系。

(3)筹资活动现金流量与资产负债表项目、利润表项目的关系。筹资活动产生的现金流量与资产负债表中的"短期借款""长期借款""应付债券""应付利息""股本""资本公积"等项目,以及利润表中的"财务费用"等项目存在一定的对应关系。

2. 现金流量表与资产负债表、利润表的比较分析

现金流量表是企业财务报表的重要组成部分,也是企业现金及现金等价物增减变动情

况的反映。它能够从"现金流"的角度表达企业资产负债表和利润表所不能表达的信息。

（1）现金流量表与资产负债表的比较分析。报表使用者通过资产负债表，可以了解企业资产、负债和所有者权益在期末的状况。而结合现金流量表进行综合分析，报表使用者就可以将现金流量表中的有关数据与资产负债表中的有关数据进行比较，从而客观地评价企业的偿债能力、盈利能力和现金支付能力。

例如，报表使用者通过资产负债表可以了解企业的资产状况，包括流动资产和非流动资产的构成及其相应关系；但对于许多流动性不强的项目（如滞销的存货、发生坏账的应收款项、可能收不到相应商品的预收账款等）进行的偿债能力分析，往往有失偏颇。结合现金流量表进行综合分析，报表使用者可以观察经营活动现金流量净额的数据，并将其与资产负债表中的有关指标进行对比，从而更能客观评价企业的偿债能力。

因此，现金流量表与资产负债表的结合分析可以作为企业资产流动性分析、偿债能力分析的补充。

（2）现金流量表与利润表的比较分析。报表使用者通过利润表可以了解企业一定会计期间的经营成果，知晓企业利润的计量过程和形成过程。但是，利润表作为衡量企业盈利能力的重要指标，也存在一定的缺陷。

利润是收入减去费用后的差额，而收入与费用的计量以权责发生制为基础。会计核算会广泛运用收入、费用的配比原则，其中还包含很多会计估计。虽然会计核算受会计准则的约束，但其中涉及太多的主观判断，按照收入与费用配比原则计算出的利润并没有考虑是否实际收到或支付了现金，因此计算出来的利润和企业实际的盈利水平存在一定的偏差。

但是，依照收付实现制原则编制的现金流量表能够真实反映资金的实际流入、流出情况。因此，报表使用者要想真实地了解企业的经营成果，就需要利用现金流量表（尤其是其中经营活动产生的现金流量）所提供的现金流量信息，将其与利润表中的相关信息结合起来进行分析，从而更客观地评价企业的经营效率。

（二）三大财务报表间的勾稽关系在项目中的反映

通过对报表项目的学习可以发现，这三张财务报表并不是孤立存在的，它们的存在以企业发生的经济活动为依托，并通过一些报表项目发生联系，这种联系就称为三大财务报表的勾稽关系。具体来讲，三大财务报表间的勾稽关系体现在以下两方面。

1. 资产负债表与利润表的勾稽关系

资产负债表是一个时点报表，表中某个项目的期末数减去期初数就是这个项目在本期的变化数；利润表是一个时期报表，表中某个项目的本期数就是这段时期的变化数。在资产负债表中，未分配利润在期初和期末的差额就是这段时期企业实现的净利润；而在利润表中，企业在某段时期形成的净利润有专门的项目来反映。

综上，资产负债表与利润表的联系主要通过未分配利润实现，即资产负债表中"未分配利润"项目的期末数减期初数应该等于同一期间利润表中"净利润"项目的本期金额。

2. 资产负债表与现金流量表的勾稽关系

在资产负债表中，货币资金在期初和期末的差额就是这段时期企业货币资金的变化数。对于一般企业来讲，其通常没有现金等价物，所以企业资产负债表中"货币资金"项目的期末数减期初数就可以看作这段时期企业的现金流量。

知识链接　三大报表之间的关系

现金流量表作为一个时期报表,报表中某个项目的本期数就是这段时期的变化数。在现金流量表中,"现金及现金等价物净增加额"项目可以反映这段时期企业总的现金流量变化情况。

综上,资产负债表和现金流量表的联系主要通过货币资金实现,即资产负债表中"货币资金"项目的期末数减去期初数应该等于同一期间现金流量表中"现金及现金等价物净增加额"项目的本期金额。

三大财务报表间的勾稽关系如图1所示。

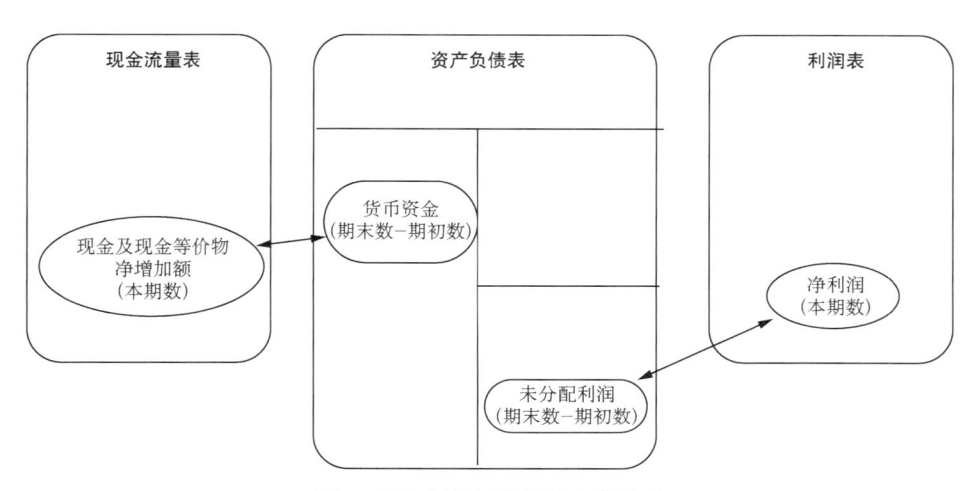

图1　三大财务报表间的勾稽关系

(三) 三大财务报表间的勾稽关系在现金流量中的反映

资产负债表作为一个时点报表,其报表项目可以反映现金存量的具体金额;现金流量表作为时期报表,其报表项目可以反映现金流量的变化情况;而利润表作为时期报表,虽然不能直接反映现金存量与现金流量,但提供了产生现金流量的渠道。其中,现金流量在资产负债表和现金流量表中的反映如图2所示。

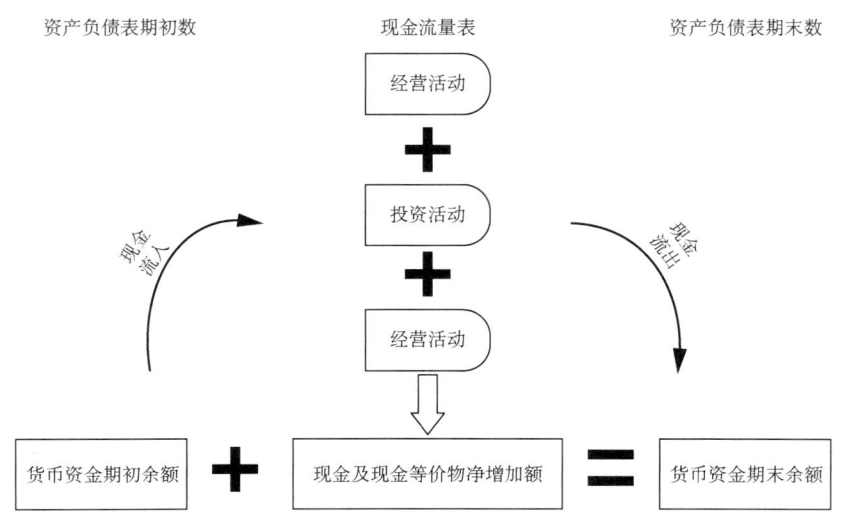

图2　现金流量在资产负债表和现金流量表中的反映

附 录
宏达公司财务报表汇总

宏达公司资产负债表

编制单位：宏达公司　　　　2023年12月31日　　　　　　　　　　　　　　　单位：万元

资产	期末余额	年初余额	负债和所有者权益（或股东权益）	期末余额	年初余额
流动资产：			流动负债：		
货币资金	105 943.68	134 604.84	短期借款	312 194.97	372 120.27
交易性金融资产			向中央银行借款		
衍生金融资产			拆入资金		
应收票据	17 112.03	13 595.58	交易性金融负债		
应收账款	377 892.30	372 246.33	衍生金融负债		
应收款项融资			应付票据	14 910.00	9 900.00
预付款项	48 620.49	35 366.88	应付账款	282 261.33	296 410.44
应收利息			预收款项	60 684.27	51 116.37
应收股利			合同负债		
其他应收款	14 070.03	10 337.34	应付职工薪酬	14 915.91	13 871.49
存货	199 788.81	195 402.72	应交税费	10 978.23	6 493.98
合同资产			其他应付款	45 639.30	42 436.56
持有待售资产			其中：应付利息	3 206.79	558.33
一年内到期的非流动资产			应付股利	4 450.95	3 134.28
流动资产合计	763 427.34	761 553.69	持有待售负债		
非流动资产：			一年内到期的流动负债		
发放贷款及垫款			其他流动负债		
债权投资			流动负债合计	741 584.01	792 349.11
其他债权投资			非流动负债：		
长期应收款			长期借款	45 000.00	

(续表)

资产	期末余额	年初余额	负债和所有者权益（或股东权益）	期末余额	年初余额
长期股权投资	104 144.76	99 227.28	应付债券		
其他权益工具投资			租赁负债		
其他非流动金融资产			长期应付款		
投资性房地产	26 346.84	27 363.42	长期应付职工薪酬		
固定资产	285 458.19	235 368.27	预计负债		
在建工程	6 398.28	40 844.46	递延收益	10 235.04	7 293.39
生产性生物资产			递延所得税负债	0.99	1.32
油气资产			其他非流动负债		
使用权资产			非流动负债合计	55 236.03	7 294.71
无形资产	34 511.25	35 732.88	负债合计	796 820.04	799 643.82
开发支出			所有者权益（或股东权益）：		
商誉	72.06	1 542.39	股本	116 785.08	116 785.08
长期待摊费用	2 832.90	2 481.03	其他权益工具		
递延所得税资产	10 049.46	8 116.62	其中：优先股		
其他非流动资产			永续债		
非流动资产合计	469 813.74	450 676.35	资本公积	149 985.00	149 985.00
			其他综合收益	−3.33	−6.15
			盈余公积	25 064.73	23 816.19
			未分配利润	83 934.27	63 376.35
			少数股东权益	60 655.29	58 629.75
			所有者权益（或股东权益）合计	436 421.04	412 586.22
资产合计	1 233 241.08	1 212 230.04	负债和所有者权益（或股东权益）合计	1 233 241.08	1 212 230.04

宏达公司利润表

编制单位：宏达公司　　　　　　　　　　2023年　　　　　　　　　　　　单位：万元

项目	本期发生数	上期发生数
一、营业总收入	1 087 581.30	1 129 871.85
其中：营业收入	1 087 581.30	1 129 871.85
二、营业总成本	1 060 983.87	1 118 198.52
其中：营业成本	872 261.79	915 339.66

(续表)

项目	本期发生数	上期发生数
税金及附加	3 634.11	4 347.99
销售费用	70 385.79	79 922.28
管理费用	95 074.23	100 438.59
研发费用		
财务费用	19 627.95	18 150.00
其中：利息费用	19 627.95	18 150.00
利息收入		
加：其他收益		
投资收益（损失以"－"号填列）	8 194.98	4 812.30
其中：对联营企业和合营企业的投资收益	6 875.55	3 012.30
公允价值变动收益（损失以"－"号填列）		
信用减值损失（损失以"－"号填列）		
资产减值损失（损失以"－"号填列）	－5 817.42	－5 417.43
资产处置收益（损失以"－"号填列）		
三、营业利润（亏损以"－"号填列）	28 974.99	11 068.20
加：营业外收入	5 682.63	5 623.98
减：营业外支出	1 319.70	1 513.23
四、利润总额（亏损总额以"－"号填列）	33 337.92	15 178.95
减：所得税费用	3 072.51	3 072.72
五、净利润（净亏损以"－"号填列）	30 265.41	12 106.23
（一）按持续经营利润分类		
1. 持续经营净利润	30 265.41	12 106.23
2. 终止经营净利润		
（二）按所有权归属分类		
1. 归属于母公司所有者的净利润	25 591.53	11 446.47
2. 少数股东损益	4 673.88	659.76
六、其他综合收益的税后净额	2.82	－5.25
七、综合收益总额	30 268.23	12 100.98
归属于母公司所有者的总额综合收益总额	25 594.35	11 441.22
归属于少数股东的总额综合收益总额	4 673.88	659.76
八、每股收益		
（一）基本每股收益	0.66	0.30
（二）稀释每股收益	0.66	0.30

宏达公司现金流量表

编制单位：宏达公司　　　　　　　2023年　　　　　　　　　　　　　　　　　单位：万元

项目	本期金额	上期金额
一、经营活动产生的现金流量：		
销售商品、提供劳务收到的现金	1 275 363.99	1 229 376.48
客户存款和同业存放款项净增加额		
向其他金融机构拆入资金净增加额		
收取利息、手续费及佣金的现金		
回购业务资金净增加额		
收到的税费返还	2 192.46	1 451.49
收到其他与经营活动有关的现金	24 336.39	10 693.80
经营活动现金流入小计	1 301 892.84	1 241 521.77
购买商品、接受劳务支付的现金	1 022 159.04	966 282.09
客户贷款及垫款净增加额		
存放中央银行和同业款项净增加额		
支付利息、手续费及佣金的现金		
支付给职工以及为职工支付的现金	119 852.10	107 896.74
支付的各种税费	27 675.96	37 495.89
支付其他与经营活动有关的现金	96 599.10	103 103.64
经营活动现金流出小计	1 266 286.20	1 214 778.36
经营活动产生的现金流量净额	35 606.64	26 743.41
二、投资活动产生的现金流量：		
收回投资收到的现金		12 330.00
取得投资收益收到的现金	2 568.00	1 893.00
处置固定资产、无形资产和其他长期资产所收到的现金净额	37.65	180.36
处置子公司及其他营业单位收到的现金净额		
收到其他与投资活动有关的现金		
投资活动现金流入小计	2 605.65	14 403.36
购建固定资产、无形资产和其他长期资产所支付的现金	28 489.59	27 696.00
投资支付的现金		
取得子公司及其他营业单位支付的现金净额		

(续表)

项目	本期金额	上期金额
支付其他与投资活动有关的现金		
投资活动现金流出小计	28 489.59	27 696.00
投资活动产生的现金流量净额	－25 883.94	－13 292.64
三、筹资活动产生的现金流量：		
吸收投资收到的现金	1 560.00	8 586.27
其中：子公司吸收少数股东投资收到的现金		
取得借款收到的现金	365 830.59	403 409.73
收到其他与筹资活动有关的现金		
筹资活动现金流入小计	367 390.59	411 996.00
偿还债务支付的现金	380 755.89	376 034.94
分配股利、利润或偿付利息支付的现金	24 903.33	26 207.07
支付其他与筹资活动有关的现金		
筹资活动现金流出小计	405 659.22	402 242.01
筹资活动产生的现金流量净额	－38 268.63	9 753.99
四、汇率变动对现金的影响	－27.18	7.85
五、现金及现金等价物净增加额	－28 573.11	23 212.61
加：期初现金及现金等价物余额	130 223.79	53 501.67
六、期末现金及现金等价物余额	101 650.68	76 714.28

参 考 文 献

[1] 崔宏.财务报表阅读与信贷分析实务[M].北京:机械工业出版社,2021.
[2] 刘章胜,王延召.财务报表分析[M].大连:大连理工大学出版社,2022.
[3] 平淮.财务报表编制与分析[M].北京:中国工信出版社,2021.
[4] 赵俊英.财务报告分析[M].北京:中国工信出版社,2022.
[5] 徐王强.实战银行信贷[M].北京:清华大学出版社,2020.
[6] 郭永清.财务报表分析与股票估值[M].北京:机械工业出版社,2021.
[7] 王淑萍.财务报告分析[M].北京:清华大学出版社,2021.
[8] 邱俊如,金广荣.商业银行授信业务[M].北京:中国金融出版社,2020.
[9] 克里舍·G·佩普,保罗·M·希利,维克多·L·伯纳德.运用财务报表进行企业分析估价[M].北京:中国中信出版社,2014.
[10] 霍华德·M·施利特,杰里·米佩勒,尤尼·恩格尔哈特.财务诡计:如何识别财务报表中的会计诡计和舞弊[M].北京:机械工业出版社,2019.
[11] 张先治,陈友邦.财务分析(第10版)[M].大连:东北财经大学出版社,2023.